LUCRÈCE
BORGIA

D'APRÈS

LES DOCUMENTS ORIGINAUX
ET LES CORRESPONDANCES CONTEMPORAINES

PAR

FERDINAND GREGOROVIUS

TRADUCTION DE L'ALLEMAND

SUR LA TROISIÈME ÉDITION, CORRIGÉE ET AUGMENTÉE,

PAR

PAUL REGNAUD

TOME PREMIER

ORNÉ D'UNE MÉDAILLE

PARIS
SANDOZ ET FISCHBACHER, ÉDITEURS
33, RUE DE SEINE, 33

1876

LUCRÈCE BORGIA

PARIS. — TYP. DE CH. MEYRUEIS
13, RUE CUJAS. — 7046

PRÉFACE DU TRADUCTEUR

J'ai cru qu'il n'était pas sans utilité de faire précéder de quelques lignes d'avant-propos cette traduction d'un ouvrage dont l'auteur ne jouit pas encore en France de toute la célébrité dont il est digne(1), et d'indiquer rapidement le caractère et la portée de l'étude historique à laquelle ces deux volumes sont consacrés.

Au point de vue scientifique, l'historien qui puise aux sources originales peut choisir entre deux tâches qui sont également de son ressort et dont l'importance est, en thèse générale, à peu près équivalente. La première consiste à mettre en lumière une partie inédite des faits et gestes des générations éteintes; l'autre a pour objet de rectifier, de compléter et de fixer des données altérées par la tradition, tronquées et défigurées par des récits légendaires, insuffisamment étudiées ou partiellement présentées jusque-là par l'histoire proprement dite. Ce

---

(1) Un des ouvrages de M. F. Gregorovius, les *Tombeaux des Papes romains*, trad. de F. Sabatier, avec introduction de J.-J. Ampère, a pourtant déjà eu les honneurs d'une traduction française.

double but a été successivement poursuivi par M. Gregorovius.

Dans un précédent et vaste travail, — l'*Histoire de la ville de Rome au moyen âge*, — il a défriché avec un talent, un savoir et une persévérance rares une des parties les plus intéressantes et les plus considérables des terres vierges encore, ou à peu près, appartenant au domaine de l'histoire positive, — je veux dire celle qui ne vit pas surtout d'inductions et qui s'appuie, dans la plupart des cas, sur des documents originaux et concluants. M. Gregorovius n'eut pas plutôt achevé ce long labeur par lequel il a comblé l'énorme lacune qui existait, pour tous ceux qui n'avaient ni le temps ni la faculté de recourir aux sources inédites, dans les annales de la ville éternelle depuis l'invasion des Barbares jusqu'à la Renaissance, qu'il fut tenté par un nouveau travail en rapport étroit avec cette première œuvre, mais relevant cette fois de la seconde des catégories indiquées plus haut. L'énigmatique figure de Lucrèce Borgia attira son attention, provoqua sa curiosité, lui inspira le désir de la mieux connaître et de la mieux faire connaître, en substituant au portrait de convention sous lequel cette femme célèbre était généralement connue jusqu'ici un tableau qui restitue, dans la mesure du possible et du probable, sa physionomie véritable et son aspect réel. De là le présent ouvrage.

Conçu sous l'empire de telles préoccupations et exécuté par un écrivain accoutumé de longue date et prédisposé par son éducation et la nature de son talent à user des règles sévères de la critique historique, le nouveau livre de M. Gregorovius n'est et ne pouvait être que le renversement de la légende de Lucrèce Borgia dans tout ce qu'elle a de contraire aux faits acquis et aux déductions qu'ils autorisent. Jamais, au reste, l'application d'une méthode si correcte à la poursuite d'un but aussi intéressant et aussi louable n'avait été mieux justifiée, car si M. Gregorovius oublie peut-être un peu trop le précepte d'Horace,

..... pictoribus atque poetis
Quidlibet audendi semper fuit æqua potestas,

en ce qui regarde Victor Hugo et la liberté qu'il a prise, comme la plupart des dramaturges, de baptiser d'un nom historique un type de pure fantaisie, il a mille fois raison contre les historiens qui, par négligence ou par passion, ont créé ou laissé créer avant les poëtes la Lucrèce Borgia légendaire.

M. Gregorovius n'est pourtant pas le premier qui ait revendiqué les droits de la vérité historique en faveur de la fille d'Alexandre VI. L'Anglais Roscoe et quelques auteurs moins célèbres l'ont précédé dans cette voie. Toutefois, ceux-ci n'ont guère fait que d'ouvrir l'instance en appel pour la révision du procès de Lucrèce :

les plaidoiries n'étaient pas terminées, le verdict n'était pas rendu et M. Gregorovius s'est chargé d'achever les preuves et de provoquer la sentence définitive.

Pour atteindre ce résultat, il a adopté la meilleure, on peut dire l'unique méthode à suivre en telle matière : il s'est mis à la recherche de tous les documents inédits propres à éclairer la question et, quand sa moisson a été aussi complète que possible, il a produit en témoignage ces titres authentiques et présenté les conclusions auxquelles ils lui semblaient conduire. M. Gregorovius a été néanmoins assez sobre à cet égard; ayant pris surtout à tâche de recueillir les faits, de les coordonner et de les rendre probants par eux-mêmes, il substitue le moins qu'il peut ses déductions à celles que le lecteur est à même d'inférer directement des matières qui lui sont soumises; de même qu'il laisse le plus souvent aux personnages qui sont en scène le soin de se peindre eux-mêmes et de révéler leur caractère.

Malgré, et peut-être par l'effet même de cette prudente réserve, notre auteur semble en général plus indulgent que sévère pour Lucrèce. Faut-il y voir de la partialité avorable, une sorte de tendance au panégyrique, comme on serait parfois tenté de le faire à première vue? Je ne le crois pas. La Lucrèce de l'histoire est évidemment moins coupable que celle de la légende, et M. Gregorovius, en ce qui la touche, s'est efforcé, ne l'oublions pas, de faire l'histoire et de défaire la légende : là est le secret de son indulgence apparente; mais il est bien évident que M. Gregorovius n'est pas plus parti de l'idée de tenter une réhabilitation que de faire œuvre de détracteur systématique.

Il faut bien reconnaître aussi que, précisément en raison du caractère d'enquête impartiale que l'historien de Lucrèce voulait donner à son travail, il avait à tenir compte des influences fatales auxquelles a été soumise la fille d'Alexandre Borgia, la reine de la cour du Vatican à la période que nous retrace le journal de Burkhard, la contemporaine de Machiavel, la sœur du *Prince*. Or, il n'y a que justice à dire que jamais personnage historique n'a subi plus lourdement et souvent plus cruellement les inévitables effets de la race, du milieu et du moment. Il semble bien qu'en les faisant intervenir à titre de circonstances atténuantes dans l'appréciation de la responsabilité qui incombe à Lucrèce pour les crimes dont elle fut, sinon la complice, du moins la spectatrice trop passive; de même qu'en s'inspirant plutôt de la vraisemblance que des imputations légèrement admises pour les soupçons dont elle a été l'objet sans preuves décisives à l'appui, l'historien a fait éminemment acte d'impartialité. En tous cas, si par tempérament et d'une façon en quelque sorte inconsciente, M. Gregorovius s'est montré trop indulgent, on doit lui rendre cette justice qu'il a mis entre les mains de ses lecteurs tous les moyens d'en rappeler *a minima* et de réclamer une sentence plus sévère d'après l'exposé même si complet et si impartial présenté par lui.

J'essayerai, pour terminer ce bref aperçu, de répondre à une question que chaque lecteur sera tenté de faire. Avons-nous désormais le dernier mot sur Lucrèce Borgia, et l'ouvrage de M. Gregorovius est-il destiné à clore les débats qui la concernent? A mon avis, on ne saurait guère décider d'une manière absolue ni dans un sens ni dans l'autre. L'abondance même des pièces inédites que les bibliothèques d'Italie ont fourni à M. Gregorovius rend vraisemblable la découverte future de quelques autres documents du même genre. Il se peut aussi qu'un émule encore à naître de Michelet, s'étayant sur les faits méthodiquement acquis et dûment prouvés par ses devanciers, restitue avec une heureuse hardiesse une Lucrèce historique plus concrète et plus vivante encore que celle dont M. Gregorovius a évoqué l'image réelle défigurée depuis tant de siècles. Mais il n'en est pas moins certain, en dépit de ces perfectionnements éventuels et problématiques, que la plupart des pièces contemporaines et authentiques qui la regardent nous sont désormais connues et que son dernier biographe a fixé d'une manière irrévocable les traits essentiels de cette femme au cœur plus léger que pervers.

Que les amateurs de la couleur et du relief des physionomies typiques, que les romantiques en matière d'histoire n'en veuillent pourtant pas trop au prudent critique de ce que le but même de son travail ne lui ait pas permis de laisser à la vraie Lucrèce la personnalité terrible, mais éclatante, d'où résultaient à la fois la gloire et l'infamie de la Lucrèce légendaire. Bien que descendue du piédestal sinistre où la tradition la faisait trôner à côté des Phèdre, des Médée et des Clytemnestre, bien qu'éloignée du chœur des héroïnes sanglantes, la fille d'Alexandre Borgia reste encore une figure essentiellement tragique par sa présence, sinon par son concours, aux drames épouvantables où elle assista dans l'attitude ambiguë d'une complice ou d'une victime de la scélératesse des siens. Comme l'a si bien dit et montré son consciencieux biographe, elle fut plus malheureuse que coupable, et son histoire rétablie inspirera désormais plus de pitié dans la mesure même où sa légende qui s'efface soulèvera moins d'horreur.

A

DON MICHELANGELO GAETANI

DUC DE SERMONÈTE

Honoré duc! les faits historiques qui forment l'objet de cet ouvrage et nos relations personnelles m'ont décidé à vous en offrir la dédicace : ce sont deux motifs que vous avez été assez aimable pour apprécier.

Vous verrez figurer dans ce livre les ancêtres de votre ancienne et illustre maison, mais ils n'y jouent pas un rôle avantageux. Les Borgia étaient les ennemis mortels des Gaetani, et ceux-ci n'échappèrent qu'à grand'peine à la ruine dans laquelle Alexandre VI et son terrible fils avaient juré de les précipiter. Ils confisquèrent votre belle Sermonète et les vastes domaines que votre maison possédait depuis longtemps dans la Maremme, et vos ancêtres tombèrent sous leurs coups ou s'enfuirent en exil. Donna Lucrèce devint souveraine de Sermonète, puis cette ville et tous les biens des Gaetani furent donnés avec le titre de duc à son fils Rodriguez d'Aragon.

Depuis ces événements, des siècles se sont écoulés, et vous pouvez pardonner aujourd'hui à une belle et malheureuse femme cette violente usurpation sur les droits de votre famille. Celle-ci, du reste, ne tarda pas à être restaurée par la bulle de Jules II que vous conservez comme un joyau, ne serait-ce qu'en raison de son exécution calligraphique, dans vos archives domestiques. A partir de cette époque, l'héritage de vos glorieux ancêtres est demeuré dans votre maison, et vous avez, grâce à une administration exemplaire, rendu une prospérité nouvelle aux anciens domaines des Gaetani.

La continuité des traditions historiques, tant en ce qui regarde les choses que les hommes, exerce à Rome un charme inexprimable sur tous ceux qui s'intéressent au passé ; pour mon compte, j'ai été vivement impressionné en voyant de près la perpétuité des traits qui caractérisent l'histoire d'autrefois personnifiée, pour ainsi dire, dans des familles romaines extrêmement anciennes, aujourd'hui encore debout et florissantes, et en me trouvant en rapports personnels avec leurs membres. J'ai éprouvé la bienveillance des Colonna, des Orsini et des Gaetani, et ce n'est que grâce à ces trois familles, les plus illustres de la ville, que j'ai pu faire accomplir à mon œuvre l'avancement désirable. Ces familles sont les premières de Rome qui m'aient ouvert sans réserve les archives de leur maison; j'ai obtenu la même faveur, pendant de longues années, d'un homme que je ne saurais oublier, de don Vincent Colonna, jusqu'au jour où ce respectable vieillard mourut au château de Marino.

Les Gaetani, les Orsini et les Colonna se sont depuis longtemps retirés de la scène de l'histoire de Rome. Votre famille surtout avait vu cesser depuis des siècles son rôle politique. Un jour est venu pourtant, illustre duc, où vous avez réinscrit le nom de votre antique race dans les fastes de la ville éternelle; c'est en ce moment si glorieux pour elle qui suivit la chute de la domination dix fois séculaire de la papauté sur Rome, alors que, marchant à la tête du régiment urbain, vous avez porté à Florence, au roi Victor-Emmanuel, l'adresse de dévouement du peuple romain. Cette heure mémorable, qui a marqué le terme définitif d'une longue période de l'histoire de la ville, en même temps qu'elle signalait le début d'une ère nouvelle, vivra dans l'histoire des Gaetani aussi longtemps que leur nom même, et l'éternisera dans la mémoire des Romains.

Je n'ai pas été témoin de cet événement, mais en traçant ces lignes je me rappelle tout ce que j'ai eu l'occasion de voir pendant une longue série d'années que j'ai passées non loin de vous. Grâce à vous, grâce à votre hospitalière demeure, je me suis trouvé pendant tout ce temps en rapport familier avec l'histoire de Rome. De toutes mes relations avec les familles célèbres d'Italie que j'ai eu l'honneur d'approcher, celles que j'ai entretenues avec la vôtre sont les plus anciennes et les plus intimes.

J'ai vu grandir vos dignes enfants, et je considère aujourd'hui avec joie les nombreux petits-fils qui vous entourent, ces nouvelles tiges qui s'élèvent sur l'antique souche des Gaetani. Puissent-ils prospérer, et prolonger la durée de votre maison *pendant de longs âges! puissent-ils lui faire honneur jusque dans l'avenir le plus reculé par l'éclat de leur nom et la gloire de leurs actes dans les deux sexes!*

C'est sur ce souhait que je vous présente un livre dont votre nom fait l'ornement. Je sais que vous voudrez bien en agréer l'hommage avec une bonté qui n'a d'égale que la modestie avec laquelle je vous l'offre; car pour moi, c'est un faible témoignage d'attachement que je dépose dans la maison des Gaetani pour y rappeler ma reconnaissance, mon profond respect envers vous et le dévouement absolu que je garderai toujours pour votre illustre famille.

Rome, le 9 mars 1874.

GREGOROVIUS.

INTRODUCTION

Lucrèce Borgia est, parmi les femmes, la figure la plus infortunée de l'histoire moderne. En est-elle en même temps la plus coupable, ou bien porte-t-elle seulement le fardeau d'une malédiction que le monde a prononcée contre elle à tort? Nous nous plaisons, en effet, à personnifier nos vertus et nos vices dans des types qui appartiennent soit à la mythologie, soit à l'histoire.

Les questions que je viens de poser sont encore à résoudre.

Les Borgia attireront longtemps encore les recherches de l'historien et du psychologue. Un spirituel ami me demandait un jour comment il se fait que tout ce qui concerne Alexandre VI, César Borgia et Lucrèce, chaque circonstance de leur vie, chaque lettre de l'un ou de l'autre nouvellement découverte, excite plus vivement notre curiosité que les renseignements du même genre relatifs à d'autres personnages historiques plus importants. Je ne sais pas de meilleure réponse à cette question que celle-ci : le fond sur lequel la figure des Borgia nous apparaît constamment, est l'Eglise chrétienne ; c'est ce fond qui les fait ressortir ; ils y restent fixés, et le contraste violent de leur nature avec celle des saints les a transformés en démons. Les Borgia sont, sous une forme ou sous une conception très-grossière, la satire de l'Eglise universelle qu'ils ont ruinée ou reniée. Leurs statues reposent sur des piédestaux élevés et leur figure se détache toujours sous la lumière de l'idéal chrétien. C'est à cette lumière que nous les voyons et que nous les reconnaissons. L'impression morale de leurs actes nous est toujours transmise par un milieu tout pénétré d'idées religieuses. Sans cela, les Borgia, placés dans un lieu purement profane, tomberaient au-dessous de plusieurs autres hommes de caractère analogue, et leur nom ne serait bientôt plus que la désignation spéciale d'individus appartenant à une famille nombreuse.

Alexandre VI et César ont leur histoire, tandis que Lucrèce Borgia n'a guère qu'une légende. D'après cette légende, c'est une Ménade qui porte d'une main une fiole de poison et, de l'autre, un poignard.

Et, en même temps, cette Furie a dans les traits la douceur et la beauté d'une Grâce.

Victor Hugo l'a représentée, au moral, sous des traits monstrueux ; c'est ainsi qu'on la voit apparaître aujourd'hui sur les scènes lyriques de l'Europe et qu'elle s'est gravée généralement dans l'imagination des hommes. Le drame étrange intitulé *Lucrèce Borgia* composé par ce poëte romantique, doit être considéré par les amis de la poésie véritable comme un fruit de l'égarement du génie, tandis que tout homme au courant de l'histoire rira des erreurs sur lesquelles il repose, en excusant néanmoins le grand dramaturge de son défaut de renseignements et de la trop grande confiance avec laquelle il a adopté une tradition qui avait cours depuis Guichardin.

Roscoe a révoqué en doute cette tradition et essayé de la réfuter ; son apologie de Lucrèce a été accueillie avec reconnaissance par l'amour-propre national des Italiens. Il leur a donné le signal, dans ces derniers temps, d'une réaction contre la conception légendaire de Lucrèce.

La critique de la légende de Lucrèce pouvait être entreprise dans les meilleures conditions sur les lieux mêmes où ont été conservés les souvenirs et les témoignages authentiques les plus nombreux sur la vie de cette femme célèbre, c'est-à-dire à Rome, à Ferrare, et même à Modène où se trouvent les archives de la maison d'Este, ainsi qu'à Mantoue où sont celles des Gonzague. De temps en temps des publications spéciales montrent que le problème continue d'être agité et qu'il attend une solution.

De nos jours, l'histoire des Borgia a été reprise d'abord par Domenico Cerri, dans son livre intitulé : *Alessandro VI, papa, e suoi contemporanei;* Turin, 1858. L'année suivante, Bernardo Gatti publia à Milan les lettres de Lucrèce à Bembo. En 1866, le marquis G. Campori composa à Modène un mémoire ayant pour titre : *Una vittima della storia, Lucrezia Borgia,* qui parut dans le numéro de la *Nuova Antologia,* du 31 août de la même année. Un Ferrarais, monsignor Antonelli fit paraître, l'année après, un livre intitulé : *Lucrezia Borgia in Ferrara, sposa a don Alfonso d'Este, memorie storiche; Ferrara,* 1867. Peu de temps ensuite, Giovanni Zucchetti, de Mantoue, publia un petit ouvrage du même genre, sous le titre de *Lucrezia Borgia, duchessa di Ferrara; Milano,* 1869. Tous ces écrivains avaient en vue de débrouiller historiquement la légende de Lucrèce et de venger la mémoire de cette malheureuse princesse.

Des auteurs étrangers à l'Italie, des Français et des Anglais d'abord, ont traité aussi le même sujet. M. Armand Baschet, auquel on doit plusieurs publications très-méritoires sur des matières diplomatiques, a annoncé dans son livre intitulé : *Aldo Manuzio, Lettres et Documents*, 1495-1515; *Venise*, 1867, qu'il préparait depuis plusieurs années un ouvrage sur la vie de Lucrèce Borgia et qu'il avait déjà fait provision à cet effet d'une grande quantité de documents. Malheureusement, ce travail d'un auteur qui connaît à fond plusieurs archives d'Italie n'a pas encore paru, et je le déplore sans pourtant avoir perdu l'espoir que M. Baschet ne tienne un jour sa promesse.

En attendant, il a paru à Londres, en 1869, un premier ouvrage détaillé sur la matière; c'est *Lucrezia Borgia, duchess of Ferrara, a Biography illustrated by rare and impublished documents*, par William Gilbert. Par malheur, le défaut de savoir et de méthode amoindrit le mérite d'une étude qui eût pu être utile et qui n'avait pas été sans attirer l'attention, parce qu'on espérait y trouver l'œuvre d'un digne successeur de Roscoe.

Le courant des apologies des Borgia, devenu une véritable rivière, s'accrut alors en France d'un nouvel affluent. Un dominicain, le père Ollivier, publia, en 1870, la première partie d'un ouvrage portant pour titre : *Le pape Alexandre VI et les Borgia*. C'est le fatras le plus étonnant dont l'histoire ait jamais fourni le sujet, et l'opposé fantaisiste du drame de Victor Hugo. De même que le poëte a faussé l'histoire pour créer un type moralement monstrueux destiné à produire de violents effets scéniques, l'auteur du livre en question l'a altérée tout autant dans un sens contraire. Mais le temps ne saurait revenir où les dominicains imposaient au monde leurs fabuleuses histoires ; le ridicule roman du père Ollivier a été désavoué sur-le-champ par les organes les plus sérieux de l'Eglise, d'abord par M. Matagne, dans la *Revue des questions historiques* (avril 1871 et janvier 1872) qui se publie à Paris; puis, même par la *Civiltà Cattolica*, journal spécial de la Société de Jésus, dans un article du 15 mars 1873, dont l'auteur loue le caractère d'Alexandre VI, dans l'impossibilité où il est de sauver autre chose en présence de documents incontestables.

Cet article avait pour point de départ un ouvrage imprimé à Turin en 1872, le *Saggio di Albero genealogico e di memorie su la famiglia Borgia specialmente in relazione a Ferrara*, par L. N. Citadella, directeur de la bibliothèque publique de cette ville. Cette étude, bien que non exempte d'erreurs, marque un progrès, dont il y a lieu d'être reconnaissant à l'auteur, en ce qui regarde l'éclaircissement de l'histoire domestique des Borgia.

A la fin de 1872, j'ai marché moi-même sur les traces des auteurs précités, en apportant ma contribution à l'histoire de cette famille, en tant qu'elle se lie à celle de Rome, par la publication en 1870 du volume de *l'Histoire de la ville de Rome au moyen âge* qui comprend l'époque d'Alexandre VI. Grâce à mes recherches dans les archives d'Italie, j'étais en possession de plusieurs documents relatifs aux Borgia. Je ne pouvais pas en tirer complétement parti dans mon grand ouvrage. J'ai résolu, en conséquence, d'utiliser ces précieux matériaux pour une monographie dont le personnage principal serait César Borgia ou sa sœur.

Je me suis décidé pour Lucrèce par des raisons dont la principale est tout extérieure et que voici. Au printemps de 1872, je trouvai dans les archives des notaires du Capitole à Rome, le registre des minutes de Camillo de Beneimbene qui avait été pendant de longues années le notaire confidentiel d'Alexandre VI. J'ai découvert dans ce volumineux manuscrit un trésor inespéré. Il m'a fourni une longue série de documents authentiques et jusqu'alors inconnus. J'y ai trouvé tous les contrats de mariage de Lucrèce et plusieurs autres actes juridiques relatifs aux faits les plus intimes de la vie des Borgia. En novembre 1872, je présentai un rapport sur ces pièces à la section d'histoire de l'académie bavaroise des sciences de Munich, qui a été imprimé dans le compte rendu de ses séances. Le contenu des documents extraits de ce registre jette une nouvelle lumière sur l'histoire de la famille Borgia, dont M. Cittadella venait de publier la généalogie citée plus haut.

A ces causes s'en ajoutaient encore d'autres qui me déterminèrent à composer un ouvrage sur Lucrèce Borgia. J'avais bien déjà traité en passant l'histoire politique d'Alexandre VI et de César et j'y avais apporté de nouveaux éclaircissements, mais je ne m'étais occupé que de loin de Lucrèce. Sa figure avait pour moi l'attrait d'un mystère dont l'explication reste encore à fournir.

Je me suis mis à la tâche sans idée préconçue. Je n'avais pas l'intention d'écrire une apologie de Lucrèce, mais seulement de retracer à grands traits son histoire, et je me trouvais surtout à même de le faire sur l'époque la plus importante de sa vie, eu égard aux questions pendantes, — celle de son séjour à Rome. J'ai voulu voir la forme que Lucrèce Borgia prendrait entre mes mains en la soumettant à la méthode historique la plus sévère et la plus sûre, c'est-à-dire en prenant pour base de mon travail les documents originaux et authentiques.

Je complétai mes matériaux. Je visitai les lieux où la fille d'Alexandre VI avait résidé. Je fis à différentes reprises le voyage de Modène et de Mantoue. Les archives de ces villes sont des trésors inépuisables, surtout pour l'histoire de la Renaissance, et j'en tirai aussi la plupart de mes éléments d'information. Comme toujours, j'ai eu là des amis qui m'ont aidé et, pour Mantoue, je suis redevable de leurs bons offices à MM. Zucchetti, naguère directeur des archives des Gonzague, et Stefano Davari, son secrétaire.

Mais c'est aux archives d'Etat de la maison d'Este, à Modène, que je dois la plus riche récolte. Le directeur en est M. Cesare Foucard. Cet homme distingué s'est efforcé de favoriser mon dessein avec une libéralité véritable et digne d'un successeur de Muratori, qui l'a précédé dans ces fonctions. Il m'a facilité mon travail de toute manière. Il commença par faire mettre en ordre par un jeune employé des archives, M. Ognibene, la grande quantité de lettres et de dépêches qui pouvaient me servir, il me mit en possession des registres, et plus tard me fournit des copies. Si l'ouvrage que j'offre au public a quelque valeur, j'en suis redevable en grande partie, je dois le dire, à l'obligeance de M. Foucard.

J'ai rencontré aussi dans d'autres villes, à Nepi, à Pesaro et à Ferrare, les explications et les communications les plus bienveillantes. J'ai à remercier M. Cesare Guasti, des archives d'Etat de Florence, des copies difficiles qu'il a fait faire pour moi des remarquables dépêches de Lorenzo Pucci.

Les matériaux que j'ai eus à ma disposition ne sont évidemment pas complets, mais on peut dire cependant qu'ils sont abondants et nouveaux. Je n'en ai donné qu'un petit nombre dans le volume où se trouvent les pièces justificatives, mais chacun d'eux était resté inédit jusqu'ici. Le lecteur aura de la sorte sous la main la confirmation de ce que j'avance, et ces documents serviront peut-être aussi à me défendre contre les attaques de ceux qui, comme je le prévois, chercheront d'avance dans cet ouvrage un but critiquable. Je ne m'occuperai pas davantage d'interprétations de ce genre, car ce livre suffira de lui-même à montrer mon intention. Je n'en ai point eu d'autre que celle commune à tous les historiens : j'ai voulu substituer l'histoire au roman.

Mon ouvrage s'appesantit davantage sur l'époque passée à Rome par Lucrèce que sur celle de sa résidence à Ferrare. C'est que celle-ci, sans avoir été suffisamment traitée, l'a pourtant déjà été dans une certaine mesure, tandis que l'autre est restée essentiellement légendaire. Comme j'avais à tirer exclusivement mon livre de documents authentiques, j'ai pu essayer en cette circonstance une méthode de composition d'où ressort naturellement, à mon avis, une peinture fidèle du caractère de l'époque en même temps qu'un portrait vivant des personnes.

LIVRE PREMIER

LUCRÈCE BORGIA A ROME

LIVRE PREMIER

LUCRÈCE BORGIA A ROME

I

ORIGINE DES BORGIA

La famille espagnole des Borja (ou Borgia, d'après la prononciation italienne) fut féconde en hommes extraordinaires auxquels la nature avait prodigué certains dons ; ils possédaient la beauté physique, la force, l'intelligence et cette volonté énergique qui enchaîne la fortune, et grâce à laquelle Cortez, Pizarre et d'autres aventuriers espagnols acquirent leur grandeur.

En Italie, les Borgia, eux aussi, devinrent des

conquérants, comme les Aragon; ils y obtinrent les honneurs et la puissance, ils influèrent considérablement sur le sort de toute la nation, ils contribuèrent à faire prédominer l'Espagne, et leur famille y développa de nombreux rejetons. Ils prétendaient descendre des anciens rois d'Aragon, mais on sait si peu de chose sur leur origine que leur histoire commence avec le véritable fondateur de leur maison, Alphonse Borgia, issu d'un père appelé tantôt Jean, tantôt Dominique, et dont la mère, qui se nommait Françoise de son nom de baptême, n'est pas connue sous son nom de famille.

Alphonse Borgia était né à Xativa près de Valence, en 1378. Il servit le roi d'Aragon, Alphonse, en qualité de secrétaire, et devint évêque de Valence. Il suivit son maître à Naples, quand ce prince remarquable vint y monter sur le trône. En 1444, il fut élevé à la dignité de cardinal.

L'Espagne, débarrassée des guerres religieuses, commençait alors à fonder sa grandeur nationale et à acquérir de l'importance parmi les autres Etats de l'Europe. Elle s'occupait d'atteindre son but, qu'elle avait négligé jusque-là, c'est-à-dire de jeter le pied en Italie, de se mêler des affaires de ce pays qui formait le cœur du monde latin, et qui était toujours le centre de gravité de la politique et de la civilisation européennes. L'Espagne se fraya vite un chemin à la chaire de Saint-Pierre et au trône des Césars : les Borgia, venus d'Espagne, commencèrent par ceindre la tiare, et plus tard un Espagnol devint empereur dans la personne de Charles-Quint. C'est aussi d'Espagne qu'était originaire Ignace de Loyola, le fondateur de la plus puissante société demi-politique, demi-religieuse, dont l'histoire fasse mention.

Alphonse Borgia, l'un des adversaires les plus ardents du concile de Bâle et des tentatives de réforme qui étaient faites en Allemagne, devint pape, en 1455, sous le nom de Calixte III. Sa parenté était nombreuse et habitait en partie déjà Rome, où lui-même avait pris résidence antérieurement à titre de cardinal. Elle se composait surtout de trois familles alliées entre elles, originaires de Valence : les Borgia, les Mila (ou Mella) et les Lanzol. Une des sœurs de Calixte, Catherine Borgia, était mariée à Jean Mila, baron de Mazalanès, et avait pour fils le jeune Jean-Louis; Isabelle, son autre sœur, était l'épouse de Jofré Lanzol, riche gentilhomme de Xativa, et la mère de Pierre-Louis et de Rodriguez, ainsi que de plusieurs filles. Ces deux neveux furent adoptés par leur oncle, qui leur donna son nom de famille, et c'est ainsi que les Lanzol devinrent des Borgia.

Calixte III promut à la dignité de cardinal deux des Mila : l'évêque Jean de Zamora, qui mourut en 1467 à Rome, où son tombeau se voit encore dans l'église de Santa Maria del Monseratto, et le jeune Jean-Loùis, dont il vient d'être parlé. Rodriguez Borgia revêtit aussi la pourpre la même année (1456). D'autres membres de la maison de Mila s'établirent aussi à Rome, entre autres don Pedro, dont la fille, Adrienne Mila, noua, comme nous le verrons, les relations les plus étroites avec la famille de son oncle Rodriguez.

Les sœurs de celui-ci se marièrent, Béatrice avec don Ximenès Perez de Arenos, Thècle avec don Bidal de Villanova, et Jeanne avec don Pedro Guillen Lanzol (1). Elles restèrent toutes en Espa-

(1) Xurita, *Annales de Aragon*, t. V, p. 36.

gne. On a une lettre de Béatrice, qu'elle adressa de Valence à son frère aussitôt après son élévation à la papauté (1).

Rodriguez Borgia avait vingt-cinq ans quand il obtint la dignité de cardinal, à laquelle il joignit l'année suivante l'importante fonction de vice-chancelier de l'Eglise. Son frère, don Pedro Luis, n'avait qu'un an de plus que lui. Calixte l'éleva au rang suprême de neveu (*nepos*) : c'est surtout depuis cette époque que le titre de cardinal-neveu fut établi au Vatican au profit de celui des siens sur lequel le pape s'efforçait de concentrer toute la puissance temporelle. Le neveu du pape était son condottiere, son homme d'action, le défenseur de son trône, et finalement l'héritier de ses biens. Il lui permettait de s'approprier une principauté dans les Etats de l'Eglise et de rôder autour des tyrans et des républiques voisines comme un ange exterminateur, afin de fonder une dynastie qui perpétuât dans sa famille le pouvoir éphémère et intransmissible que donnait la papauté.

Calixte nomma Pierre-Louis capitaine de l'Eglise,

(1) Voir *Pièces justificatives,* n° 6.

préfet de la ville, comte de Spolète, et enfin vicaire de Terracine et de Bénévent. On trouve dans l'histoire de ce premier *neveu* espagnol du pape, comme l'esquisse de la carrière que parcourut plus tard César Borgia.

Tant que vécut Calixte, les Espagnols furent tout-puissants à Rome. Ils affluaient du royaume de Valence pour faire fortune à la cour papale comme monsignori, scribes, capitaines, gouverneurs, etc. Mais Calixte III mourut le 6 août 1458; et la veille don Pedro Luis s'était sauvé à grand'peine de Rome, où la noblesse indigène, les Colonna et les Orsini, opprimée jusque-là, s'était soulevée contre les étrangers qu'elle exécrait. Peu de temps après, en décembre de la même année, une mort subite enleva à Civita-Vecchia ce jeune et brillant parvenu. On ignore si Pierre-Louis Borgia était marié et s'il laissa des enfants (1).

Le cardinal Rodriguez déplora la mort de son

---

(1) Xurita (t. IV, p. 55) assure qu'il mourut *sin dexar ninguna succession*. Sans avoir égard à cette assertion, L. N. Citadella, dans son *Saggio di Albero genealogico e di memorie su la famiglia Borgia* (Turin, 1872), donne deux enfants à Pierre-Louis, Silvia et le cardinal Jean Borgia junior.

frère unique, peut-être, et bien-aimé, mais il hérita de ses biens, sans que la haute position qu'il occupait à la curie fût ébranlée par l'élévation d'un nouveau pape. En qualité de vice-chancelier, il habitait dans le quartier Ponte une maison qui était autrefois la Monnaie, et dont il fit un des plus beaux palais de Rome. Cet édifice, qui renfermait deux cours, et dans lequel on reconnaît encore aujourd'hui la salle originairement ouverte et supportée par des colonnes occupant le rez-de-chaussée, était bâti en forme de château fort, comme le palais vénitien, qui est à peu près de la même époque. Toutefois, le palais Borgia ne saurait être comparé à celui de Paul II ni pour la beauté architecturale, ni pour l'étendue. Il a subi dans le cours des âges plusieurs modifications; il appartient actuellement, et depuis de longues années, aux Sforza Cesarini.

La vie privée de Rodriguez sous le pontificat des quatre premiers successeurs de Calixte, à savoir Pie II, Paul II, Sixte IV et Innocent VIII, est restée plongée dans une obscurité profonde, car les mémoires sur cette époque ou nous font absolument défaut, ou ne consistent qu'en courts fragments.

Ce membre de la famille Borgia, qui était doué d'une beauté et d'une force rares, resta jusqu'à l'âge le plus avancé l'esclave de passions sensuelles inextinguibles ; ces furies le tourmentèrent tant qu'il vécut. Ses excès chagrinèrent Pie II, et le premier rayon de lumière qui jette un certain jour sur la vie privée de Rodriguez est un monitoire que ce pape lui adressa des bains de Petriolo le 11 juin 1460. Borgia avait alors vingt-neuf ans. Il se trouvait dans la ville agréable et corrompue de Sienne, où Piccolomini lui-même n'avait pas vécu en ascète au temps de sa jeunesse. Un jour il y célébra des bacchanales dont la lettre même du pape nous fournit la description.

« Cher fils, lui écrivait-il, plusieurs dames de Sienne qui sont adonnées aux frivolités mondaines s'étant réunies il y a quatre jours dans les jardins de Jean de Bichis, Votre Grandeur, peu soucieuse des fonctions dont elle est revêtue, s'est trouvée au milieu d'elles, comme nous l'avons appris, depuis la dix-septième heure jusqu'à la vingt-deuxième ; et vous y avez eu pour compagnon un de vos collègues, que son âge, à défaut de la révérence due au saint-siége, aurait dû rappeler à son devoir. Là, à ce que nous avons entendu dire, on s'est livré aux danses les plus licencieuses ; là, nulles séductions amoureuses n'ont été oubliées, et vous vous y êtes conduit comme si vous faisiez partie de la jeunesse mondaine. La pudeur interdit de répéter tout ce qui s'y est passé, car non-seulement de tels actes, mais même les mots qui les désignent sont indignes du rang que vous occupez. Les maris, les pères, les frères et les parents des jeunes femmes et des jeunes filles qui se trouvaient là n'ont pas été admis auprès de vous, et cela pour que vos divertissements licencieux fussent d'autant plus libres ; il n'y avait que vous et quelques serviteurs pour diriger et exciter ce chœur. Aujourd'hui, à Sienne, dit-on, il n'est question que de votre légèreté et tout le monde la tourne en dérision. Ce qu'il y a de sûr, c'est que dans cette station de bains, où se trouvent réunis une grande quantité d'ecclésiastiques et de laïques, vous êtes la fable du jour. Notre déplaisir est inexprimable, car cette conduite est un opprobre pour la condition et les fonctions ecclésiastiques ; on dira de nous qu'on nous fait riches et puissants, non pas pour mener une vie irréprochable, mais pour nous fournir le moyen de donner libre cours à nos passions. Aussi les princes et les puissances nous méprisent-ils, et nous sommes journellement en butte aux railleries des laïques : on nous reproche notre propre conduite quand nous voulons blâmer les autres. Le représentant du Christ lui-même s'expose à ces mépris en ayant l'air de tolérer de pareilles choses. Vous êtes préposé, cher fils, à l'évêché de Valence qui est le premier d'Espagne; vous êtes de plus chancelier de l'Eglise, et, ce qui rend votre conduite encore plus blâmable, vous siégez avec le pape au milieu des cardinaux qui forment le conseil du saint-siége. Nous soumettons le cas à votre propre jugement : est-il convenable pour un homme de votre condition de courtiser les jeunes filles, d'envoyer des fruits et des vins à celles que vous aimez, et de ne penser à autre chose de toute la journée qu'aux voluptés de toute espèce? On nous blâme à cause de vous, on s'en prend à la mémoire de votre bienheureux oncle Calixte, qui a eu tort, selon bien des gens, d'accumuler tant d'honneurs sur votre tête. C'est en vain que vous feriez valoir votre âge pour excuse; vous n'êtes plus trop jeune pour ne pas comprendre les devoirs que vos dignités vous imposent. Un cardinal ne doit pas offrir de prise à la censure, et ses mœurs doivent servir d'exemple à tous. Avons-nous bien le droit de nous fâcher si les princes temporels nous désignent sous des titres peu respectueux, s'ils nous contestent la possession de nos biens et s'ils nous obligent à nous soumettre à leurs injonctions? Il faut avouer que nous dirigeons nous-mêmes les coups qui nous sont portés, et que nous préparons de nos propres mains ces afflictions en diminuant chaque jour l'autorité de l'Eglise par nos façons d'agir. Nous en sommes châtiés en ce monde par le déshonneur, comme nous le serons dans l'autre par les peines que méritent de telles fautes. Puisse donc votre sagesse mettre un frein à ce déréglement; puissiez-vous avoir toujours présentes devant les yeux les dignités dont vous êtes revêtu, et ne pas permettre que le nom de galant vous soit donné parmi les femmes et les jeunes gens. Si ces désordres se réitéraient, nous serions obligés de montrer qu'ils ont lieu malgré nous et à notre grand regret, et, en pareille circonstance, notre blâme aurait pour effet de vous couvrir de confusion. Nous vous avons toujours aimé, et nous croyons que vous méritez notre protection comme un homme en qui l'on peut reconnaître un caractère sérieux et modeste. Conduisez-vous donc de telle façon que nous puissions garder l'idée que nous avons de vous, et rien ne peut y contribuer davantage que l'adoption d'une vie régulière. Votre âge, qui permet encore d'espérer un amendement, nous autorise à vous donner ces admonestations paternelles. Patriolo, le 11 juin 1460 (1). »

Quelques années après, sous le pontificat de Paul II, l'historien Gaspard de Vérone trace en ces termes le portrait du cardinal Borgia :

« Il est beau; son visage est agréable et souriant; il s'exprime avec élégance et douceur. Il n'a qu'à jeter un regard sur une belle femme pour l'enflammer d'amour d'une étrange manière et l'attirer à lui avec plus de puissance que l'aimant n'attire le fer. »

Il se produit, en effet, de ces organisations comme celle que Gaspard a décrite; on a alors des

(1) Raynald, sur cette année n° 31.

hommes qui ressemblent au physique et au moral à Casanova et au régent.

La beauté de Rodriguez a été l'objet des éloges de plusieurs de ses contemporains, même après son élévation à la papauté. En 1493, Hiéronymus Portius le dépeignait dans les termes suivants : « Alexandre est de haute taille; son teint est entre les deux; il a les yeux noirs et la bouche un peu pleine. Sa santé est florissante; chaque fois qu'il représente en public, il y prend toutes les peines possibles. Il est extraordinairement éloquent; il est l'ennemi de toute personne dont la politesse laisse à désirer (1). »

Le ressort de cet heureux tempérament consistait, à ce qu'il semble, dans l'équilibre de toutes les facultés. Ses traits exprimaient la sérénité de sa constitution, si l'on peut s'exprimer ainsi. Rien de plus faux donc que l'idée qu'on se fait généralement de ce membre de la maison de Borgia en s'imaginant que c'était un homme sombre et difforme. Le

---

(1) « Staturâ procerus, colore medio, nigris oculis, ore paululum pleniore. » *Hieron. Portius, Commentarius.* Edition (rare) de 1493, Rome, au Casanatense.

célèbre Jason Mainus de Milan exalte aussi en lui
« le port élégant, le front serein, les sourcils d'un
roi, la figure portant l'empreinte de la libéralité et
de la majesté, le génie et l'harmonieuse et héroïque
proportion de tous les membres. »

II

NAISSANCE DE LUCRÈCE

L'attrait magnétique que savait exercer le cardinal Rodriguez lui valut, en 1466 ou 1467, le sacrifice des charmes d'une Romaine appelée Vannozza Catanei. Nous savons qu'elle était née en 1442, mais les détails qui concernent sa famille nous sont inconnus. Les auteurs contemporains l'appellent aussi de son nom de baptême Rose et Catherine, mais elle se désigne elle-même dans des actes authentiques sous celui de Vannozza Catanei. Quoique Paul Jove prétende que son nom de famille était Vanotti, et bien qu'il y eût à Rome une famille plébéienne ainsi appelée, cette assertion est fautive. Vannozza était plutôt le diminutif usuel de Giovanna, et l'on trouve dans les documents contemporains la mention d'une Vannozza de Nardis, d'une Vannozza de Zanobeis, de Pontianis et d'autres encore.

Il y avait à Rome, ainsi qu'à Ferrare, à Gênes et ailleurs, une famille Catanei, et ce nom si répandu provenait du titre de *capitaneus*. Dans un acte notarié daté de 1502, le nom de la maîtresse d'Alexandre VI se trouve encore écrit sous sa forme archaïque : *Vanotia de Captaneis*.

Litta, auquel l'Italie est redevable d'un grand ouvrage sur ses familles historiques, — ouvrage admirable malgré les erreurs et les défauts qu'on peut lui reprocher, — a émis l'opinion que Vannozza appartenait à la maison de Farnèse et était fille de Ranuccio. C'est une erreur complète. Dans les documents contemporains cette femme est appelée, en toutes lettres, *madonna Vannozza de casa Catanei*.

Aucun écrivain de l'époque n'a indiqué par quelles qualités exceptionnelles Vannozza put s'attacher le plus libertin des cardinaux par des liens assez solides pour devenir la mère de plusieurs enfants qu'il reconnut. Il nous est permis de nous la représenter sous les traits d'une de ces femmes à la fois robustes et voluptueuses, comme on en voit encore à Rome aujourd'hui. Elles ne possèdent pas les grâces idéales des femmes dont les peintres de l'Ombrie nous ont retracé la figure. Elles ont quelque chose de la grandeur de Rome ; les charmes de Junon et de Vénus semblent réunis en elles. Elles réaliseraient presque l'idéal de Titien et de Paul Véronèse sans leur chevelure noire et leur carnation foncée. De tout temps, les blondes et les rousses ont été rares parmi les Romaines.

Il est certain que Vannozza était très-belle et très-ardente. Sinon, comment eût-elle allumé la passion d'un homme comme Rodriguez Borgia ? De même, son intelligence, quoique sans culture, devait être doublée d'une rare énergie. Comment aurait-elle réussi sans cela à rendre durables les rapports qu'elle avait noués avec lui ?

On peut considérer la date conjecturée plus haut comme l'époque certaine du commencement de leurs relations, si l'on s'en rapporte à l'historien espagnol Mariana, d'après lequel Vannozza aurait été la mère de don Pedro Luis, l'aîné des fils de Rodriguez. Un acte notarié daté de 1482 qualifie en effet d'adolescent ce fils du cardinal, ce qui lui suppose l'âge de quatorze ou quinze ans (1).

(1) Voir *Pièces justificatives*, n° 1.

Nous ignorons quelle était la condition de Vannozza au moment où Borgia fit sa connaissance. Il est peu probable qu'elle ait fait partie de ces hétaïres de distinction, nombreuses à Rome où on ne les méprisait nullement, et qui y menaient une brillante existence grâce à la libéralité de leurs adorateurs. En effet, si elle avait été connue pour telle de son temps, les nouvellistes et les poëtes épigrammatistes auraient sans doute parlé d'elle.

Le chroniqueur Infessura, qui devait connaître personnellement Vannozza, raconte qu'Alexandre VI voulant nommer cardinal son bâtard César, fit affirmer par de faux témoins qu'il était le fils légitime d'un certain Dominique d'Arignano, et il ajoute la remarque que le pape avait fait épouser Vannozza par cet homme. Cette assertion d'un auteur contemporain et habitant de Rome a du poids, mais aucun autre écrivain, à l'exception de Mariana, qui a évidemment puisé ce renseignement chez Infessura, ne mentionne ce Dominique d'Arignano; nous verrons bientôt d'ailleurs qu'il ne saurait être question d'un mariage régulier de Vannozza avec cet inconnu. Elle était depuis de longues années la maîtresse du cardinal quand il lui donna un époux officiel, afin de couvrir d'un voile les relations qu'il avait avec elle et en même temps pour les faciliter; car elles continuèrent encore après qu'elle eut contracté une union en règle.

En 1480, Vannozza avait authentiquement un premier époux appelé George de Croce; il était de Milan et le cardinal Rodriguez lui avait obtenu la charge de secrétaire apostolique auprès de Sixte IV. On ignore l'époque à laquelle elle se maria avec lui. Elle habitait en qualité d'épouse de de Croce une maison située sur la place Pizzo di Merlo, qu'on appelle aujourd'hui place Sforza Cesarini, et qui se trouvait à proximité du palais du cardinal Borgia.

En cette même année 1480, Vannozza était déjà mère de plusieurs enfants reconnus par le cardinal. C'étaient Jean, César et Lucrèce. Pour ceux-ci, l'origine est incontestable; mais en ce qui regarde Pedro Luis, l'aîné de tous, il n'est seulement que très-vraisemblable qu'il était de la même mère. La date de la naissance de ces bâtards de Rodriguez Borgia est restée inconnue jusqu'ici et différentes conjectures ont été proposées à ce sujet; j'ai découvert dans des documents irrécusables la date de celle de César et de Lucrèce, et par là se trouvent définitivement rectifiées plusieurs erreurs relatives à la généalogie et même à l'histoire de cette maison. César naquit au mois d'avril 1476 (on ne connaît pas le jour précis) et Lucrèce, le 18 avril 1480. Leur père, alors qu'il était pape, a fixé lui-même l'âge de ces deux enfants. En octobre 1501, il vint à en parler avec l'ambassadeur de Ferrare qui rendit compte de cette conversation au duc Hercule dans les termes suivants : « Le pape m'a fait connaître que la duchesse (Lucrèce) est âgée de vingt-deux ans, qui seront accomplis en avril prochain; à la même époque, l'illustrissime duc de Romagne (César) atteindra vingt-six ans (1). »

Si l'exactitude du renseignement fourni par le père sur l'âge de ses enfants pouvait être mise en doute, les autres indications et documents que je vais citer feraient disparaître toute hésitation à cet égard. Dans les dépêches qu'un ambassadeur de Ferrare adressait de Rome au même prince plusieurs années

---

(1) On trouvera ce passage aux *Pièces justificatives,* n° 32, *sub finem.*

auparavant, c'est-à-dire en février et en mars 1493, il évalue l'âge qu'avait César à cette époque à seize ou dix-sept ans, ce qui s'accorde avec la donnée fournie plus tard par son père (1). Le fils d'Alexandre VI était de quelques années plus jeune qu'on ne l'a cru jusqu'ici, et ce point est important pour l'histoire de sa courte et terrible existence. Il en résulte que Mariana et d'autres auteurs qui l'ont suivi ont fait erreur en affirmant que César, qui était le deuxième fils de Rodriguez, était l'aîné de son frère Jean. Celui-ci devait, au contraire, avoir deux ans de plus que César. Les relations vénitiennes adressées de Rome l'appellent, en octobre 1496, un jeune homme de vingt-deux ans; il était donc né en 1474 (2).

Lucrèce, elle, vint au monde le 18 avril 1480. Cette date exacte se trouve dans un document provenant de Valence (3). Son père avait alors quarante-neuf ans et sa mère trente-huit. Les astrologues romains ou espagnols purent tirer l'horoscope

(1) Gianandrea Boccaccio au duc, Rome, 25 février; 11 mars 1493, et autres dépêches postérieures. (Archives d'Etat de Modène.)
(2) Marin Sanudo, *Diar.* t. I, p. 258.
(3) Voir *Pièces justificatives*, n° 4.

de l'enfant d'après les constellations visibles alors dans le ciel et flatter le cardinal Rodriguez en le félicitant sur l'éclat qu'elles promettaient à sa fille.

Le temps de Pâques venait de s'achever; des fêtes brillantes avaient été célébrées en l'honneur de l'électeur Ernest de Saxe, qui était arrivé à Rome le 22 mars, accompagné du duc de Brunswick et de Guillaume de Henneberg. Ces seigneurs étaient entrés avec une suite de deux cents cavaliers. On leur avait assigné pour résidence une maison du quartier Parione. Le pape Sixte IV les avait comblés d'honneurs, et la curiosité publique avait été surexcitée par une chasse brillante dont Girolamo Riario, le neveu tout-puissant, leur offrait l'agrément à Malliana, sur le Tibre. Ils partirent de Rome le 14 avril.

La papauté prenait alors la forme d'une tyrannie politique et le népotisme acquérait petit à petit ce caractère dont César Borgia devait développer plus tard les côtés terribles. Sixte IV, homme énergique et fortement trempé, comme Alexandre VI l'était lui-même, se trouvait encore en guerre avec Florence où il avait ourdi la conjuration des Pazzi, afin de faire assassiner les Médicis et d'élever Girolamo

Riario au rang de prince puissant dans la Romagne. C'était la même voie qu'Alexandre VI devait frayer plus tard à son fils César.

L'époque où naquit Lucrèce était vraiment effrayante : la papauté avait dépouillé toute sa sainteté sacerdotale, la religion était devenue complétement matérielle et la corruption des mœurs n'avait plus de frein. Les guerres de famille à famille se déchaînaient dans la ville avec une effroyable sauvagerie, surtout dans les quartiers Ponte, Pariole et Regola, où chaque jour des parents que le meurtre de l'un des leurs avait rendus furieux s'avançaient pour lutter à main armée contre leurs adversaires. Précisément en 1480, les vieilles factions des Guelfes et des Gibelins s'étaient réveillées dans Rome; les Savelli et les Colonna étaient hostiles au pape; les Orsini le soutenaient, tandis que les Valle, les Margana et les Santa Croce, enflammés par la vengeance, prenaient parti pour ceux-ci ou pour ceux-là.

III

LUCRÈCE CHEZ SA MÈRE

Lucrèce passa sans doute les premières années de son enfance dans la maison de sa mère. Cette maison, qui s'élevait sur la place Pizzo di Merlo, se trouvait à quelques pas seulement du palais du cardinal. Le quartier Ponte, dont elle faisait partie, était un des plus animés de Rome; c'était par là qu'on passait pour aller au pont Saint-Ange et au Vatican. Là, résidaient beaucoup de commerçants, ainsi que les banquiers de Florence, de Gênes et de Sienne; là aussi, habitaient plusieurs fonctionnaires pontificaux, et les courtisanes en renom y fixaient leur séjour. Les vieilles familles nobles, au contraire, ne se trouvaient qu'en petit nombre dans le Ponte, peut-être parce que les Orsini ne leur permettaient pas de s'y établir. Ces puissants barons s'étaient fixés depuis longtemps, en effet, dans cette région de la ville, où s'élevait leur grand palais du Monte Giordano. Non loin de là, se trouvait leur château fort d'autrefois, appelé la Torre di Nona, qui faisait partie, à l'origine, des fortifications élevées sur le bord du Tibre. Il servait alors de prison pour les criminels d'Etat et d'autres malheureux.

Nous pouvons nous représenter nettement la disposition de la maison de Vannozza, car les ménages romains du commencement de la Renaissance ne différaient pas beaucoup de ceux d'aujourd'hui. En général, l'intérieur en est, encore maintenant, obscur et dépourvu d'élégance. Des escaliers massifs en pépérine conduisaient à l'habitation proprement dite, qui consistait en une pièce principale et des chambres contiguës pavées en carreau que ne recouvrait aucun tapis, et ayant pour plafond des poutres reliées par du parquet sur lequel on étendait une couche de peinture. Les murs des chambres étaient blanchis à la chaux, si ce n'est dans les maisons les plus luxueuses où on les garnissait de tapisseries, mais seulement dans les circonstances solennelles. Au quinzième siècle, on ne les ornait que rarement de peintures, et dans ce cas, cela se bornait à quelques portraits de famille. Si Vannozza en avait pour décorer son salon, celui du cardinal Rodriguez ne devait pas en être exclu. En tout cas, il s'y trouvait certainement un reliquaire, des images de saints et celle de la madone, devant laquelle une lampe brûlait constamment.

Des meubles lourds, des lits grands et larges surmontés d'un ciel, de hautes chaises brunes en bois sculpté sur lesquelles on plaçait des coussins, des tables massives recouvertes d'un marbre ou d'un parquet de bois marqueté étaient rangés tout autour des murs. Dans la pièce principale se dressait un bahut colossal de bois peint, servant à renfermer le linge du trousseau. C'est dans un meuble de ce genre, dans le bahut de sa sœur, que le malheureux chevalier Stefano Porcaro se cacha, le 5 janvier 1453, quand il essaya d'échapper par la fuite au sort qui le menaçait après sa tentative infructueuse de soulèvement. Sa sœur et une autre femme s'assirent sur ce bahut pour préserver le fugitif, mais les sbires l'en firent sortir.

Si Vannozza avait du goût pour les antiquités, ce qu'il

nous est permis d'inférer en supposant simplement qu'elle se conformait à la mode, son salon ne devait pas en être dépourvu. On les collectionnait alors avec passion. C'était l'époque des premières fouilles ; chaque jour, le sol de Rome livrait ses trésors et l'on apportait à profusion dans la ville des antiquités exhumées d'Ostie, de Tivoli et de la villa d'Adrien, de Porto d'Anzo et de Palestrine. Mais si Vannozza et son mari étaient exempts de cette passion de leurs compatriotes, on n'aurait pas cherché en vain dans leur maison les merveilles de l'art moderne, les coupes et les vases de marbre et de porphyre et les bijoux d'or des joailliers. Le meuble essentiel et à poste fixe d'une maison romaine bien tenue, était la crédence, c'est-à-dire une grande armoire munie de vaisselle d'or, d'argent et de belle faïence. Dans les grands repas, on faisait parade de cette vaisselle.

Nous n'osons guère supposer que la maîtresse de Rodriguez possédait aussi une bibliothèque, car les collections particulières de livres étaient très-rares alors dans les maisons bourgeoises. Depuis peu de temps, l'acquisition en avait été facilitée à Rome par les éditions autorisées qu'y publiaient les imprimeurs allemands.

Le train de maison de Vannozza était sans doute opulent, mais sans faste. Elle pouvait traiter quelquefois le cardinal ou voir chez elle les amis de la famille, surtout les confidents les plus intimes de Borgia, tels que les Espagnols Juan Lopez, Caranza et Marades; et, parmi les Romains, les Orsini, les Porcari, les Cesarini et les Barberini. Le cardinal était, quant à lui, un homme très-sobre, mais magnifique en tout ce qui avait rapport à la représentation qu'exigeait son rang. A cette époque, il était surtout indispensable à un cardinal de posséder un logement princier et d'y réunir une cour nombreuse.

Rodriguez Borgia vivait dans son palais comme un des plus riches princes de l'Eglise et s'entourait d'un éclat en rapport avec sa situation. Un contemporain, Jacob de Volterra, le dépeignait en ces termes vers 1486 :

« C'est un homme dont l'esprit est apte à tout et de grande intelligence; il parle habilement et sait très-bien faire profiter ses discours de connaissances littéraires médiocres; il est naturellement adroit et apporte un art merveilleux dans la conduite des affaires. Il est extrêmement riche et la protection de plusieurs rois et princes lui donne du renom. Il habite un palais bien bâti et commode qu'il a fait élever pour lui entre le pont Saint-Ange et le Campo di Fiore. Il tire d'immenses revenus de ses fonctions ecclésiastiques, de plusieurs abbayes qu'il possède en Italie et en Espagne et des trois évêchés de Valence, de Portus et de Carthage; la charge de vice-chancelier à elle seule lui rapporte, à ce qu'on dit, huit mille florins d'or annuellement. La quantité de vaisselle d'argent, de perles, d'étoffes brodées d'or et de soie, et de livres sur toutes sortes de sciences qu'il a en sa possession est très-considérable et d'un luxe digne d'un roi ou d'un pape. Je ne parle pas des ornements sans nombre dont ses lits sont chargés, ni de ses chevaux, ni de ses objets précieux d'or, d'argent et de soie, ni de sa somptueuse garde-robe, ni de la grande quantité d'or monnayé qu'il a entre ses mains. On est persuadé qu'il a plus d'or et de richesses de toutes sortes que tous les autres cardinaux, à l'exception d'Estouteville. »

Le cardinal Rodriguez était donc assez riche pour

élever ses enfants de la manière la plus brillante, mais il se bornait à les entourer de conditions modestes comme s'ils n'eussent été que ses neveux. Quand lui-même eut atteint le faîte de la grandeur, il commença à les tirer de leur médiocrité et à les mettre en lumière.

En 1482, il n'habitait pas sa maison du quartier Ponte; peut-être y faisait-il construire alors. Il résidait plutôt dans ce palais du quartier Parione que Stephano Nardini avait fait achever en 1475. On l'appelle aujourd'hui le *palazzo del Governo Vecchio*. C'est là que nous trouvons Rodriguez établi en janvier 1482. Nous l'apprenons par un acte du notaire Beneimbene, lequel est un contrat de mariage entre Gianandrea Cesarini et Girolama Borgia, fille naturelle du cardinal Rodriguez. Les formalités légales de ce mariage furent accomplies en présence du père de la fiancée, ainsi que des cardinaux Stefano Nardini et Giambattista Savelli et des nobles romains Virginius Orsini, Julien Cesarini et Antonio Porcaro (1).

L'acte de janvier 1482 est le premier document

(1) Voir *Pièces justificatives*, n° 1.

authentique qui se rapporte aux faits intimes concernant la famille du cardinal Borgia. Il y reconnaît être le père de la « noble demoiselle (puella) Girolama, » qui est dite « sœur du noble adolescent Pierre-Louis de Borgia et de Jean de Borgia encore enfant. » Ces deux fils, qui sont évidemment désignés ici en qualité d'aînés, étaient illégitimes ; aussi ne pouvait-il être question de leur mère. César, qui n'avait alors que six ans, est également passé sous silence.

Girolama était encore mineure et âgée de treize ans seulement ; quant à son fiancé, Jean-André, fils de Gabriel Cesarini et de Codina Colonna, il était aussi à peine sorti de l'enfance. La noble maison des Cesarini entra par ce mariage en proche parenté avec les Borgia, et elle en tira plus tard de grands avantages. Leur amitié réciproque remontait au temps de Calixte, car, à la mort de ce pape, le protonotaire George Cesarini avait favorisé la fuite de don Pedro Luis, frère de Rodriguez. Girolama Borgia mourut bientôt (en 1483), en même temps que son jeune époux.

Etait-elle de la même mère que Lucrèce et César ?

Nous l'ignorons, mais la chose nous paraît peu vraisemblable. Il n'existe, disons-le d'avance, qu'un seul document authentique dans lequel les enfants de Rodriguez sont nommés en même temps que leur mère. C'est l'inscription du tombeau de Vannozza à Santa Maria del Popolo à Rome ; cette femme y portait le titre de mère de César, de Jean, de Jofré et de Lucrèce, tandis qu'il n'y est pas fait mention de leurs aînés, don Pedro Luis et Girolama.

Rodriguez avait, du reste, une troisième fille nommée Isabelle dont la mère ne saurait avoir été non plus Vannozza. Il la maria le 1er avril 1483 avec le noble romain Piergiovanni Mattuzi, du quartier Parione (1).

(1) Un abrégé de l'acte de mariage, d'après la rédaction du notaire Agostino Martini, se trouve aux archives du Capitole, *Cred. XIV*, t. 72.

IV

SON ÉDUCATION

Les relations du cardinal avec Vannozza se prolongèrent encore jusque vers 1482, puisque après la naissance de Lucrèce elle lui donna encore un fils appelé Jofré, qui vint au monde en 1481 ou 1482.

A partir de cette époque, la passion de Borgia pour cette femme, qui avait alors quarante ans, fut éteinte. Mais il continua d'honorer en elle la mère de ses enfants et la confidente de plusieurs de ses secrets.

D'ailleurs Vannozza avait eu de son mari, George de Croce, un fils nommé Octavien; du moins cet enfant passait pour être de lui. Elle accrut ses revenus avec l'aide du cardinal. On voit, par des documents juridiques, qu'elle était tenancière de quelques hôtelleries à Rome, et elle acheta aussi des Cesarini, à ce qu'il semble, un vignoble et une maison à Santa Lucia in Selce, dans le quartier de Subura. Encore aujourd'hui, on désigne ce palais pittoresque qui s'élève au moyen d'une arcade sur l'escalier montant de la Suburra à Saint-Pierre-ès-liens, comme celui de Vannozza ou de Lucrèce Borgia. George de Croce s'était enrichi; il fonda pour lui et sa famille une chapelle à Santa Maria del Popolo. Il mourut en 1486, et son fils Octavien termina aussi sa vie à la même époque (1).

Cet événement provoqua un changement dans la situation de Vannozza, car le cardinal se hâta de faire contracter un second mariage à la mère de ses enfants, afin de lui donner un protecteur et de lui assurer un intérieur convenable. Le nouvel époux était de Mantoue et s'appelait Carlo Canale. Avant de venir à Rome, il s'était déjà fait connaître par ses talents et son savoir dans les cercles lettrés de Mantoue. Nous possédons encore la lettre d'Ange Politien par laquelle ce poëte, alors jeune, recomman-

(1) Voir à cet égard les notices d'Adinolfi, qui m'ont été si utiles: *Histoire de la ville de Rome au moyen âge*, 2ᵉ édition, t. VII, p. 312.

dait son *Orfeo* à Canale; car le manuscrit de ce premier essai dramatique, qui marqua le commencement de la renaissance du théâtre en Italie, se trouvait entre les mains de ce dernier, qui en reconnut le mérite et encouragea le poëte encore hésitant (1). Politien avait conçu et rédigé cette pièce en deux jours seulement sur le désir du cardinal François Gonzague, grand amateur de belles-lettres; et Carlo Canale était camérier de ce cardinal. L'*Orfeo* parut vers 1472. Le cardinal Gonzague étant mort en 1483, Canale vint à Rome où il entra au service du cardinal Sclafetano de Parme. Comme il avait été le confident et le sujet de Gonzague, il resta en relation avec cette maison princière (2). Dans son nouvel emploi, il seconda les efforts de Louis Gonzague, frère de François, pour obtenir la pourpre, quand il vint à Rome en 1484 après avoir été nommé évêque de Mantoue (3).

(1) Cette lettre avec l'adresse: *A Messer Carlo Canale*, est imprimée en tête de *l'Orfeo* dans l'édition qui a pour titre: *Angelo Poliziano. Le stanze e l'Orfeo ed altre poesie, Milano*, 1808.

(2) Dans les archives de Mantoue, on trouve une lettre de la marquise Isabelle à Carlo Canale datée du 4 décembre 1499.

(3) Tous ces détails sur Canale se trouvent dans les notes de la préface d'Ireneo Affò sur *l'Orfeo*, dans l'édition de Mantoue.

Borgia avait fait connaissance avec Canale dès le temps où il était encore au service de Gonzague et il le retrouva dans la maison de Sclafetano. S'il le choisit pour en faire le mari de sa maîtresse devenue veuve, c'était dans la pensée qu'il pouvait lui être utile par ses talents et par ses relations. De son côté, Canale ne pouvait consentir que par cupidité à devenir l'époux de Vannozza, et sa condescendance à cet égard est la preuve qu'il s'était peu enrichi dans les emplois qu'il avait remplis jusque-là à la cour des cardinaux.

Le nouveau mariage fut régulièrement conclu le 8 juin 1486, par-devant Camillo Beneimbene, notaire de la maison de Borgia. Les témoins étaient Francesco Maffei, secrétaire apostolique et chanoine de Saint-Pierre; Lorenzo Barberini de Catellinis, bourgeois romain; Giuliano Gallo, grand commerçant romain; les seigneurs Burcardo Barberini, de Carnariis et plusieurs autres. Entre autres biens, Vannozza apportait en dot à son mari la somme de mille florins d'or et le diplôme gratuit d'une charge de solliciteur des bulles papales. L'acte de mariage indique expressément que cette union est la seconde que contracte Vannozza. N'aurait-il pas été dit qu'elle était la troisième ou, d'une manière générale, que c'était un nouveau mariage si la prétendue première alliance avec Dominique d'Arignano avait eu lieu réellement? (1)

Ce document désigne comme demeure de Vannozza et lieu de conclusion du mariage, sa maison du quartier Regola, sur la place des Branchis, qui porte encore aujourd'hui le même nom venant de la famille éteinte des Branca. Elle avait dû par conséquent quitter, après la mort de son premier mari, sa maison de la place Pizzo di Merlo, pour se retirer dans celle de la place Branca. Peut-être cette dernière était-elle sa propriété, car son deuxième mari paraît avoir été un homme dépourvu de fortune et qui espérait s'enrichir grâce à son mariage et à la protection du puissant cardinal.

Il ressort d'une lettre de Louis Gonzague, en date du 19 février 1488, que cette nouvelle alliance de Vannozza ne fut pas stérile; car l'évêque de Milan charge l'agent qu'il a à Rome d'être parrain en sa place chez Carlo Canale, qui l'avait sollicité de lui faire cet honneur. La lettre ne dit rien de plus

(1) Voir *Pièces justificatives*, n° 2.

précis, mais on ne saurait l'interpréter dans un autre sens (1).

Nous ignorons à quelle époque Lucrèce quitta la maison de sa mère pour venir se placer, conformément aux dispositions prises par le cardinal, sous la tutelle d'une femme qui exerçait une grande influence sur lui et sur toute la famille des Borgia.

Cette femme était Adrienne, de la maison de Mila, fille de don Pedro, neveu de Calixte III et cousin de Rodriguez. On ignore quelles fonctions son père remplissait à Rome.

Il maria sa fille Adrienne avec un membre de la famille noble des Orsini, Ludovic, seigneur de Bassanello, près de Civitacastellana. Le fils, issu de ce mariage, Ursinus Orsini, s'étant marié en 1489, on doit en conclure que sa mère avait contracté mariage elle-même au moins seize ans auparavant. En cette année 1489, Louis Orsini n'existait déjà plus.

Durant son mariage et plus tard étant veuve, Adrienne habitait à Rome un des palais des Orsini,

---

(1) Ludovico Gonzaga à Bartolomeo Erba. — « Siamo contenti contrahi in nome nostro compaternità cum M. Carolo Canale, et cussi per questa nostra ti commettiamo et constituimo nostro Procuratore... » Note d'Affò sur sa préface d'*Orfeo*, p. 113.

vraisemblablement celui qui s'élève sur le Monte Giordano, en deçà du pont Saint-Ange. Plus tard, en effet, une part dans ce palais se trouve spécifiée dans la succession de son fils Ursinus.

Le cardinal Rodriguez vivait en liaison étroite avec Adrienne; elle était pour lui non-seulement une parente, mais la confidente de ses faiblesses, de ses intrigues et de ses projets, et elle le fut jusqu'à sa mort.

Le cardinal lui confia aussi l'éducation de sa fille Lucrèce encore fort jeune. Ce fait est hors de doute. Nous l'apprenons par une lettre adressée en 1493 au duc Hercule, par l'ambassadeur de Ferrare auprès de la cour de Rome, Gianandrea Boccaccio, évêque de Modène; il y remarque, à propos de Madame Adriana Ursina, qu'elle avait « toujours élevé Lucrèce à côté d'elle, dans sa maison (1). » Nous

---

(1) « Mª Adriana Ursina, la quale è socera de la dicta madona Julia (Farnèse), che ha sempre governata essa sposa (Lucrezia) in casa propria per esser in loco de nepote del Pontifice, la fu figliola de Messer Piedro de Milla, noto à V., Emª Sigª, cusino carnale del Papa. » *Dépêche dudit à Hercule*, Rome, 13 juin 1493; dans les archives d'Etat de Modène. Une dépêche du 6 mai 1493 la désigne en ces termes: *Madona Adriana Ursina soa governatrice figliola che fu del quondam messer Pietro del Mila.*

avons lieu de croire qu'il s'agit du palais Orsini, situé sur le Monte Giordano et peu éloigné de la demeure du cardinal Borgia.

Conformément à la coutume italienne qui s'est prolongée jusqu'à nos jours, l'éducation des jeunes filles était confiée aux religieuses d'un cloître, où elles passaient quelques années et dont elles sortaient pour se marier et entrer dans le monde. Mais si la description que fait Infessura de l'état des cloîtres de nonnes à Rome est exacte, il ne serait pas étonnant que le cardinal eût hésité à confier sa fille à de telles saintes. Il y avait bien encore pourtant des couvents de femmes où le relâchement n'avait pas pénétré; tels étaient peut-être San Silvestro in Capite, où les Colonna firent élever plusieurs de leurs filles, ou Santa Maria Nuova, ou bien encore San Sisto, sur la voie Appienne. Quand Borgia était pape, Lucrèce choisit une fois ce dernier couvent pour asile, peut-être parce qu'étant enfant elle y avait passé un certain temps pour acquérir l'instruction religieuse.

De tout temps, en Italie, les exercices pieux ont formé la base de l'éducation des filles. Cette éducation consistait alors, non pas à modifier le cœur et l'âme, mais à engendrer une bienséance religieuse ornée de beaux dehors sous lesquels la foi pouvait offrir aux femmes un point d'appui moral. Le péché ne rendait pas la femme odieuse, mais les mœurs exigeaient, même des pécheresses les plus endurcies, qu'elles se conformassent à tous les devoirs religieux et qu'elles eussent l'air de bonnes chrétiennes. Il n'y avait que peu ou point de femmes sceptiques ou libres penseuses ; il ne pouvait y en avoir au milieu de la société de l'époque. Gismondo Malatesta de Rimini, ce tyran impie, fit bâtir une magnifique église dans laquelle il éleva une chapelle à l'honneur de sa maîtresse Isotta, qui certainement fréquentait les églises avec assiduité. Vannozza bâtit et décora une chapelle à Santa Maria del Popolo. Elle passait pour dévote, et cela bien avant la mort d'Alexandre VI. Ses plus grands soucis maternels, comme ceux d'Adrienne, avaient sans doute pour objet de donner à sa fille la bienséance chrétienne en usage, et Lucrèce devint à cet égard une femme si accomplie que, plus tard, un ambassadeur de Ferrare pouvait vanter tout spécialement ses dehors pieux.

On serait dans l'erreur en considérant une telle conduite comme un masque hypocrite, car ce serait supposer une indépendance d'esprit en matière religieuse ou une manière d'être morale, étrangère aux femmes de cette époque et encore aujourd'hui à la plupart des Italiennes. Dans leur pays, la religion était et est encore une forme de l'éducation, et, en dépit du peu de valeur morale qu'elle pouvait avoir, c'était néanmoins une belle ordonnance, dans laquelle la vie de tous les jours s'encadrait en quelque sorte avec précision.

Les filles appartenant à des maisons riches ne pouvaient pas se livrer dans les couvents à l'étude des humanités ; elles acquéraient ce genre d'instruction au moyen d'un précepteur qui le leur donnait peut-être en même temps qu'à leurs frères. Il n'y a pas d'exagération à dire qu'au quinzième siècle et au seizième les femmes de la bonne société possédaient une instruction plus solide et plus savante que nos contemporaines de même condition. Cet état de choses résultait, non pas de l'étendue, mais plutôt du caractère exclusif et étroit de la culture intellectuelle de l'époque. Il lui manquait, en effet, l'immense provision actuelle d'éléments scientifiques que le développement du génie européen a produite et réunie dans trois siècles de progrès. A l'époque de la Renaissance, l'éducation des femmes était essentiellement dirigée vers l'antiquité classique, vis-à-vis de laquelle tout ce qu'on aurait pu désigner alors sous le nom de sciences modernes tomba dans l'insignifiance. On peut, par conséquent, lui donner la qualification d'érudite. Aujourd'hui, c'est tout le contraire, et ce que l'on apprend aux femmes est puisé exclusivement dans le trésor du savoir moderne. Mais la variété des connaissances qu'on leur présente a eu pour effet de diminuer cette précision dont les femmes de la Renaissance étaient redevables au peu d'étendue du cercle dans lequel leur instruction était circonscrite. Actuellement l'éducation des femmes, même en Allemagne où les écoles sont si vantées, est généralement vacillante et superficielle, et même nulle au point de vue scientifique. Le plus souvent, elle ne repose pourtant que sur l'étude de la conversation en deux langues modernes et sur celle du piano, et le temps qu'elle absorbe n'est nullement en rapport avec d'aussi maigres résultats. L'habitude de la lecture des journaux, des poésies et des romans ne permet plus guère à nos femmes d'acquérir une instruction sérieuse.

Durant la Renaissance, le piano était inconnu; mais toute femme bien élevée savait jouer du luth. Le luth avait l'avantage d'offrir un aspect gracieux dans les mains des dames; tandis que le piano n'est qu'une machine qui exige, de la part de la femme ou de l'homme qui la manient, des mouvements désagréables et souvent ridicules. Le roman n'était alors qu'à ses débuts. Aujourd'hui encore l'Italie est le pays où l'on compose et où on lit le moins de romans. Elle avait des contes depuis Boccace, mais en très-petit nombre. Elle avait vu naître quantité d'œuvres poétiques, mais la moitié était en latin. La librairie et l'imprimerie s'y trouvaient encore dans l'enfance. Le théâtre commençait à naître; il n'y avait le plus souvent qu'une représentation dramatique chaque année au temps du carnaval, et encore n'avait-elle lieu que sur des scènes privées. Ce que nous appelons aujourd'hui connaissances littéraires, éducation internationale, consistait alors dans l'étude passionnée des auteurs classiques;

le latin et le grec répondaient dans l'éducation des femmes à ce que l'on désigne actuellement sous le nom de langues étrangères.

Le préjugé d'après lequel la connaissance des langues anciennes et les études savantes nuisent au charme des femmes, et qu'en général leur éducation doit rester à un degré inférieur, était inconnu aux Italiens de la Renaissance. Ce préjugé, comme tant d'autres qui ont pénétré au cœur de la société, est d'origine germanique. Chez les Allemands, l'idéal, pour la femme, a toujours été l'aimable administration de la mère dans le cercle de la famille. Par un sentiment de timidité et de modestie, les femmes allemandes ont longtemps redouté de se produire en public. Leurs mérites restent cachés si des circonstances particulières, surtout d'une nature politique et dynastique, ne les obligent à les manifester. Jusqu'à ces derniers temps, l'histoire de la civilisation des peuples germaniques ne signale pas un aussi grand nombre de femmes notoirement célèbres, que l'Italie, cette terre choisie du mérite personnel, n'en a possédées au temps de la Renaissance. L'influence que les femmes de mérite ont exercée sur le développement intellectuel de la société dans les salons italiens du quinzième siècle et du seizième, ou plus tard dans les salons français, était inconnue aux mêmes époques en Angleterre et en Allemagne.

Plus tard pourtant, le rôle fut interverti entre les peuples germaniques et néo-latins à propos de l'éducation des femmes. D'un côté, il y eut progrès et de l'autre décadence, surtout en Italie. La femme italienne qui, pendant la Renaissance, se plaçait à côté de l'homme, qui lui disputait la palme du savoir et qui s'intéressait à tous les progrès intellectuels, se retira plus tard au second plan. Depuis deux siècles, elle ne prend plus aucune part, ou n'en prend qu'une très-faible, aux manifestations les plus élevées de la vie nationale ; elle est devenue un instrument d'oppression morale aux mains du prêtre. La femme allemande, au contraire, a acquis, grâce à la Réforme, plus de personnalité et de liberté. Depuis le commencement du dix-huitième siècle surtout, l'Allemagne et l'Angleterre ont produit une série de femmes profondément instruites et dont le savoir était le fruit de leurs propres efforts. En Allemagne, ce n'est pas la faute de l'Église, mais des mœurs de la société et du défaut de richesse si l'instruction des femmes n'est, généralement parlant, que médiocre.

Nous avons vu, de notre temps, un premier essai de renaissance d'un système d'éducation savante pour les femmes, tel qu'il se pratiquait autrefois en Italie; cette tentative a eu lieu en Suisse dans une école supérieure allemande. Elle échoua, parce qu'elle poursuivait d'autres buts que l'éducation proprement dite et qu'elle ne devait même pas son existence à des femmes allemandes. Mais s'il était douteux que cette entreprise scolastique, contraire aux aptitudes et à la vocation de la femme, pût réussir, elle pouvait être pourtant le signal d'une réforme naissante dans son éducation.

Les hommes d'aujourd'hui ont plus d'aversion que de respect pour une femme instruite : nous l'appelons bas-bleu, surtout si elle se mêle d'écrire. Du temps de la Renaissance, on l'appelait *virago*, mais ce mot n'avait qu'un sens flatteur. Jacob de Bergame, dans son ouvrage intitulé : *Les Femmes célèbres*, qu'il composa vers 1496, s'en sert constamment comme d'un terme de distinction (1). On

(1) Jacobus Bergamensis, *De claris mulieribus*. Paris, 1521.

ne trouve que de rares passages dans les auteurs italiens où ce mot a le sens que nous y attachons habituellement aujourd'hui, à savoir de femme hommasse. Le mot *virago* désignait alors une femme qui s'était élevée au-dessus de la plupart des personnes de son sexe par son courage, son intelligence et son instruction. On la célébrait avec d'autant plus d'enthousiasme quand elle réunissait à ces avantages la beauté et la grâce. En Italie, en effet, l'éducation savante ou classique n'était pas l'ennemie des charmes du beau sexe ; elle les relevait plutôt. Jacob de Bergame remarque tout particulièrement, à propos de telle ou telle femme, que chaque fois qu'elle se produisait en public pour y lire ses poésies ou pour y déclamer un morceau d'éloquence, les auditeurs étaient émerveillés tout d'abord de « sa timidité et de sa décence extraordinaires. » C'est l'éloge qu'il fait de Cassandre Fedeli, et il exalte dans Ginèvre Sforza l'élégance de la forme, la grâce surprenante de tous les gestes, la sérénité majestueuse et surtout la beauté morale. Il accorde les mêmes louanges à Hippolyta Sforza, épouse d'Alphonse d'Aragon, qui réunissait l'éducation la plus achevée, l'éloquence la plus rare, une beauté peu commune et la modestie la plus parfaite. Ce qu'on appelait alors modestie (*pudor*) était le développement par l'éducation des charmes naturels d'une femme bien douée, le perfectionnement de ses grâces. Lucrèce Borgia possédait à un haut degré ces grâces, qui étaient pour la femme ce que l'élégance parfaite du cavalier était pour l'homme. On apprendra peut-être avec surprise que les contemporains de César Borgia célébraient, tout décrié qu'il fût, « sa décence, » comme une des principales qualités qui le distinguaient. Il faut entendre par là la culture des avantages personnels : la décence des hommes et la modestie des femmes étaient une forme essentielle d'éducation et de maintien extérieur.

Au quinzième siècle ou au seizième, des femmes qui n'étaient pas encore majeures, venaient s'asseoir sur les bancs des cours publics de Bologne, de Ferrare et de Padoue, comme on l'a vu naguère à Zurich, pour poursuivre l'étude des diverses branches des sciences pratiques ; mais les mêmes connaissances classiques qu'acquéraient les jeunes gens et les hommes faits, faisaient aussi partie de l'instruction supérieure des femmes. De même qu'au moyen âge on consacrait les petites filles au saint sous l'invocation duquel était tel ou tel cloître pour les faire nonnes, il arrivait souvent, au temps de la Renaissance, qu'on dédiait aux Muses les enfants douées de dispositions rares. Jacob de Bergame s'exprime en ces termes sur Trivulzia de Milan, jeune fille contemporaine de Lucrèce, qui, à peine âgée de quatorze ans, avait causé une sensation extraordinaire par son éloquence : « Quand ses parents remarquèrent les facultés exceptionnelles de l'enfant, ils la vouèrent aux Muses dans sa septième année, et leur consacrèrent son éducation. »

Les études savantes des femmes embrassaient alors les langues classiques et leurs trésors littéraires, l'éloquence, la poésie, c'est-à-dire la versification, et la musique. Le dilettantisme, en ce qui regardait les arts plastiques, naissait de lui-même et le grand nombre de créations artistiques que produisit la Renaissance faisait qu'en Italie chaque femme instruite devenait facilement une *connaisseuse* en matière de beaux-arts.

L'éducation complète de la femme comprenait

même la philosophie et la théologie. Des controverses sur des questions qui se rattachaient à ces sciences étaient à l'ordre du jour dans les salles des universités, et les femmes elles-mêmes ambitionnaient la gloire de briller dans ces savants exercices. La Vénitienne Cassandre Fedeli, une des merveilles de la fin du quinzième siècle, était versée dans la philosophie et la théologie à l'égal des savants ; elle soutint publiquement une thèse avec beaucoup de grâce et entourée de l'admiration des auditeurs, devant le doge Agostino Barbarigo, ce qu'elle réitéra plusieurs fois dans la salle de l'université de Padoue. Constance Varano, la belle épouse d'Alexandre Sforza de Pesaro, cultivait la poésie, l'éloquence et la philosophie ; elle écrivit plusieurs dissertations savantes. « Elle avait tous les jours dans les mains les œuvres de saint Augustin, de saint Jérôme, de saint Grégoire, de Sénèque, de Cicéron et de Lactance. » Sa fille, Battista Sforza, la noble épouse du savant Frédéric d'Urbin, était également très-instruite. On comptait aussi parmi les femmes célèbres Isotta Nugarola, de Vérone, à qui les ouvrages des Pères de l'Eglise et des philosophes étaient familiers. Ces études n'étaient pas étrangères non plus à Isabelle

Gonzague et à Elisabeth d'Urbin, sans parler des femmes célèbres qui les suivirent de près, comme Vittoria Colonna et Véronique Gambara. Le nom de ces femmes et d'autres encore marque le point culminant du savoir acquis par les femmes à l'époque de la Renaissance ; mais à supposer que le talent et la science de celles que nous venons de citer eussent été, alors même, à l'état d'exception, il n'en est pas moins vrai que ces connaissances qu'elles avaient su acquérir à un degré si remarquable n'étaient pas exceptionnelles, eu égard à celles que comportait généralement l'éducation des femmes de la meilleure société. On s'appliquait à ces études dans le seul dessein de rendre plus accompli son mérite personnel et d'orner l'existence sociale. La fadeur des conversations auxquelles on se livre dans les salons d'aujourd'hui est réellement au-dessous de toute expression ; on en augmente le vide en chantant et en jouant du piano. Dans les salons de la Renaissance eux-mêmes, les choses ne se passaient pas toujours comme dans le Banquet de Platon, et les controverses qu'on agitait en société nous causeraient aujourd'hui un insupportable ennui ; mais alors les nécessités n'étaient pas les mêmes. Soutenir une conversation agréable et spirituelle au milieu d'un cercle de personnages considérables et d'une éducation élégante, et leur faire apprécier le mérite des auteurs classiques en citant des passages de leurs œuvres, ou s'exercer à tour de rôle sur un thème donné jusqu'à ce qu'on l'ait traité sous tous les points de vue, tels étaient alors les plus grands plaisirs de société. Ce sont les conversations de la Renaissance qui se développèrent plus tard en France pour atteindre au suprême degré de l'art. Talleyrand les considérait comme la félicité la plus délicieuse et la plus vive que puissent goûter les hommes. Au seizième siècle, le dialogue classique revécut, mais avec un progrès : des femmes formées par une éducation supérieure y prirent part. Comme exemple de la délicatesse des rapports sociaux à cette époque, nous pouvons citer le *Cortegiano* de Castiglione et les *Asolani* que Bembo dédia à Lucrèce Borgia.

La fille d'Alexandre VI brilla plus tard sans faire partie du groupe de ces femmes italiennes qui avaient reçu une instruction classique, car la sienne propre ne paraît pas avoir dépassé le niveau de la moyenne.

Mais son éducation était complète pour l'époque. Elle avait appris les langues, la musique et le dessin; longtemps après sa mort on admirait encore à Ferrare l'habileté avec laquelle elle savait exécuter les broderies de soie et d'or. « Elle parle l'espagnol, le grec, l'italien, le français et un peu aussi et très-purement le latin ; elle écrit et compose des poésies en toutes ces langues ; » c'est ainsi que s'exprimait à son égard, en 1512, le biographe de Bayard. Lucrèce put, aux époques paisibles qu'elle traversa plus tard, perfectionner son instruction sous l'influence de Bembo et des Strozzi; mais c'est à Rome qu'elle avait dû en jeter les fondements. Elle était à la fois espagnole et italienne et possédait parfaitement ces deux langues. Parmi ses lettres à Bembo, il en est deux qui sont écrites en espagnol ; le grand nombre d'autres (plusieurs centaines) que nous avons encore d'elle sont écrites dans l'italien de l'époque, et le style en est naturel et facile. Le contenu n'en est jamais bien important ; elle y fait preuve de sensibilité et d'enjouement, mais elles sont dénuées de profondeur. Son écriture varie : tantôt les traits en sont forts et rappellent l'énergie frappante de celle de son père, tantôt ils sont déliés et maigres, comme dans les autographes de Vittoria Colonna.

Aucune de ses lettres ne fournit la preuve que Lucrèce sut le latin, mais son père lui-même dit, en certaine occasion, qu'elle n'était qu'imparfaitement maîtresse de cette langue. Pourtant elle devait comprendre les documents latins, autrement Alexandre VI ne l'aurait pas autorisée à ouvrir les lettres qui lui arrivaient quand elle le remplaçait au Vatican. Ses études grecques avaient été peu sérieuses, mais cette langue ne lui était pas complétement étrangère. Au temps de sa jeunesse, florissaient encore à Rome les écoles de littérature grecque qui s'y étaient développées depuis l'époque de Chrysoloras et de Bessarion. La ville servait toujours d'asile à plusieurs Grecs dont les uns s'étaient enfuis de l'Hellade, tandis que les autres avaient accompagné la reine Charlotte de Chypre. Cette aventureuse princesse vécut jusqu'à sa mort, qui arriva en juillet 1487, dans un palais situé dans le Borgo du Vatican; elle y tenait sa cour et y réunissait peut-être autour d'elle la société savante de Rome, comme le fit beaucoup plus tard l'érudite Christine de Suède. Le cardinal

Rodriguez fit connaissance chez elle de nobles cypriotes, et entre autres de Ludovic Podocatharo, personnage très-instruit, qui devint son secrétaire. Peut-être est-ce lui qui apprit le grec aux enfants Borgia.

Au palais du cardinal vivait aussi un humaniste d'origine allemande, Laurent Behaïm de Nuremberg. Il fut pendant vingt ans son majordome, et, comme il était latiniste et membre de l'académie romaine de Pomponius Lætus, il ne dut pas rester sans influence sur l'éducation des enfants de son patron. Mais il ne manquait pas à Rome, en tous cas, de maîtres pour enseigner les humanités. Celles-ci, en effet, y étaient florissantes, et l'académie, comme l'université, y attiraient un nombre considérable d'hommes de talent. Il y avait à Rome beaucoup de lettrés qui tenaient école, et beaucoup de jeunes savants, d'académiciens ambitieux, cherchaient à faire fortune en s'attachant à la cour des cardinaux soit en qualité de suivants et de secrétaires, soit comme précepteurs de leurs bâtards. C'est sous les leçons de tels maîtres que Lucrèce étudia la littérature classique. Quant à la poésie italienne, ou à l'art généralement répandu aussi chez les femmes de composer des sonnets, elle put avoir pour précepteur un des nombreux poëtes qui vivaient à Rome à cette époque. Elle apprit sans doute la versification, mais les historiens de la littérature italienne, Quadrio et Crescimbeni, ne nous autorisent pas à lui assigner une place parmi les poëtes. Ni Bembo, ni Alde, ni les Strozzi ne l'ont jamais donnée comme telle et l'on ne connaît sous son nom aucune production poétique. Il n'est pas même certain que les *canzone* espagnoles qui se trouvent dans ses lettres à Bembo aient été composées par elle.

V

SES FIANÇAILLES

On peut facilement s'imaginer quelle émotion dut causer à Lucrèce le premier coup d'œil jeté par elle sur la véritable situation de sa famille. Le mari de sa mère n'était pas son père; elle vit qu'elle et ses frères étaient les enfants d'un cardinal, et l'éveil de sa conscience eut pour effet de lui révéler une situation que condamnait l'Eglise et qu'il fallait dissimuler aux yeux du monde. Elle-même était toujours traitée comme la nièce du cardinal Borgia. Elle vénérait en lui à la fois son père et l'un des princes de l'Eglise qu'elle entendait désigner comme un futur pape.

La découverte des brillants avantages attachés à cette situation agit sans doute plus vivement sur l'imagination de Lucrèce que l'idée de l'immoralité sur laquelle elle reposait. Le monde au milieu duquel elle vivait n'était pas tourmenté par des scrupules de conscience, et l'on vit rarement un temps où la maxime, qu'il faut tirer tout le profit possible des circonstances, ne fut plus largement mise en pratique. Lucrèce ne tarda pas à savoir par expérience combien étaient générales à Rome les relations du genre de celles dont elle était témoin. Elle apprit que la plupart des cardinaux vivaient avec des maîtresses et prenaient soin d'enrichir leurs enfants. On lui parla de ceux du cardinal Julien Rovere ou du cardinal Piccolomini ; elle vit de ses yeux les garçons et les filles du cardinal d'Estouteville et entendit parler des baronnies que grâce à ses richesses leur père leur avait acquises dans les montagnes d'Albano. Elle fut témoin des honneurs considérables qu'obtinrent les enfants du pape Innocent ; on lui fit voir son fils Franceschetto Cibo et Madeleine Médicis, l'illustre épouse de celui-ci. Elle sut que le Vatican était rempli d'autres enfants et petits-enfants du pape, et elle ne fut pas sans y voir les allées et venues de sa fille madonna Teodorina, épouse du Génois Uso di Mare. Elle était âgée de huit ans, quand la fille de ceux-ci, donna Peretta, se maria au Vatican, avec le marquis Alfonso del Carretto, ce qui donna lieu à des fêtes si brillantes que tout Rome en parla.

Lucrèce avait déjà conçu une première idée de la situation brillante où elle et ses frères pouvaient être appelés par leur naissance, en voyant que son aîné, Pedro Luis, était duc espagnol. Nous ne savons pas exactement quand le jeune Borgia obtint ce titre. Il ne l'avait pas encore en 1482. Les puissantes attaches que son père avait avec la cour d'Espagne lui avaient permis de faire élever ce fils au rang de duc de Gandie, dans le royaume de Valence. Comme Mariana en a fait la remarque, il lui acheta ce duché.

Don Pedro Luis mourut pourtant en Espagne dans sa première jeunesse, car un document daté de 1491 l'indique comme décédé, et fait mention d'un legs de son testament en faveur de sa sœur Lucrèce (1). Le duché de Gandie passa à don Juan, deuxième fils de Rodriguez, qui se rendit en hâte à Valence pour en prendre possession.

Sur ces entrefaites, les inclinations du cardinal débauché s'étaient tournées vers d'autres femmes.

(1) Voir *Pièces justificatives*, n° 4.

En mai 1489, alors que Lucrèce avait neuf ans, nous voyons apparaître pour la première fois la plus célèbre de ses maîtresses, Julie Farnèse, jeune femme d'une ravissante beauté, aux attraits de laquelle le cardinal déjà vieux, s'abandonna avec la passion d'un jeune homme, même après son élection à la papauté.

C'est à l'amour adultère de Rodriguez pour Julie que la maison de Farnèse doit le rôle qu'elle a joué dans l'histoire de Rome, et dans celle du monde. Borgia fut, en effet, l'artisan de la grandeur de cette famille, qu'il rendit puissante en élevant à la dignité de cardinal Alexandre, frère de Julie. Il fraya ainsi le chemin de la papauté au futur Paul III, souche des Farnèse de Parme. Cette famille célèbre s'éteignit en 1758, sur le trône d'Espagne, dans la personne de la reine Elisabeth.

A Rome, où deux des plus belles œuvres de la Renaissance ont rendu immortel le nom des Farnèse, cette famille n'avait eu aucune importance jusqu'au temps de Borgia. Ils n'habitaient même pas cette ville, mais l'Etrurie romaine, où ils possédaient quelques localités comme Farneto, d'où ils ont dû tirer leur nom, Ischia, Caprarola et Capodimonte.

Ils obtinrent plus tard, on ne sait pas précisément à quelle époque, la possession éphémère de l'Isola Farnèse, château très-ancien, élevé sur les ruines de Véies, qui appartenait aux Orsini depuis le quatorzième siècle.

L'origine des Farnèse est obscure, mais la tradition qui les fait descendre d'une souche lombarde ou franque a toute vraisemblance. Elle est appuyée par ce fait que le nom de Ranuccio, forme italienne de Rainer, est très-fréquent dans la famille. Les Farnèse constituèrent en Etrurie une petite dynastie de barons provinciaux rapaces, sans atteindre cependant à la puissance de leurs voisins, les Orsini d'Anguillara et de Bracciano, ni à celle des célèbres comtes de Vico de souche allemande, qui gouvernèrent pendant des siècles la préfecture toscane, jusqu'à leur extinction sous le pontificat d'Eugène IV. Tandis que ces préfets étaient d'ardents Gibelins et les plus furieux ennemis des papes, les Farnèse, comme les Este, furent toujours du parti guelfe. A partir du onzième siècle, ils furent consuls et podestats d'Orviète, puis, par-ci par-là, capitaines de l'Eglise dans plusieurs petites guerres avec les villes et les barons, spécialement en Ombrie et dans le patrimoine de Saint-Pierre. Ranuccio, le grand-père de Julie, avait été l'un des plus habiles généraux d'Eugène IV et le compagnon du grand vainqueur des tyrans, Vitelleschi; grâce à lui, la considération de sa famille prit de l'accroissement. Son fils Pierluigi choisit pour femme donna Giovannella, de la famille des Gaetani de Sermonete. Il eut pour enfants Alessandro, Bartolomeo, Angiolo, Girolama et Julie.

Alexandre Farnèse, né le 28 février 1468, était un jeune homme d'esprit et de talent, mais que ses passions effrénées avaient perdu de réputation. Il avait emprisonné sa propre mère en 1487 en prétextant de méchants griefs, et pour l'en punir Innocent VIII l'avait fait jeter lui-même au château Saint-Ange. Il s'en échappa sans que la chose eût de suites pour lui. Il était protonotaire ecclésiastique. Sa sœur aînée Girolama épousa Puccio Pucci, un des hommes d'Etat les plus illustres de Florence, qui appartenait à une famille nombreuse étroitement liée aux Médicis.

Le 20 mai 1489 l'on vit apparaître dans la « chambre des étoiles » du palais Borgia la jeune Julie Farnèse, accompagnée du jeune Ursinus Orsini; ils venaient y assister à la rédaction officielle de leur contrat de mariage. On est frappé d'abord que cette cérémonie ait eu lieu chez le cardinal Rodriguez. Il figure lui-même sur cet acte à la tête de tous les autres témoins, en homme qui a pris les fiancés sous sa protection et qui a fait aboutir leur mariage. Cette alliance avait du reste été depuis longtemps décidée par les pères des deux fiancés, Ludovico Orsini, seigneur de Bassanello, et Pierluigi Farnèse (qui n'existaient plus en 1489), alors que leurs enfants étaient encore mineurs. A cette époque, on fiançait en règle des enfants tout jeunes et, comme dans l'ancienne Rome, ces fiancés concluaient plus tard leur mariage dans un âge encore tendre, souvent dès qu'ils avaient atteint treize ans. Le 20 mai 1489, Julie en comptait à peine quinze; elle était sous la protection de son frère et de son oncle de la maison des Gaetani. Le jeune Orsini se trouvait sous celle de sa mère Adrienne, cette même Adrienne Mila, parente du cardinal Rodriguez et gouvernante de Lucrèce. Cette circonstance explique suffisamment la part officielle et personnelle que le cardinal prenait à l'union de Julie.

A la lecture du contrat de mariage rédigé par le notaire Beneimbene, se trouvaient comme témoins, indépendamment du cardinal, l'évêque de Ségovie Martini, les chanoines espagnols Garcetto et Caranza et le noble romain Giovanni Astalli. La fiancée aurait dû se trouver assistée de ses frères, mais il ne vint que le plus jeune, Angiolo; Alexandre fit défaut. Son absence dans une affaire de famille aussi importante étonne, mais elle pouvait résulter de quelque circonstance accidentelle. L'oncle de la fiancée, le protonotaire Giacomo et son frère, don Nicolas Gaetani, se trouvaient au contraire au palais Borgia. La dot de Julie consistait en trois mille cinq cents ducats d'or, somme très-considérable pour l'époque (1).

Le jour suivant, 21 mai, fut célébrée dans le même palais Borgia la cérémonie légale du mariage des jeunes fiancés. Il s'y trouvait plusieurs grands seigneurs, parmi lesquels on cite particulièrement les parents du fiancé, le cardinal Jean-Baptiste Orsini et Raynald Orsini, archevêque de Florence. Les jeunes époux partirent peut-être, comme la saison

(1) Voir *Pièces justificatives*, n° 3.

était convenable, pour le château de Basanello, ou, dans le cas contraire, ils vinrent habiter le palais Orsini sur le Monte Giordano.

Dans ce palais, où habitait Madame Adrienne, mère du jeune Orsini, le cardinal Rodriguez avait dû rencontrer souvent Julie Farnèse et faire connaissance avec elle bien avant son mariage. Lucrèce, plus jeune qu'elle de plusieurs années, la connut aussi là. Julie était d'une telle beauté qu'on l'avait surnommée *la bella*. Comme Lucrèce, elle avait les cheveux blonds. Ce fut chez Adrienne que cette douce et charmante enfant se laissa prendre aux piéges que lui tendit le cardinal libertin. Elle céda à ses entreprises séductrices peu de temps avant son mariage avec le jeune Orsini, ou immédiatement après. Peut-être alluma-t-elle la passion du cardinal, alors âgé de cinquante-huit ans, au moment où il la vit dans son palais sous sa parure de fiancée et dans tout l'éclat de sa ravissante jeunesse. Quoi qu'il en soit, il est certain que deux ans après son mariage, Julie était la maîtresse déclarée du cardinal. Madame Adrienne toléra ces relations quand elle en fut informée et se rendit complice du déshonneur de sa bru. Par ce moyen, elle devint la personne la plus puissante et la plus influente de l'entourage du cardinal Borgia.

Cependant, deux des trois fils du cardinal, Juan et César, avaient survécu et grandi. En 1490, ni l'un ni l'autre n'étaient à Rome. Le premier se trouvait en Espagne et le second faisait ses études à l'université de Pérouse, qu'il quitta ensuite pour celle de Pise. Déjà vers 1488. César suivait les cours d'une de ces hautes écoles, vraisemblablement à Pérouse, car Paolo Pompilio lui dédia cette année-là ses *Syllabica*, ouvrage qui donnait les règles pour composer un bon poëme. Il y célèbre le génie naissant de César, espoir et ornement de la maison de Borgia, ses progrès dans les sciences, la maturité de son esprit dans un âge aussi tendre, et prédisait en outre sa gloire future (1).

Son père le destinait à la carrière ecclésiastique, quoique César n'éprouvât que de la répugnance à

---

(1) « Accedit studium illud tuum et perquam fertile bonarum litterarum in quo hâc in ætate seris... Non deerit surgenti tuæ virtuti commodus aliquando et idoneus præco. — At tu Cæsar profecto non parum laudandus es ; qui in hâc ætate tam facile senem agis. Perge nostri temporis Borgiæ familiæ spes et decus. » Préface des *Syllabica*. Édition romaine de 1488. Dans l'édition du *Diarium* de Burchard, de Gennarelli.

cet égard. Il avait obtenu d'Innocent VIII la nomination de son fils aux fonctions de protonotaire ecclésiastique et même à la dignité d'évêque de Pampelune. César porte le titre de protonotaire dans un acte de février 1491, où le plus jeune des fils de Rodriguez, don Jofré, enfant d'environ neuf ans, est aussi désigné sous les qualifications de chanoine et d'archidiacre de Valence (1).

En 1491, César pouvait se trouver à Pise. L'université y attirait plusieurs jeunes gens des meilleures familles d'Italie, surtout à cause de la grande réputation de son professeur de droit, le Milanais Philippus Décius. Le jeune César s'y rendit avec deux compagnons d'étude espagnols, protégés de son père, Francesco Romolini, d'Ilerda, et Juan Vera, d'Arcilla, dans le royaume de Valence. Ce dernier lui avait été donné pour gouverneur ; c'est ainsi que César lui-même le désigne dans une lettre datée d'octobre 1492, tandis qu'il appelle Romolini son plus fidèle compagnon (2). En 1491, Francesco Romolini dépassait

(1) Voir *Pièces justificatives*, n° 4.
(2) Voir, sur les études de César à Pise, Angelo Fabroni, *Hist. Acad. Pisan.*, t. I, p. 160, 201.

déjà trente ans; il étudiait le droit avec ardeur et acquit dans cette science un savoir hors ligne. C'est le même Romolini qui dirigea plus tard à Florence le procès contre Savonarole. En 1503, Alexandre le fit cardinal; Vera l'était déjà depuis l'an 1500. La fortune de son père permettait au jeune César de mener à Pise un train princier, et ses relations le mirent même en rapports d'amitié avec les Médicis.

Le cardinal Borgia s'occupait encore à cette époque de fonder en Espagne la situation de ses enfants. Il ne voyait même alors point d'avenir plus brillant pour sa fille Lucrèce que de la marier avec un Espagnol, et il dut considérer comme une faveur spéciale que le fils d'une ancienne et noble maison de ce pays consentît à devenir l'époux de la fille naturelle d'un cardinal. Le prétendant qui s'offrit était don Chérubin Juan de Centelles, seigneur de Val d'Ayora, dans le royaume de Valence, et frère du comte d'Oliva.

Le 26 février et le 16 juin 1491, les contrats de mariage furent dressés authentiquement et rédigés dans le dialecte de Valence. Le jeune fiancé se trouvait à Valence, sa promise était à Rome et le père lui avait donné pour lieutenant le noble romain Antonio Porcaro. Le contrat stipulait de la part de Lucrèce l'apport de la somme de trois cent mille timbres ou sous de Valence, qu'elle devait fournir comme dot à don Chérubin partie en espèces et partie en bijoux et autres objets compris dans son trousseau. Il était spécifié que sur cette somme, onze mille timbres provenaient du testament de feu don Pedro Luis de Borgia, duc de Gandie, qui en avait doté sa sœur; huit mille autres lui avaient été offerts par ses frères, don César et don Jofré, et provenaient également, à ce qu'il semble, de la succession de leur frère. On stipulait en outre que donna Lucrèce serait conduite à Valence aux frais du cardinal, dans l'intervalle d'un an à partir de la signature du contrat, et que le mariage religieux serait célébré dans les six mois qui suivraient son arrivée en Espagne (1).

C'est ainsi que Lucrèce, enfant de onze ans à peine,

(1) Voir *Pièces justificatives*, n° 4. — Le 16 juin 1491, ce contrat subit quelques modifications que Beneimbene a spécifiées dans le recueil de ses minutes.

vit une volonté étrangère disposer de sa main et de son sort dont elle ne fut plus maîtresse à partir de cette époque. Elle avait cela de commun avec toutes les filles des familles de distinction et même avec celles de médiocre naissance. Peu de temps avant que son père ne montât sur le trône pontifical, elle paraissait destinée à passer sa vie en Espagne et elle se serait vue naturellement écartée de l'histoire de la papauté et de l'Italie si ce projet avait suivi son cours. Mais il ne se réalisa pas. Des obstacles que nous ignorons, ou un changement dans les dispositions de son père, rompirent les fiançailles de Lucrèce et de don Chérubin. Au moment même où ces fiançailles avaient été régulièrement conclues par procuration, Rodriguez pensait à une autre alliance pour sa fille. Le mari qu'il avait en perspective pour elle, était également un jeune Espagnol nommé don Gasparo, fils du chevalier don Juan Francesco de Procida, comte d'Aversa. Cette famille avait pu venir à Naples avec la maison d'Aragon, car la mère de don Juan Francesco s'appelait donna Leonora de Procida et de Castelleta, comtesse d'Aversa. Le père de Gasparo vivait à Aversa, mais son fils se trouvait à Valence en 1491, où il était peut-être élevé chez des parents de sa famille, car il n'avait pas encore quinze ans. Dans un acte du notaire Beneimbene en date du 9 novembre 1492, il est dit expressément que le 30 avril de l'année écoulée, 1491, les fiançailles de Lucrèce et de Gasparo avaient été accomplies en forme par procuration, et que le cardinal Rodriguez avait pris l'engagement d'envoyer à ses frais sa fille à Valence, où le mariage religieux serait célébré. Comme le 26 février de la même année 1491 les fiançailles de Lucrèce avec le jeune Centelles avaient été authentiquement conclues et reconnues valides en juin 1491, on pourrait avoir des doutes sur l'exactitude de la date; mais la minute de Beneimbene, de même qu'une copie de ce document qui se trouve dans les archives de l'hôpital *ad sancta sanctorum* à Rome, donnent également la date précise du dernier d'avril 1491 comme celle du contrat de mariage de Lucrèce avec don Gasparo. Pour cet acte, le porteur de la procuration n'était pas Antonio Porcaro, mais don Jofré Borgia, baron de Villa Longa, assisté du chanoine Jacob Serra de Valence, et du vicaire général de cette même ville, Mateo

Cucia (1). Il en résulte la preuve de cette étrange circonstance que Lucrèce était en même temps la fiancée de deux jeunes Espagnols.

Malgré la rupture des fiançailles, la famille des Centelles paraît être restée en bonnes relations avec les Borgia, car plus tard, quand Rodriguez était pape, on trouve parmi ses plus fidèles camériers un Guillaume de Centelles, et comme protonotaire et trésorier de Pérouse, un Raymond de la même famille.

(1) Ces faits ressortent de l'acte de résolution du contrat de mariage avec don Gasparo. Voir *Pièces justificatives*, n° 7.

VI

SON PREMIER MARIAGE

Le 25 juillet 1492, survint un événement que les Borgia attendaient avec une vive impatience : Innocent VIII descendit au tombeau. Quatre cardinaux briguaient surtout la papauté : c'étaient Raphael Riario et Julien Rovere, les puissants neveux de Sixte IV; puis Ascanio Sforza et Rodriguez Borgia.

Les jours qui précédèrent l'élection se passèrent dans une attente fiévreuse pour la famille du cardinal. Deux seulement de ses enfants se trouvaient alors à Rome : c'étaient Lucrèce et Jofré, qui résidaient l'un et l'autre chez madame Adrienne. Vannozza vivait dans sa maison avec son mari Canale, qui depuis quelque temps était revêtu de la charge de secrétaire de la pénitencerie. Elle était âgée de cinquante ans et n'avait plus rien à ambitionner que la réalisation de son dernier et plus vif désir, en voyant monter le père de ses enfants sur le trône papal. Aussi, que de prières et de vœux dut-elle adresser aux saints du paradis pour que ce désir s'accomplît, et elle fut imitée sans doute en cela par madame Adrienne, Lucrèce et Julie Farnèse.

Le 11 août, dès le matin, un messager hors d'haleine put leur apporter du Vatican la nouvelle que Rodriguez Borgia avait atteint le grand but. La papauté lui avait été vendue comme au plus fort enchérisseur. Le cardinal Ascanio avait décidé de l'élection et reçut en récompense la ville de Nepi, la place de vice-chancelier et le palais Borgia, qui de nos jours encore porte le nom de Sforza-Cesarini.

Le matin de cet heureux jour, quand Alexandre VI fut conduit de la salle du conclave à Saint-Pierre, pour y recevoir les premiers hommages, son regard, brillant de joie, put découvrir les siens parmi la foule qui se pressait autour de lui. Ils avaient dû se hâter, en effet, de venir célébrer ce grand triomphe. Depuis longtemps Rome n'avait vu de pape d'une majesté aussi imposante et d'une prestance aussi belle. Ses mœurs étaient sues de toute la ville, personne pourtant ne le connaissait plus intimement à cette époque qu'une simple femme, que Vannozza Catanei, agenouillée sans doute à Saint-Pierre, tandis que les échos sacrés de la messe solennelle évoquaient devant son souvenir l'image d'un passé coupable.

Toutes les puissances n'accueillirent pas l'élection de Borgia avec défiance. A Milan, Ludovic le More la célébra par des fêtes publiques; il se croyait maintenant, grâce à l'influence de son frère Ascanio, devenu « à moitié pape. » Les Médicis attendaient beaucoup d'Alexandre; les Aragon de Naples, au contraire, n'en espéraient que peu de chose. Venise s'exprimait aigrement. L'ambassadeur de cette république à Milan, déclarait ouvertement dès le mois d'août, que le saint-siège avait été acheté au moyen de simonies et de mille artifices, et que la Seigneurie de Venise était convaincue que la France et l'Espagne refuseraient obéissance au pape dès que ces puissances auraient appris ces coupables agissements (1).

Cependant tous les Etats italiens reconnurent

(1) « Cum simonia e mille ribalderie et inhonestate si è venduto il Pontificato che è cosa ignominiosa et detestabile... » *Dépêche de l'ambassadeur de Ferrare à Milan, Giacomo Trotti, au duc Hercule.* Milan, 28 août 1492. Aux archives de Modène.

Alexandre VI avec des hommages excessifs. La fête de son couronnement fut célébrée le 26 août avec une pompe extraordinaire. Les armes des Borgia, qui représentaient un taureau au pâturage, furent à cette occasion le sujet de tant d'emblèmes, d'exhibitions et de pièces de vers, qu'un satirique put dire qu'on fêtait à Rome la découverte du dieu Apis. Le *bos* Borgia devint assez souvent plus tard le but des satires les plus mordantes, mais, au début du pontificat d'Alexandre, on le dépeignait naïvement comme le soutien allégorique de la puissance du pape. Un pareil symbole serait aujourd'hui tourné en dérision, mais le goût plastique des Italiens de l'époque n'en était nullement choqué.

Quand Alexandre fit son entrée solennelle à Latran, un enfant de la famille des Porcari, qui étaient ses adhérents fanatiques, vint, au moment où il passait devant leur palais, lui déclamer des distiques dont le dernier était ainsi conçu :

> Vive diu, bos, vive diu celebrande per annos,
> Inter Pontificum gloria prima choros (1).

(1) Ces distiques avaient été composés par Hieronymus Porcius, qui les publia sous ce titre : *Hieronym. Porcius Patritius Romanus Rotæ Primarius Auditor... Commentarius.* Edition rare

On peut lire les relations de cette cérémonie du couronnement par Michel Fernus et Hieronymus Porcius, ainsi que les discours d'obédience des ambassadeurs italiens, et juger à quel point on poussait alors la flatterie.

Nous ne pouvons nous représenter que difficilement aujourd'hui l'imposant spectacle qu'offrait l'apparition sur la scène romaine d'un pape auquel la nature avait accordé les qualités physiques les plus brillantes, à un moment où la papauté atteignait le plus haut et dernier degré de sa grandeur. Ce n'étaient ni les efforts professionnels des prêtres ni la religion, depuis longtemps profanée, qui l'y avaient élevé, mais le luxe de l'époque et les ressources de la politique moderne, alors que cette institution tenait encore du moyen âge une organisation traditionnelle, une force interne qui arrachait la vénération des fidèles.

d'Eucharius Silber à Rome, le 18 sept. 1493. — Les distiques de Michel Fernus, de Milan, se terminaient par ces vers :

<pre>
Borgia stirps : bos : atque Ceres transcendit Olympo,
    Cantabunt nomen sæcula cuncta suum.
</pre>

C'était une véritable prophétie. Voir Michel Fernus, *Historia nova Alexandri VI ab Innocentii obitu VIII*. Ce livre est également rare, et fut imprimé aussi chez Eucharius Silber. A. 1493.

Fernus fait même la remarque que l'histoire universelle n'offre rien de comparable à la majesté du tableau de la grandeur papale et au culte rendu à l'homme qui la personnifiait. Cet écrivain n'était pourtant pas un papiste fanatique; il était disciple zélé de Pomponius Lætus et, comme tous ces hommes qu'on pourrait appeler des classiques romantiques, il avait un goût des plus vifs pour les cérémonies théâtrales. Il ne trouve pas d'expressions pour dépeindre une visite solennelle que fit Alexandre à Santa Maria del Popolo : ce déploiement splendide de masses d'hommes revêtus de riches ornements, ces sept cents ecclésiastiques et cardinaux suivis de leurs domestiques, ces chevaliers et ces grands de Rome en brillants équipages, ces troupes d'archers et de cavaliers turcs, ces gardes du palais portant de longues lances et des boucliers étincelants, ces douze chevaux blancs avec des mors d'or qu'on conduisait à la main sans les monter, et ces innombrables ornements qui ajoutaient à la pompe du spectacle. Un tel cortége, qui ressemblait à celui d'un triomphateur et qui exigerait aujourd'hui de longs préparatifs, pouvait être improvisé en un clin d'œil par le pape, car les acteurs et les décors étaient toujours prêts. Il ne le mettait en mouvement que pour se montrer aux Romains et offrir au peuple un spectacle brillant dont sa majesté faisait les frais.

Fernus dépeint ensuite Borgia lui-même comme un demi-dieu qui se manifeste : « Il était monté sur un coursier d'une blancheur de neige ; son front était serein, sa noblesse en imposait instantanément. Il se présente au peuple ; il bénit tous ceux qui l'entourent ; il est le but de tous les regards ; il porte les siens partout; il remplit tout le monde de joie ; sa vue est pour tous de bon augure. Quelle merveilleuse sérénité sur ses traits ! quelle parfaite noblesse sur sa figure ! quelle libéralité dans son regard ! Combien la vénération qu'il inspire est accrue par l'éclat et l'équilibre d'une beauté pleine d'aisance et par la florissante santé dont il jouit ! » C'est ainsi, d'après Fernus, qu'Alexandre le Grand devait apparaître jadis. Cette adoration était allée s'accroissant avec la durée de la papauté, et personne ne s'inquiétait de la nature intime et de la valeur individuelle de cette brillante idole.

A la fête de son couronnement, Alexandre promut son fils César, alors âgé de seize ans, à l'évêché de Valence. Il le fit sans s'être assuré de la sanction de Ferdinand le Catholique, car les Borgia considéraient le premier évêché d'Espagne comme leur propriété patrimoniale, et le monarque résista longtemps avant d'en confirmer l'investiture. César ne se trouvait pourtant pas à Rome à la fête du couronnement de son père. Le 22 août, onze jours après l'élection d'Alexandre, l'ambassadeur de Ferrare à Florence, Manfredi, mandait à la duchesse Eléonore d'Este : « Le fils du pape, évêque de Pampelune, qui se trouvait à l'université de Pise, en est parti hier matin sur l'ordre de son père et s'est rendu au château de Spolète. »

César s'y trouvait encore le 5 octobre suivant, car il écrivit de là à Pierre Médicis une lettre portant cette date. Cette lettre, à l'adresse du fils de Laurent, du frère du cardinal Jean, est de telle nature, qu'elle fait supposer qu'une grande intimité existait entre lui et César. Celui-ci l'informe qu'à cause de son départ précipité de Pise, il n'a pas pu l'entretenir davantage de bouche; mais que son précepteur Giovanni Vera a dû le remplacer. Il lui re-

commande son fidèle compagnon Francesco Romolini pour la charge de professeur de droit canon à Pise, car ce savant préférait cette carrière aux charges ecclésiastiques. La lettre est signée : « Votre frère, César de Borja, évêque désigné de Valence (1). »

En ne laissant pas venir de suite son fils à Rome, Alexandre voulait évidemment confirmer sa déclaration solennelle de ne pas faire de népotisme. Peut-être y eut-il un moment où l'exemple de Calixte, de Sixte et d'Innocent lui donna à réfléchir et où il forma le projet de modérer sa condescendance pour sa famille. Pourtant la nomination de son fils à l'évêché de Valence, le jour même de son couronnement, prouva bientôt que cette résolution n'était pas sérieuse. En octobre, César pouvait se trouver au Vatican, où les Borgia étaient maintenant revêtus des emplois que les pauvres Cibo avaient remplis.

Le 1ᵉʳ septembre, le pape nomma cardinal Juan Borgia, l'aîné, évêque de Monreale ; il était fils de sa sœur Jeanne. Le Vatican se remplit d'Espagnols,

---

(1) « Ex arce Spoletina, die V. Oct. (Di propria mano). Vr. uti fr. Cesar de Borja Elect. Valentin. » Publiée par Reumont dans les *Archiv. stor. ital.* Série 3, t. XVII, 1873. 3. *Dispensa.*

parents et amis de la maison désormais toute-puissante, qui se précipitaient avidement sur la fortune et les honneurs. « Dix papautés ne suffiraient pas à satisfaire cette parenté, » écrivait, dès le mois de novembre 1492, Gianandrea Boccaccio au duc de Ferrare. Parmi les amis les plus intimes d'Alexandre étaient Juan Lopez, son dataire, Pedro Caranza et Juan Marades, ses camériers secrets. Rodriguez Borgia, petit-neveu du pape, était capitaine de la garde du palais qu'un Doria commandait auparavant.

Alexandre ne tarda pas à s'inquiéter de procurer à sa fille un brillant établissement. Il ne voulait plus entendre parler d'un mariage avec un seigneur espagnol; un prince seul pouvait obtenir sa main. Ludovic le More et Ascanio lui proposèrent leur parent Giovanni Sforza et il l'agréa pour gendre. Bien qu'il ne fût, en effet, que comte de Cotognola et vicaire ecclésiastique de Pesaro, il était souverain indépendant et appartenait à l'illustre maison des Sforza. De plus, dans les premiers temps de son pontificat, Alexandre avait contracté une alliance si étroite avec les Sforza, que le cardinal Ascanio était tout-puissant à Rome. Giovanni Sforza, bâtard de Costanzo de Pesaro, et qui ne lui avait succédé dans sa souveraineté que grâce à la faveur de Sixte IV et d'Innocent VIII, était un jeune homme de vingt-six ans, bien fait et de bonne éducation, comme presque tous les petits tyrans italiens. En 1489 il avait épousé la belle Madeleine, sœur d'Elisabeth Gonzague, le jour même où celle-ci s'était unie au duc Guidobaldo d'Urbin. Mais il était veuf depuis le 8 août 1490, jour où sa femme était morte à la suite d'une couche malheureuse.

Sforza se hâta d'accepter la main de la jeune Lucrèce avant qu'elle ne fût donnée à un autre de ses nombreux poursuivants. Il commença par passer de Pesaro au château de Népi, qu'Alexandre VI avait donné au cardinal Ascanio. Il s'y arrêta quelques jours et vint secrètement à Rome le 31 octobre 1492. Il s'installa au palais du cardinal de Saint-Clément que Dominique Rovere avait fait bâtir au Borgo, où il s'élève encore en bon état de conservation vis-à-vis du palais Giraud-Torlonia. L'ambassadeur de Ferrare manda à son maître l'arrivée de Sforza, en faisant remarquer qu'il serait un personnage important tant que le pape Alexandre vivrait. Il rendait compte du mystère dont il s'entourait, par ce fait que le fiancé légitime de Lucrèce se trouvait en même temps à Rome où il cachait aussi sa présence (1).

Le jeune comte Gasparo était effectivement venu à Rome avec son père pour faire valoir ses droits sur Lucrèce, dont la main lui promettait maintenant de si grands avantages. Il y trouva un rival secret, mais qui ne tarda pas à se faire connaître ouvertement, et il devint furieux quand le pape lui demanda une renonciation en forme. Lucrèce, qui avait alors douze ans et demi, se trouvait ainsi l'objet involontaire de la rivalité de deux prétendants et en même temps la cause d'un premier scandale public. Le 5 novembre, le chargé de pouvoir du duc de Ferrare écrivait à son maître : « Ce mariage du seigneur de Pesaro fait grand bruit ici ; le premier fiancé est encore là et se livre à beaucoup de bravades, comme un Catalan qu'il est ; il assure qu'il portera plainte devant tous les princes et potentats de la

(1) « Era venuto il primo marito de la dicta nepote, qual fu rimesso a Napoli, non visto da niuno... » *Dépêches de Gianandrea Boccaccio, évêque de Modène*. Rome, 2 nov. 1492 ; 5 et 9 nov. Aux archives de Modène.

chrétienté; mais qu'il le veuille ou non il faudra bien qu'il se calme. » Le même ambassadeur écrivait, en date du 9 novembre : « Dieu veuille que ce mariage de Pesaro n'amène pas de malheurs. Il paraît que le roi (de Naples) est mécontent à ce sujet, à en juger par ce que Giacomo, le neveu de Pontano, a dit avant-hier au pape. L'affaire est encore en suspens; on donne de bonnes paroles aux deux parties, c'est-à-dire au premier et au deuxième fiancé. Ils sont ici tous les deux. On croit pourtant que Pesaro remportera la victoire, surtout parce que le cardinal Ascanio a pris sa cause en main et qu'il est puissant tant en paroles qu'en actes. »

Cependant, le 8 novembre, le contrat de mariage entre Gasparo et Lucrèce avait été rompu. Le fiancé et son père exprimaient seulement l'espoir que cette alliance pourrait s'accomplir dans des circonstances plus favorables, et Gasparo s'engageait, en conséquence, à ne pas contracter d'autre mariage avant le délai d'un an (1). Jean Sforza n'était pourtant toujours pas sûr de la victoire. Le 9 décembre, l'agent de Mantoue, Fioravante Brognolo, écrivait au mar-

(1) Voir *Pièces justificatives*, n° 7.

quis Gonzague : « L'affaire de l'illustre seigneur Jean de Pesaro se trouve encore en suspens ; il me semble que ce seigneur espagnol auquel était promise la nièce de Sa Sainteté ne veut pas se désister ; il a aussi beaucoup d'adhérents en Espagne, de sorte que le pape veut laisser mûrir cette affaire avant de prendre une détermination définitive (1). » En février 1493, on parla même d'une alliance de Lucrèce avec un autre seigneur espagnol, le comte de Prada, et c'est probablement aussitôt après l'échec de ce projet qu'elle se maria avec Jean Sforza (2).

Sur ces entrefaites, celui-ci était retourné à Pesaro d'où il envoya à Rome Nicolas de Savano, porteur de sa procuration, pour y conclure le contrat de mariage. Le comte d'Aversa céda devant la force et se laissa apaiser moyennant une indemnité de trois mille ducats. Le 2 février 1493, le mariage de Sforza avec Lucrèce fut conclu au Vatican par acte authentique pour lequel servirent encore de témoins, indépendamment de l'ambassadeur de Milan, les

---

(1) *Dépêche de cette date aux archives de Mantoue.* Lucrèce était appelée quelquefois officiellement la « nièce » du pape.

(2) *Gianandrea Boccaccio au duc Hercule.* Rome, 25 février 1493.

amis intimes et serviteurs d'Alexandre, Juan Lopez Juan Casanova, Pedro Caranza et Juan Marades. La fille du pape recevait une dot de trente et un mille ducats; dans le délai d'un an, son mari devait la conduire dans ses terres (1).

Quand la nouvelle de cet événement parvint à Pesaro, l'heureux Sforza donna une fête dans son palais. On y dansa dans la grande salle, et les couples, conduits par monsignor Scaltes, le chargé d'affaires du pape, sortirent du château en continuant leurs danses. On traversa ainsi les rues de la ville au milieu de l'allégresse populaire (2).

(1) Voir le contrat de mariage aux *Pièces justificatives*, n° 9.
(2) *Mémoires manuscrits de Pesaro*, par Pietro Marzetti et Ludovico Zacconi. A la bibliothèque Oliveriana de cette ville.

VII

FÊTES NUPTIALES

Alexandre avait fait préparer une habitation à proximité du Vatican. C'était une maison que le cardinal Battista Zeno avait fait bâtir en 1483 ; on l'appelait de son nom, ou d'après son titre ecclésiastique, le palais de Santa Maria in Porticu. Elle était située à gauche de l'escalier de Saint-Pierre, à peu près vis-à-vis du palais de l'Inquisition. La construction des colonnades de Bernini a rendu ce local tout à fait méconnaissable.

La jeune Lucrèce tenait déjà dans son palais une cour particulière, que dirigeait maternellement en qualité de dame d'honneur sa gouvernante Adrienne Ursina. Alexandre avait déterminé sa parente à quitter en même temps que Lucrèce le palais Orsini, et à venir habiter celui de Santa Maria in Porticu, où nous la verrons bientôt apparaître, ainsi qu'une autre femme dont les relations avec le pape n'étaient que trop intimes.

Vannozza resta dans sa maison du quartier Regola. Son mari fut fait soudan ou capitaine de Torre di Nona, où Alexandre VI ne devait pas tarder à avoir besoin d'un geôlier à sa dévotion. Canale accepta avec joie cet emploi important et lucratif. A partir de cette époque, il se produisit un grand éloignement, sinon une séparation complète, entre Vannozza et ses enfants. Ils restèrent en rapports mutuels, mais elle ne put prendre part que d'une manière indirecte à leur fortune et à leur grandeur. Vannozza ne se permit jamais, ou Alexandre ne la mit jamais à même d'exercer de l'influence au Vatican. Son nom ne paraît que très-rarement dans les relations de l'époque.

Lucrèce apprenait maintenant dans son palais à se comporter en princesse. Elle y recevait les visites des nombreux parents de sa famille, ainsi que les amis et les flatteurs de Borgia, désormais tout-puissants. Un fait digne de remarque, c'est qu'à l'époque même où l'on s'occupait de son mariage avec

Sforza, auquel s'opposaient encore les prétentions de don Gasparo, on vit apparaître auprès d'elle l'homme qui devait un jour la conduire au port, après que sa vie eut été exposée à d'effroyables orages.

Parmi les souverains italiens qui envoyaient alors des ambassadeurs à Rome, ou qui s'y rendaient en personne pour rendre hommage au nouveau pape, se trouvait le prince héritier de Ferrare. Nulle maison régnante d'Italie ne brillait d'un éclat aussi vif que celle d'Hercule d'Este et de son épouse Eléonore d'Aragon, fille du roi Ferdinand de Naples, qui mourut à peu de temps de là, le 11 octobre 1493. Béatrice, une de leurs enfants, avait épousé, en décembre 1490, Ludovic le More, le prince spirituel et sanguinaire qui gouvernait Milan pour son neveu Jean Galéas. Leur autre fille, Isabelle, une des femmes les plus belles et les plus distinguées de son temps, était devenue, à l'âge de seize ans, l'épouse du marquis François Gonzague de Mantoue, auquel elle s'était mariée en février 1490. Alphonse était prince héritier; il avait épousé à l'âge de quinze ans, le 12 février 1491, Anne Sforza, sœur de ce Jean Galéas.

Son père l'envoya à Rome, en novembre 1492, pour recommander ses Etats au pape, qui accueillit avec de grands honneurs ce jeune parent de la maison des Sforza dans laquelle sa fille allait entrer. Don Alphonse habitait au Vatican ; pendant son séjour, qui dura plusieurs semaines, il avait eu non-seulement l'occasion, mais il lui incombait même le devoir, de rendre visite à donna Lucrèce. C'est ainsi qu'il vit pour la première fois avec une vive curiosité cette belle enfant aux cheveux blonds, et aux yeux bleus remplis d'intelligence, sans se douter le moins du monde qu'à neuf ans de là cette fiancée de Sforza viendrait habiter le château d'Este, à Ferrare, et serait son épouse.

La distinction avec laquelle Alexandre reçut le prince héritier ressort de la lettre de remercîment que son père écrivit au pape. Le duc s'exprimait en ces termes :

« Très-Saint Père et Seigneur. J'embrasse, très-vénérable seigneur, les pieds de Votre Béatitude, et je me recommande humblement à Vous. Je savais depuis longtemps déjà que je devais à Votre Sainteté les plus grands remercîments, mais les missives de l'évêque de Modène, mon ambassadeur auprès de Votre Sainteté, et d'autres qui m'ont été adressées, non-seulement par mon fils aîné et bien-aimé Alphonse, mais aussi par tous ceux qui l'accompagnaient, m'ont confirmé dans cette opinion. Ces missives m'ont appris que Votre Sainteté a entouré tout le monde, mais surtout moi et les miens, de sa bonté, de sa libéralité, de sa grâce, de son humanité et de son amour inexprimable, lors de l'arrivée de mon fils et pendant la durée de son séjour à Rome. Aussi me déclaré-je, comme je l'étais déjà de tout mon pouvoir, tout particulièrement et davantage encore l'obligé de Votre Sainteté, et je lui adresse des remercîments éternels et aussi nombreux que le monde peut en contenir, en me disant le très-dévoué et tout préparé serviteur de Votre Sainteté en tout ce qui lui est cher et agréable, et en me recommandant, ainsi que tous les miens, à Votre Sainteté avec l'humilité la plus profonde, comme son fils et serviteur

« HERCULE, *duc de Ferrare* (1). »

(1) Voir *Pièces justificatives*, n° 8.

Cette lettre montre combien il était important pour le duc de rester en bons termes avec le pape. Il relevait de l'Eglise pour la souveraineté de Ferrare et il travaillait à la convertir en monarchie. Les princes et les Républiques d'Italie dont la sphère d'action touchait au saint-siége, ou qui avaient avec lui des liens de vassalité, épiaient avec défiance et crainte les intentions de chaque nouveau pape et la direction qu'il devait imprimer au népotisme. Or, Alexandre VI avait toute facilité pour reprendre les plans de la maison de Borgia que la mort de son oncle Calixte avait interrompus, et suivre les traces de Sixte IV.

Il y avait dix ans seulement que ce pape avait fait la guerre à Ferrare avec ses alliés les Vénitiens.

Hercule avait entretenu des relations amicales avec Alexandre VI quand il n'était encore que cardinal; Rodriguez Borgia avait même été le parrain de son fils Alphonse. Le duc briguait la pourpre pour son autre fils Hippolyte, et son ambassadeur à Rome, Gianandrea Boccaccio, s'efforçait d'atteindre ce but. Il avait recours à cet effet aux confidents les plus influents d'Alexandre, c'est-à-dire à

Ascanio Sforza, au camérier secret Marades et à madame Adrienne. Le pape voulait faire un cardinal de son fils César, et Boccaccio espérait que le jeune Hippolyte partagerait la même fortune. L'ambassadeur donnait à entendre à Marades que les deux jeunes gens, dont l'un était archevêque de Valence et l'autre de Gran, étaient bien assortis pour courir la même carrière. « L'âge de l'un et de l'autre diffère peu, disait-il; je crois que Valence n'a pas dépassé seize ans, tandis que notre Strigonia (Gran) approche du même âge. » Marades répondait que cela n'était pas tout à fait exact, car Hippolyte n'avait pas plus de quatorze ans, tandis que l'archevêque de Valence était dans dix-huit (1).

Le jeune César avait d'autres ambitions que les dignités ecclésiastiques. Ce n'était que sur l'ordre de son père qu'il avait revêtu l'habit de prêtre pour lequel il éprouvait de l'aversion. Bien qu'il fût archevêque, il n'avait encore reçu que la première tonsure. Son existence était tout à fait mondaine. On disait même que le roi de Naples voulait lui faire épouser sa fille naturelle et qu'il quitterait alors la

(1) *Dépêches de Boccaccio.* Rome, 25 février et 11 mars 1493.

carrière ecclésiastique. L'ambassadeur de Ferrare lui rendit visite le 17 mars 1493 dans sa demeure du Transtevere, où il pensait peut-être au Borgo. La description que Boccaccio fit à cette occasion au duc Hercule du caractère de ce jeune homme de dix-sept ans, est un important et remarquable portrait, le premier même qui ait été tracé de César Borgia.

« J'ai rencontré avant-hier, dit-il, César dans sa maison du Transtevere; il était prêt à partir pour la chasse en costume laïque, c'est-à-dire que ses habits étaient de soie et qu'il était armé : il n'avait qu'une petite *clerica*, comme un simple clerc tonsuré. En chevauchant de compagnie, nous nous sommes entretenus quelque temps ensemble. Je suis très-familier avec lui. Il a un génie vaste et supérieur, et un naturel excellent; ses dehors sont ceux du fils d'un grand prince; il est surtout gai et joyeux : tout est fête en lui. Il a beaucoup de bienséance et fait une figure bien meilleure et bien plus distinguée que son frère le duc de Gandie. Celui-ci est lui-même bien doué. L'archevêque n'a jamais eu de penchant pour l'état ecclésiastique; mais son bénéfice lui rapporte plus de seize mille ducats. Si ce projet de mariage avait abouti ses bénéfices auraient échu à un autre frère (Jofré) qui a environ treize ans (1). »

On remarquera que l'ambassadeur signale spécialement la gaieté du caractère de César; c'était un des traits fondamentaux de celui d'Alexandre, et César ainsi que Lucrèce en avaient hérité; même quand il fut d'un âge beaucoup plus avancé on citait toujours, parmi ses qualités les plus remarquables, la sérénité et la gaieté de sa physionomie. Quant à sa bienséance, un homme aussi considérable que Julien Rovère, le futur Jules II, célébrait encore cette vertu de César à six ans de là.

Le duc de Gandie se trouvait alors à Rome, mais il devait partir pour l'Espagne auprès de son épouse aussitôt que les noces de Sforza et de Lucrèce seraient célébrées. Le jour en avait été fixé pour la Saint-Georges, mais elles furent remises parce que le fiancé ne put arriver à temps. Alexandre s'occupa de la dot de sa fille avec beaucoup d'empres-

---

(1) « Magni et excellentis ingenii et preclare indolis; præ se fert speciem filii magni Principis, et super omnia ilaris et jocundus, e tutto festa : cum magna siquidem modestia est longe melioris et prestantioris aspectus, quam sit dux Candie germanus suus. Anchora lui è dotato di bone parte. » *Dépêche du 19 mars 1493.*

sement; son bonheur, ou, ce qui était la même chose pour lui, sa grandeur excitait fort sa sollicitude. Il l'aimait avec passion, au superlatif, comme l'écrivait à son maître l'ambassadeur de Ferrare (1). Sur sa demande, le duc de Ferrare envoya pour cadeau de noce une paire de grandes cuvettes d'argent pour la toilette avec les vases qui en dépendaient, le tout du travail le plus délicat. On avait deux demeures en vue pour les jeunes époux, le palais de Santa Maria in Porticu et celui du cardinal Dominique Porta d'Alexia, mort le 4 février 1493 au château Saint-Ange. On se décida pour le premier que Lucrèce habitait déjà.

Sforza finit par arriver; il fit son entrée le 9 juin par la porte del Popolo où il fut reçu par toute la curie, par ses beaux-frères et les ambassadeurs des puissances. Lucrèce avait pris place dans une loge de son palais avec plusieurs dames d'honneur pour jouir du spectacle de l'arrivée de son fiancé au Vati-

(1) « Mai fù visto il più carnale homo; l'hama questa madona Lucrezia in superlativo gradu. » *Dépêche de Boccaccio.* Rome, 4 avril 1493. L'expression *carnale* ne doit s'entendre que dans le sens de « porté au népotisme; » c'est ainsi que le même ambassadeur s'en sert encore une autre fois d'une manière claire et dépourvue d'ambiguïté.

can. En passant devant elle, Sforza la salua avec beaucoup de galanterie et sa fiancée lui rendit son salut. Son beau-père l'accueillit gracieusement.

Sforza avait une physionomie très-agréable. Nous pouvons en juger facilement par une médaille qu'il fit frapper dix ans plus tard. Il y est représenté avec une longue chevelure qui tombe en boucles ondoyantes, et toute sa barbe; la bouche est fine et la lèvre inférieure un peu rentrée, le nez est légèrement crochu et le front découvert et bombé. L'ensemble des traits a de la noblesse, mais ne suggère aucune remarque particulière.

Le 12 juin, trois jours après son arrivée, le mariage fut célébré au Vatican avec des démonstrations bruyantes.

Alexandre avait invité à cette occasion la noblesse, les magistrats de Rome et les ambassadeurs étrangers. Il y eut un banquet et on y représenta des comédies d'une manière tout à fait mondaine et lascive, d'après la relation qu'en a donnée Infessura (1).

(1) Voyez cette description dans l'*Histoire de la ville de Rome au moyen âge.*

Afin de confirmer l'exactitude du court récit du chroniqueur romain, tout en le complétant, nous allons rapporter le contenu littéral d'une dépêche de l'ambassadeur de Ferrare relative à cette fête. Boccaccio écrivait à son maître à la date du 13 juin.

« Hier 12, les épousailles ont été célébrées publiquement au palais en grande pompe et à grands frais. Toutes les matrones romaines y avaient été invitées, ainsi que les habitants les plus considérables; dix cardinaux y assistaient et le pape était assis au milieu d'eux sur son trône pontifical. Le palais et les appartements étaient remplis partout de gens en admiration devant ces splendeurs. Ledit seigneur de Pesaro épousa solennellement sa fiancée, puis l'évêque de Concordia prononça un superbe discours. Il n'y avait d'autres ambassadeurs que celui de Venise, celui de Milan et moi, et enfin un de ceux du roi de France. »

« Le cardinal Ascanio était d'avis que j'offrisse le cadeau pendant la cérémonie et que je fisse interroger le pape à cet égard; mais je lui représentai que cela ne me paraissait pas convenable et que le mieux serait de faire le moins de démonstrations possible.

Tout le monde tomba d'accord avec moi et le pape me fit appeler à cet égard pour me dire : « Il me « semble que ton idée est bonne, » et l'on décida que je devais me présenter au palais assez tard sur le soir avec le présent. Sa Sainteté y donnait un dîner de famille en l'honneur des deux époux; il y avait là les cardinaux Ascanio, de Sainte-Anastasie et Colonna, puis l'épousée, son époux ensuite et, derrière lui, le comte de Pitigliano, capitaine de l'Eglise, le seigneur Jules Orsini, puis madame Julie Farnèse dont on parle tant (*de quâ est tantus sermo*), madame Teodorina avec sa fille la marquise de Gerazo, une fille du susdit capitaine, épouse du seigneur Angelo Farnèse, frère de la susdite madame Julie. Ces personnes étaient suivies d'un jeune frère du cardinal Colonna et de madame Adrienne Ursina. Celle-ci est la belle-mère de ladite madame Julie; elle a élevé constamment l'épousée chez elle, où elle était regardée comme la nièce du pape. Elle est fille du cousin charnel du pape, le feu seigneur Pedro de Milla que Votre Excellence a connu. »

« Quand la table fut enlevée, ce qui eut lieu de trois

à quatre heures de la nuit, le présent de l'illustre duc de Milan fut offert à l'épousée. Il consistait en cinq pièces différentes de brocarts d'or et deux anneaux, l'un de diamant et l'autre de rubis. Le tout a été estimé 1,000 ducats. Ensuite, j'ai remis le présent de Votre Seigneurie avec un compliment exprimant vos félicitations et la joie que vous causait ce mariage, ainsi que l'offre absolue de vos services. Ce présent a beaucoup plu au pape. Indépendamment de l'épousée et de l'époux, il a exprimé la gratitude infinie qu'il en ressentait pour Votre Excellence. Ascanio offrit ensuite le sien qui consistait en un assortiment complet de vaisselle de crédence en argent doré, valant environ 1,000 ducats. Le cardinal de Monreale présenta deux anneaux, un de saphir et un de diamants très-beaux, et valant environ 3,000 ducats; le protonotaire Cesarini fit don d'une cuvette et de son bocal, valant bien 800 ducats; le duc de Gandie donna un vase d'une valeur d'environ 70 ducats; le protonotaire Lunate présenta également un vase d'une composition ressemblant à du jaspe et orné d'argent doré, qui pouvait valoir de 70 à 80 ducats. Il n'y eut pas d'autres cadeaux.

Quand on célébrera la noce, les autres cardinaux, ambassadeurs, etc., suppléeront ce qui manquera, et, de mon côté, je m'efforcerai de les imiter. Je crois qu'elle aura lieu dimanche prochain, mais ce n'est pas sûr. »

« Pour terminer les dames dansèrent, et l'on représenta, en guise d'intermède, une bonne comédie accompagnée de chant et de musique. Le pape et nous tous y assistions. Que dire de plus ? Je n'en finirais pas. Nous avons passé là toute la nuit; est-ce bien, est-ce mal, Votre Seigneurie en jugera (1). »

(1) Voir *Pièces justificatives*, n° 10.

VIII

RELATIONS DU PAPE AVEC JULIE FARNÈSE

Le mariage de Lucrèce avec Jean Sforza mettait le sceau à l'alliance politique qu'Alexandre VI avait entrepris de conclure avec Ludovic le More. Le régent de Milan voulait appeler le roi de France Charles VIII en Italie, où il attaquerait le roi Ferdinand de Naples, pour qu'il pût s'emparer lui-même du duché de Milan. Il était en effet rongé d'ambition et impatient de chasser du trône son neveu, le valétudinaire Jean Galéas, lequel était l'époux d'Isabelle d'Aragon, fille d'Alphonse de Calabre et petite-fille du roi de Naples.

Dès le 25 avril, l'alliance entre Venise, Ludovic, le pape et quelques autres seigneurs d'Italie était publiquement connue à Rome. Cette ligue était ouvertement dirigée contre Naples; aussi la cour napolitaine était-elle dans le plus grand émoi.

Pourtant le roi Ferdinand félicita sur son mariage le seigneur de Pesaro; il le considérait comme son parent et Jean Sforza avait été aussi admis dans la famille d'Aragon. Le roi lui écrivit de Capoue à la date du 15 juin 1493 :

« Illustre cousin et très-cher ami, nous avons reçu votre lettre du 22 de l'écoulé par laquelle vous nous avez informé de votre alliance avec l'illustre donna Lucrèce, nièce de Sa Sainteté, notre seigneur. Nous en sommes très-réjouis, tant à cause de l'amitié que nous avons portée, et que nous portons encore, à vous et à votre maison, que parce que nous croyons que rien ne pouvait vous être plus avantageux que ce mariage. Aussi nous vous souhaitons la félicité la plus parfaite et nous demandons avec vous à Dieu que cette union augmente la puissance et la considération de votre personne, ainsi que celles de votre Etat (1). »

Huit jours auparavant, le même roi avait adressé à son ambassadeur en Espagne une lettre dans la-

(1) *Cod. Aragon.*, II, 2, 67; éd. Trinchera.

quelle il implorait la protection de Ferdinand et d'Isabelle contre les intrigues du pape, dont la vie, disait-il sans détours, était abominable. Et, par là, il n'entendait pas les manœuvres diplomatiques d'Alexandre, mais sa conduite individuelle proprement dite. Julie Farnèse, qu'Infessura, en énumérant les invités de la noce de Lucrèce, appelle « la concubine du pape, » faisait alors parler d'elle et de lui par tout le monde. Cette jeune femme se livrait à un vieillard de soixante-deux ans, dans lequel elle aurait dû vénérer le pontife suprême de l'Eglise. La longue durée de ses relations adultères est bien connue, mais les motifs de sa passion sont une énigme. Quelque puissante en effet que fût la fascination satanique exercée par Alexandre, il devait pourtant avoir perdu beaucoup de son attrait irrésistible. Peut-être cette jeune et frivole créature était-elle ravie, maintenant qu'elle avait cédé à son corrupteur et surmonté le sentiment de la honte, de voir tomber, aux pieds d'une faible enfant comme elle, le chef spirituel du monde, devant lequel tous les fronts se courbaient dans la poussière.

On n'était pas éloigné de soupçonner que les ambitieux Farnèse ne jouassent le rôle d'entremetteurs entre les deux criminels amants. Le prix de la faute de Julie ne fut d'abord rien moins que la pourpre de cardinal pour son frère Alexandre. Le pape l'avait désigné avec d'autres prélats pour cette dignité, mais l'opposition du sacré collége, dont Julien Rovere était le chef, faisait encore obstacle à sa nomination. Le roi Ferdinand favorisait aussi leurs efforts; il mit son armée à la disposition des cardinaux opposants le jour même où Lucrèce célébrait ses noces à Pesaro.

Son mari Sforza était maintenant un des grands personnages de Rome, et il vivait dans l'intimité de tous les Borgia. Le 15 juin, on le vit aux côtés du duc de Gandie aller à cheval à la rencontre de l'ambassadeur espagnol; ils étaient l'un et l'autre couverts de riches vêtements étincelants de pierres précieuses « comme s'ils eussent été deux rois. » Gandie se préparait à partir pour l'Espagne. Il s'y était marié avec donna Maria Enriquez, Valencienne de distinction, très-peu de temps avant que son père ne montât sur le trône pontifical; car il existe un bref d'Alexandre en date du 6 octobre 1492 par lequel il permettait à ce fils et à son épouse de recevoir l'absolution d'un confesseur quelconque. La haute naissance de donna Maria montre quelles brillantes relations le bâtard Juan Borgia avait pu former en qualité de grand d'Espagne ; son épouse, en effet, était fille de don Enrigo Enriquez, comte de Léon et de donna Maria de Luna, proche parente de la maison royale d'Aragon. Don Juan quitta Rome le 4 août 1493 pour aller s'embarquer à Civita Vecchia sur les galères espagnoles. D'après le rapport de l'agent de Ferrare, il emporta avec lui une quantité incroyable de bijoux que les joailliers de Rome étaient depuis des mois occupés à monter.

Des fils d'Alexandre, il restait donc à Rome César, qui était cardinal, et Jofré, qui devait être établi princièrement à Naples. La brouille qui s'était élevée entre le pape et le roi Ferdinand avait été dissipée en effet, grâce aux efforts de l'Espagne. Il en résulta qu'Alexandre rompit avec la France et revint sur son alliance avec Ludovic le More. Cette surprenante conduite fut scellée ensuite par le mariage de don Jofré, enfant de treize ans à peine à cette époque, avec donna Sancia, fille naturelle du duc

Alphonse de Calabre. Ce mariage fut conclu par procuration au Vatican, le 16 août 1493, et devait être ratifié plus tard à Naples.

César fut, de son côté, proclamé cardinal le 20 septembre 1493. La tache de sa naissance avait été heureusement enlevée par sa légitimation confiée aux soins des cardinaux Pallavicini et Orsini. Gianandrea Boccaccio rendait compte à Ferrare, à la date du 25 février 1493, de cette légitimation de César et disait avec une profonde ironie : « On a enlevé la tache qu'il portait comme enfant naturel, en jugeant avec raison qu'il est légitime puisqu'il est né dans la maison et du vivant de l'époux de la mère; c'est un fait acquis: on voyait alors celui-ci, tantôt dans la ville, tantôt dans les terres de l'Eglise où l'appelaient ses fonctions, et il voyageait de côté et d'autre. » L'ambassadeur ne donne pourtant pas le nom de cet homme, qu'Infessura seulement appelle Dominique d'Arignano.

Le même jour Hippolyte d'Este et Alexandre Farnèse obtinrent aussi la dignité de cardinal. Ce dernier, qui était un jeune libertin, ne devait son élévation aux hautes fonctions ecclésiastiques qu'à l'adultère de sa sœur, et cette circonstance était si bien connue dans la ville que le peuple romain l'appelait plaisamment « le cardinal de la jupe. » Les parents de Julie, au comble de la joie, ne voyaient en elle que l'instrument de leur fortune. Girolama Farnèse écrivait de Casignano à son mari Puccio, à la date du 21 octobre 1493 : « Vous avez dû recevoir des lettres de Florence antérieures à la mienne et apprendre quels bénéfices Laurent a obtenus et tout ce que Julie lui a procuré; vous en ressentirez un grand plaisir (1). »

Le gouvernement de Florence cherchait même à profiter des relations d'Alexandre avec Julie en faisant de Puccio, beau-frère de celle-ci, son fondé de pouvoir à Rome. Les Florentins avaient envoyé à Rome ce juriste distingué aussitôt après l'intronisation d'Alexandre, pour lui prêter le serment d'obédience, puis il avait été pendant un an leur commissaire à Faenza, où il gouvernait au nom d'Astorre Manfredi encore mineur. Au commencement de 1494, il revint à Rome avec le titre officiel d'ambassadeur, et il y mourut au mois d'août suivant (2).

---

(1) *Carte strozziane, filz.* 343. Archives de Florence.
(2) Le 13 janvier 1494, Lelia Ursina de Farnesio le félicitait de sa nomination. *Ibidem.*

Son frère Laurent Pucci parvint aux dignités ecclésiastiques ; plus tard, sous le pontificat de Léon X, il devint un cardinal influent.

Les Farnèse et leur nombreuse parenté jouissaient maintenant de la plus grande faveur auprès du pape, avec tous les Borgia. En octobre 1493, ils invitèrent Alexandre et César à une réunion de famille au château de Capodimonte, où madonna Giovanella, mère de Julie, avait préparé une fête pour les recevoir. Nous ignorons si ce projet fut suivi d'exécution, mais la chose est vraisemblable, car Alexandre se trouvait à Viterbe à la fin du même mois.

En 1492, Julie avait donné le jour à une fille qui reçut le nom de Laure. Cette enfant était officiellement de son mari Orsini, mais en réalité son père était le pape. Les Farnèse et les Pucci connaissaient parfaitement ce secret et ils essayaient sans vergogne d'en tirer profit. Julie redoutait si peu le jugement du monde qu'elle habitait le palais de Santa Maria in Porticu, comme si elle eût été la parente légitime de Lucrèce. Alexandre lui-même l'avait placée là comme dame d'honneur de sa fille. Son mari Orsini avait mieux aimé, c'est du moins probable, vivre à son château de Bassanello, ou choisir pour séjour une des terres qui lui avaient été données par le pape à titre d'époux de madame Julie, « la fiancée de Jésus-Christ, » comme on l'appelait dans les satires, que de rester à Rome où il aurait été le témoin incommode de sa honte.

Une lettre remarquable de Laurent Pucci à son frère Giannozzo, écrite de Rome en date des 23 et 24 décembre 1493, fournit des éclaircissements sur ces secrets domestiques et sur d'autres encore. Elle nous fait assister à des scènes intimes dans le palais de Lucrèce. Laurent avait été prié par le cardinal Farnèse de l'accompagner à Rome pour la fête de Noël. Il était parti avec lui de Viterbe pour Rignano où les barons de la maison de Savelli, parents du cardinal, leur firent une réception pompeuse, puis ils reprirent à cheval leur voyage vers Rome. Laurent communique d'abord à son frère les entretiens confidentiels qu'il avait eus chemin faisant avec le cardinal. Il s'agissait déjà de fiancer la petite fille de Julie avec un futur époux. Le cardinal avait révélé à Laurent ses vues à cet égard. Pierre Médicis voulait donner sa propre fille au jeune Astorre Manfredi de Faenza; Farnèse désirait au contraire faire réussir une alliance entre Astorre et la fille de Julie. Il espérait convaincre Pierre Médicis qu'un tel mariage lui serait avantageux ainsi qu'à la République florentine et rendrait plus solides ses rapports avec le saint-siége. On devait donner une telle tournure à ce projet qu'il aurait tout à fait l'air d'un gage d'accord entre le pape et Pierre. Le cardinal comptait pour cela sur l'assentiment d'Alexandre et de Julie, et sur l'influence de madame Adrienne.

Laurent Pucci avait répondu en ces termes aux confidences du cardinal : « Monseigneur, je crois fermement que notre seigneur (le pape) donnerait sa fille à ce seigneur (Astorre); je veux dire que je crois cette enfant fille du pape, comme madame Lucrèce, et nièce de Votre Eminence (1). » Laurent ne donne pas la réponse que fit le cardinal à cette insi-

(1) Voir les extraits de la lettre de Pucci aux *Pièces justificatives*, n° 11. Dans les précédentes éditions, le passage suivant m'avait embarrassé : *Chredo che questa puta sia figlia del Papa, come Madonna Luchretia è nipote di S. R. signoria*. Je crois maintenant que cet *è* est le résultat d'une erreur de l'auteur ou du copiste, et qu'il faut le considérer comme la particule conjonctive *e*. — Le frère de Laurent Pucci, Giannozzo, était marié avec une Florentine, Lucrèce Bini, dont il est parlé dans la suite de la lettre.

nuation libre jusqu'à la témérité et qui aurait fait monter le rouge au front de tout homme d'honneur. Nous croyons que, loin de là, on n'aurait pu remarquer qu'un sourire d'approbation sur les lèvres d'Alexandre Farnèse. Le franc parleur Pucci réitère son sentiment dans la même lettre, en disant : « Elle est fille du pape, nièce du cardinal et fille putative du seigneur Orsini, à qui notre seigneur donnera encore trois ou quatre châteaux près de Bassanello. Le cardinal a dit encore que, dans le cas où le seigneur Angelo (son frère) resterait sans enfants, ses biens tomberaient en partage à cette enfant qu'il aime beaucoup; qu'il y pensait déjà et qu'ainsi l'illustre Pierre se pliera au désir du cardinal et lui restera constamment attaché. » Laurent ne perd pas de vue ses intérêts dans tous ces projets; il exprime ouvertement l'espoir que son frère Puccio viendrait à Rome (comme ambassadeur de la république, ainsi que cela eut lieu bientôt), et que, grâces aux efforts de madame Adrienne et de Julie, il obtiendrait lui-même plusieurs beaux bénéfices.

Le 24 décembre, Laurent Pucci continue sa lettre; il y décrit le tableau domestique dont il avait été témoin au palais de Lucrèce, et ce qu'il raconte nous présente ces femmes, Julie surtout, sous un jour bien réel. « Je vous ai écrit hier soir, mon cher Giannozzo, ce qui se trouve ci-dessus ; je suis monté à cheval aujourd'hui, veille de la fête, avec monseigneur Farnèse pour aller à vêpres au palais papal, et, en attendant que Notre Seigneur n'arrive à la chapelle, je suis allé à la maison de Santa Maria in Porticu pour voir madame Julie. Je la trouvai qui venait de se laver la tête ; elle était assise auprès du feu avec madame Lucrèce, fille de Notre Seigneur, et madame Adrienne, et elle m'a accueilli, ainsi que ses compagnes, avec de grandes démonstrations de joie. Madame Julie voulut que je m'assisse à côté d'elle : elle me remercia de ce que j'avais conduit Jeronima chez elle, et me dit que je devais encore l'y ramener pour lui être agréable. Madame Adrienne ajouta : « Est-ce vrai qu'il ne lui est pas plus per« mis de venir ici qu'à Capodimonte et à Marta ? » Je lui répondis que je l'ignorais et qu'il me suffisait d'avoir fait plaisir à madame Julie en la conduisant chez elle, car elle me l'avait demandé dans ses lettres, et qu'elles pouvaient maintenant en agir à leur guise. Je laissais aux soins de madame Julie, suffisamment habile pour ce qui la concerne, de faire en sorte qu'elles pussent se rencontrer; que d'ailleurs elle avait un aussi vif désir qu'elle-même de voir Sa Seigneurie. Sur quoi madame Julie m'adressa de grands remercîments et me dit qu'elle était contente de moi. Je lui rappelai combien j'étais reconnaissant à Sa Seigneurie de ce qu'elle avait fait pour moi, et que je ne pouvais pas mieux lui en témoigner de gré qu'en amenant à la maison madame Jeronima. Elle me répondit que de telles bagatelles ne méritaient pas de reconnaissance; qu'elle espérait m'être encore agréable en des occasions plus importantes et que j'en ferais l'expérience à temps utile. Madame Adrienne prit la parole à son tour et dit que je devais être certain que ce n'était pas à messer Antonio ni à son ambassadeur, mais bien à madame Julie que j'étais redevable des bénéfices que j'avais obtenus. »

« J'eus l'air d'être convaincu pour ne pas la contredire et je remerciai encore une fois Sa Seigneurie. Ensuite madame Julie me demanda des nouvelles de messer Puccio d'une manière très-pressante et me dit : « Nous ferons en sorte qu'il vienne ici « un jour et si, en dépit de tous nos efforts, nous n'a- « vons rien pu obtenir quand il était ici, nous réussi- « rons aujourd'hui sans difficulté. » Elle m'assura aussi qu'hier soir le cardinal lui avait parlé de ce dont nous nous étions entretenus en route et elle me pria d'écrire; elle pense pourtant que si l'affaire se traite par votre entremise, Pierre le Magnifique s'y prêtera volontiers. Tel est le point, comme vous voyez, où la chose en est. Elle a voulu aussi que je voie l'enfant; elle est déjà grande et, à ce qu'il m'a semblé, elle ressemble au pape *adeo ut vere ex ejus semine orta dici possit*. Madame Julie a pris de l'embonpoint et est devenue une femme de toute beauté. Elle a dénoué ses cheveux en ma présence, et s'est fait coiffer; ils lui tombaient jusque sur les pieds : je n'ai jamais rien vu de pareil; elle a les plus beaux cheveux du monde. Elle portait une coiffe de toile fine et par-dessus un espèce de réseau qui faisait l'effet de la fumée, avec certains filets d'or. Elle rayonnait vraiment comme le soleil. J'aurais beaucoup donné pour que vous fussiez présent et que vous pussiez vous convaincre de ce que vous avez souvent désiré savoir. Elle portait un vêtement garni de fourrures à la mode napolitaine, ainsi que madame Lucrèce qui alla en changer au bout de quelque temps. Elle revint ensuite avec un costume presque entièrement de velours violet. Comme les vêpres étaient finies et que les cardinaux s'en allaient, je les quittai (1). »

La liaison intime de Julie et de Lucrèce, témoin constant de ses relations adultères avec son père, devait être pour celle-ci, sinon une école de vice, du moins un exemple d'immoralité qu'elle avait perpétuellement sous les yeux. Une jeune personne de quatorze ans pouvait-elle rester pure dans une telle atmosphère? La démoralisation au milieu de laquelle elle était obligée de vivre n'empoisonnait-elle pas ses sentiments, ne corrompait-elle pas ses idées sur la morale et la vertu, et ne finit-elle pas par pénétrer son cœur et l'envahir?

(1) Voir *Pièces justificatives*, n° 11.

IX

LUCRÈCE QUITTE ROME

A la fin de l'année 1493, Alexandre VI avait richement pourvu à l'avenir de tous ses enfants. Don César était cardinal; don Juan était duc espagnol; don Jofré allait avoir une principauté dans le royaume de Naples. Ce fils cadet du pape se maria avec donna Sancia le 7 mai 1494, jour même où son beau-père Alphonse montait sur le trône pour succéder au roi Ferdinand et était couronné par le cardinal-légat Juan Borgia. Don Jofré resta à Naples et devint prince de Squillace. Juan obtint aussi de grands fiefs dans ce royaume; il prit en conséquence le titre de duc de Suessa et de prince de Teano.

Le mari de Lucrèce habita encore quelque temps Rome où le pape l'avait pris à sa solde, conformément au traité qu'il avait conclu antérieurement avec Ludovic le More dont Sforza était un des stipendiés. Mais bientôt sa situation à la cour d'Alexandre devint ambiguë. Son oncle avait favorisé son mariage avec Lucrèce pour faire du pape l'associé et le complice de sa politique, dont l'objet était de provoquer une révolution à Naples. Mais maintenant Alexandre avait contracté une alliance étroite avec la dynastie d'Aragon; il donna au roi Alphonse l'investiture de ce royaume et se déclara l'adversaire de l'expédition que Charles VIII avait en vue.

Sforza se trouvait en conséquence dans un grand embarras; au commencement d'avril 1494 il informa son oncle Ludovic le More de sa situation perplexe.

« Hier, lui écrivait-il, Sa Sainteté m'a dit en présence de Monsignore (le cardinal Ascanio) : « Voyons,
« seigneur Giovanni Sforza, qu'as-tu à me dire ? » Je lui répondis : « Saint-Père, tout le monde croit à
« Rome que vous êtes d'accord avec le roi (de Naples)
« et il est l'ennemi du Milanais. S'il en était ainsi, je
« me trouverais dans une fâcheuse situation, car je
« suis en même temps à la solde de Votre Sainteté et

« de l'Etat susdit. Si les choses suivent ce cours, je ne
« vois pas comment je pourrai servir l'un sans quitter
« l'autre, et pourtant je ne voudrais me détacher d'au-
« cun. Je prie Votre Sainteté de bien me vouloir mettre
« à même de ne pas devenir l'ennemi de mon propre
« sang et de ne pas agir contrairement aux devoirs
« auxquels je me suis astreint d'après ma capitula-
« tion envers Votre Sainteté et l'illustre Etat de Mi-
« lan. » Il m'a répondu que je prenais beaucoup trop
d'inquiétude à propos de ses affaires et que je devais
recevoir ma solde de part et d'autre conformément
à mon traité. Sur quoi, il donna l'ordre audit Monsignore d'écrire à Votre Excellence de façon que vous
en verrez davantage par les lettres de Sa Grandeur.
Si j'avais su, Monseigneur, me trouver en telle situation, j'aurais plutôt mangé la paille sur laquelle
je couche que de me lier pareillement. Je me jette
dans vos bras; je prie Votre Excellence de ne pas
m'abandonner, mais de tenir compte de la position
dans laquelle je me trouve, de m'aider de votre
bienveillance et de vos conseils afin que je puisse
rester le fidèle serviteur de Votre Excellence. Conser-
vez-moi la situation et le nid étroit que, grâce à

Milan, mes ancêtres m'ont transmis. Celui dont la personne et les troupes seront toujours au service de Votre Excellence,

« Jean Sforza.

« Rome, avril 1494. »

Cette lettre dévoilait encore d'autres soucis secrets, comme, par exemple, en ce qui regardait la conservation de son fief de Pesaro. Le plan formé par le pape de supprimer tous les petits tyrans et vicaires des Etats de l'Eglise se laissait déjà deviner de temps en temps (1).

Peu de temps après, le 23 avril, le cardinal Rovère s'enfuit d'Ostie dans la direction de la France afin d'engager Charles VIII à donner pour but à son expédition en Italie, non pas le renversement du roi de Naples, mais la réunion d'un concile qui déposerait ce pape simoniaque.

Au commencement de juillet, Ascanio Sforza quitta aussi la ville de Rome, complétement brouillé maintenant avec Alexandre. Il se rendit à Genazzano auprès des Colonna, qui étaient à la solde du roi de

---

(1) Cette lettre est imprimée dans les *Atti et Memorie — Modenesi* I. 433.

France. Charles VIII se préparait à entrer en Italie; en attendant, le pape et le roi Alphonse eurent une entrevue le 14 juillet à Vicovaro, près de Tivoli.

Cependant de grands changements avaient eu lieu dans le palais de Lucrèce. Son mari s'était empressé de quitter Rome, ce qu'il pouvait faire comme condottiere de l'Eglise, et, à ce titre, il avait à rejoindre l'armée napolitaine qui se concentrait dans la Romagne sous les ordres du duc de Ferrante de Calabre. Les clauses de son contrat de mariage l'autorisaient en outre à emmener sa femme avec lui à Pesaro. Vannozza, Julie Farnèse et madame Adrienne y accompagnèrent celle-ci. Alexandre lui-même avait ordonné leur départ par crainte de la peste qui commençait à se montrer. L'ambassadeur de Mantoue à Rome informait de ces faits, à la date du 6 mai, le marquis Gonzague auquel il écrivait encore le 15 : « L'illustre seigneur Jean partira sans faute lundi ou mardi avec les trois dames qui, d'après les ordres du pape, resteront à Pesaro jusqu'au mois d'août et reviendront ensuite ensemble (1). »

(1) *Dépêche de George Brognolo au marquis;* Rome, 6 et 15 mai 1494. Archives de Mantoue.

Le départ de Sforza pouvait avoir eu lieu au commencement de juin, car le 11 de ce mois Ascanio adressait une lettre à son frère à Milan par laquelle il l'informait que le seigneur de Pesaro, accompagné de sa femme, de madame Julie « la maîtresse du pape, » et de la mère du duc de Gandie et de Jofré, était parti de Rome et arrivé à Pesaro, et que Sa Sainteté avait prié madame Julie de revenir promptement (1).

Le 18 juillet Alexandre était de retour à Rome de son voyage à Vicovaro, et le 24 il adressait à sa fille, alors à Pesaro, la lettre suivante :

« Alexandre VI, pape; de sa propre main. »

« Donna Lucrezia, ma très-chère fille. Voilà plusieurs jours que nous n'avons pas reçu de lettre de toi; nous sommes très-surpris que tu négliges de nous écrire plus souvent et de nous donner des nouvelles de ta santé et de celle du seigneur Jean notre

(1) *Dépêche de Jacomo Trotti au duc Hercule;* Milan, 11 juin 1494. — Le 1er mai, ces dames étaient encore à Rome, car madame Adrienne écrivait ce jour-là une lettre datée de cette ville à la marquise de Mantoue, qui lui avait recommandé une amie. Cette lettre est aux archives de Mantoue.

bien-aimé fils. A l'avenir, sois plus soucieuse et plus diligente. Madame Adrienne et Julie sont arrivées à Capodimonte où elles ont trouvé le frère mort. Ce trépas imprévu a si profondément ému et troublé le cardinal ainsi que Julie que tous deux ont pris la fièvre. Nous avons dépêché Pietro Caranza pour aller les voir et nous nous sommes inquiété d'un médecin et de tout ce qui est nécessaire. Nous espérons que grâce à Dieu et à la glorieuse madone l'un et l'autre seront promptement rétablis. En vérité le seigneur Jean et toi avez eu bien peu d'égards pour nous à l'occasion du départ de madame Adrienne et de Julie, car vous les avez laissées s'en aller sans notre permission expresse; vous auriez dû penser, comme c'était votre devoir, qu'un si brusque éloignement s'effectuant à notre insu nous causerait le plus vif déplaisir. Et, si tu objectes qu'elles l'ont voulu ainsi parce que le cardinal Farnèse l'avait ordonné, je te répondrai que vous auriez dû vous demander si cela plairait au pape. Maintenant c'est fait; mais une autre fois nous serons plus prévoyant et nous aurons soin de considérer à quelles mains nous confions nos affaires. Grâce à Dieu et à la glorieuse Vierge, nous sommes en très-bonne santé. Nous avons eu une entrevue avec l'illustre roi Alphonse qui nous a traité avec autant d'amitié et d'obéissance que s'il avait été notre propre fils. Nous ne saurions t'exprimer avec quelle satisfaction et quel contentement mutuels nous nous sommes quittés. Sois persuadée que Sa Majesté sacrifierait pour notre service sa personne même et tout ce qu'elle possède en ce monde. »

« Nous espérons que toute méfiance, toute contrariété relativement aux Colonna sera complétement dissipée d'ici trois ou quatre jours. Il ne me reste plus qu'à te recommander de veiller à ta santé et de prier assidûment la Madone. » (1)

« Donné à Rome, à Saint-Pierre, le 24 juillet 1494. »

Cette lettre est la première des quelques-unes qui nous sont parvenues de celles qu'Alexandre écrivit à sa fille. Les reproches qu'il lui adressait sur l'éloi-

---

(1) Ce bref a été publié dans la *Storia dei Conti e Duchi d'Urbino*, II, Docum. n° 13, d'Ugolino. J'ai vu l'original aux archives publiques de Florence ; l'adresse seulement est de la main d'Alexandre. Le reste a été écrit par le dataire Juan Lopez, qui a signé *Jo. Datarius*.

gnement de Julie avaient pour cause le départ subit, et contraire aux dispositions qu'il avait primitivement indiquées, de sa maîtresse partie de Pesaro avant même le mois d'août. Julie était venue de là rendre visite à son frère Angiolo qui était malade. D'après une lettre du Vénitien Marin Sanudo, elle avait surtout quitté Rome pour assister au mariage d'un de ses parents, et l'auteur l'appelle en cette circonstance « la favorite du pape, une jeune femme de grande beauté, remplie d'intelligence, de sagesse et de douceur. »

La lettre d'Alexandre nous apprend que, même éloignée de Rome, sa maîtresse restait en étroite relation avec lui.

X

HISTOIRE ET DESCRIPTION DE PESARO

Les orages qui se déchaînèrent bientôt sur Alexandre n'atteignirent pas Lucrèce, car elle était entrée le 8 juin 1494 à Pesaro avec son mari. Elle prit possession par une pluie torrentielle, qui nuisit à la cérémonie de sa réception, du palais des Sforza, destiné désormais à lui servir de résidence.

Voici brièvement l'histoire de Pesaro jusqu'à cette époque :

La vieille cité de Pisaurum devait avoir été fondée par les Sicules et tenir son nom d'un fleuve qui se jette non loin de là dans la mer et qui s'appelle aujourd'hui Foglia. En 570 de la fondation de Rome, cette ville était une colonie romaine. Elle dépendit, depuis Auguste, de la quatrième région d'Italie et, à partir de Constantin, de la province Flaminia.

Après la chute de l'empire romain, Pesaro subit le sort de toutes les autres villes d'Italie, surtout dans la grande guerre des Goths avec l'empereur grec; Vitigès la détruisit et elle fut relevée par Bélisaire.

Après la chute des Goths, Pesaro fut incorporé dans l'exarchat et forma la Pentapole avec quatre autres villes situées sur l'Adriatique, à savoir Ancône, Fano, Sinigaglia et Rimini. Ravenne étant tombée au pouvoir du roi lombard Astolphe, Pesaro devint aussi lombarde, puis elle échut au pape par suite de la donation de Pepin et de Charlemagne.

A partir de cette époque, son histoire est liée à celle des Etats de l'Eglise et du marquisat d'Ancône. Elle fut pendant longtemps la résidence de comtes impériaux. Innocent III en donna l'investiture à Azzo d'Este, seigneur de la Marche d'Ancône. Puis, durant la lutte des Hohenstaufen et de la papauté, cette ville fut tantôt au pouvoir de l'empereur et tantôt à celui de l'Eglise jusqu'à la fin du treizième siècle, où les Malatesta en devinrent d'abord les podestats et ensuite les seigneurs. Cette célèbre maison du parti guelfe acquit d'abord sur le territoire de

Pesaro, à partir de Castel Verrucchio qui est situé entre Rimini et Saint-Marin, le château de Gradara, et étendit successivement sa domination jusqu'en face d'Ancône. En 1285, Gianciotto Malatesta était seigneur de Pesaro. Après sa mort, arrivée en 1304, son frère Pandolfo hérita de son pouvoir.

Depuis cette époque, les Malatesta, seigneurs de la contrée voisine de Rimini, gouvernèrent non-seulement Pesaro, mais une grande partie de la Marche, qu'ils s'adjoignirent quand les papes résidaient à Avignon. Ils s'assurèrent la possession de Rimini, de Pesaro, de Fano et Fossombrone par un traité qu'ils conclurent au temps du célèbre Gil d'Albornoz et que celui-ci confirma en qualité de vicaire de l'Eglise. Une branche de cette famille résida à Pesaro jusqu'à Galeazzo Malatesta. Menacé par son parent Gismondo, tyran de Rimini, et incapable de défendre Pesaro contre ses attaques, celui-ci vendit cette ville en 1445, vingt mille florins d'or au comte François Sforza, qui en investit, conformément au traité, son frère Alexandre, époux d'une nièce de Galeazzo. Sforza était ce grand condottiere qui, après l'extinction des Visconti, fut le premier duc de Milan et de sa maison. Pendant qu'il y fondait la dynastie des ducs Sforza, son frère Alexandre devenait la souche des seigneurs de Pesaro.

Ce vaillant capitaine prit possession de cette ville en 1445; deux ans plus tard il obtenait l'investiture papale. Il était marié avec Costanza Varano, une des femmes distinguées d'Italie par la beauté et par l'esprit au commencement de la Renaissance.

Elle lui donna un fils appelé Costanzo et une fille nommée Battista, qui brilla aussi plus tard par ses vertus et son génie, après avoir épousé Frédéric d'Urbin. Les cours voisines de Pesaro et d'Urbin s'unissaient entre elles par des mariages et rivalisaient pour l'amour des beaux-arts et des sciences. Alexandre Sforza eut une autre fille, mais illégitime, Ginevra Sforza, qui fut très-admirée de son temps et célébrée d'abord comme épouse de Sante, puis de Giovanni Bentivoglio, seigneur de Bologne.

Après la mort de sa femme, Alexandre Sforza épousa en secondes noces Sveva Montefeltre, fille de Guidantonio d'Urbin. Il exerça heureusement son pouvoir et mourut en laissant son domaine à son fils, le 3 avril 1473.

Costanzo Sforza se maria un an après avec Camilla Marzana d'Aragon, belle et spirituelle princesse de la maison royale de Naples. Il était lui-même magnifique et libéral. Il mourut en 1483, à l'âge de trente-six ans, sans laisser d'héritiers légitimes; ses fils, Jean et Galeazzo, étaient, en effet, enfants naturels. Pesaro fut gouverné alors par sa veuve Camille, qui tint les rênes du pouvoir pour elle et son beau-fils Jean jusqu'à ce que celui-ci l'eût obligée, en novembre 1489, à le laisser seul maître.

Telle est l'histoire de la maison des Sforza de Pesaro, dans laquelle Lucrèce Borgia entra par son mariage avec ce même Jean.

Leur domination s'étendait alors sur la ville de Pesaro et sur une série de petites communes qu'on appelait *castelle* ou villas : c'étaient : Santo Angelo in Lizzola, Candelara, Montebaroccio, Tomba di Pesaro, Montelabbate, Gradara, Monte Santa Maria, Novilara, Fiorenzuola, Castel di Mezzo, Ginestreto, Gabicce, Monteciccardo et Monte Gaudio. Indépendamment de ces localités, ils possédaient encore Fossombrone qu'ils tenaient des Malatesta.

Comme nous l'avons vu, cette principauté dépendait depuis des siècles du domaine de l'Eglise dont les Malatesta d'abord, puis les Sforza la tenaient comme fief sous le titre de vicaires, moyennant une redevance annuelle de sept cent cinquante ducats. La fille d'un pape devait donc être pour les tyrans de Pesaro le parti le plus convenable qu'ils pussent désirer, en un moment où les papes s'efforçaient d'extirper des Etats de l'Eglise ces souverainetés illégitimes. En considérant le peu d'étendue et d'importance de ses Etats, Lucrèce pouvait se dire qu'elle était dans une situation inférieure aux souveraines qui résidaient à Urbin, à Ferrare et à Mantoue, ou à Milan et à Bologne, mais elle n'en était pas moins princesse indépendante sous la suzeraineté du pape, son père. Et si ses possessions ne comprenaient que quelques milles carrés, elles étaient le verger délicieux de l'Italie.

Pesaro est situé au milieu d'une plaine qui forme le fond d'une large vallée. Une chaîne de vertes collines l'entoure d'un hémicycle très-ouvert, comme d'un amphithéâtre dont la mer limiterait la scène. A chaque extrémité de cet hémicycle, s'élèvent deux promontoires escarpés, le Monte Accio et l'Ardizio.

La Foglia traverse la vallée. Sur la rive droite de ce fleuve s'étend agréablement la ville avec ses tours, ses murailles et son château qui s'étale sur le bord de la mer. Au nord, du côté de Rimini, les montagnes serrent la mer de plus près ; au sud, la rive est plus dégagée et les tours de Fano s'élèvent au milieu des brouillards de la côte. Plus loin, dans la même direction, on aperçoit le cap d'Ancône.

Ces collines ensoleillées, cette vallée riante, ce ciel bleu qui la recouvre et cette mer étincelante concourent à former un tableau d'un charme ravissant. C'est le lieu le plus gai, le plus propre à servir de théâtre à une idylle, de toute la rive adriatique. On dirait que l'haleine des vents, soit qu'ils arrivent de la mer ou des terres, y murmure d'harmonieux accents qui dilatent le cœur et font naître dans l'âme des images agréables et gracieuses. Pesaro est le berceau de Rossini et de Terenzio Mamiani, l'excellent poëte et homme d'Etat qui peut encore aujourd'hui consacrer ses nobles facultés à la résurrection de l'Italie.

Les passions des tyrans de cette ville n'avaient pas des déchaînements aussi terribles que celles des autres dynasties de l'époque; peut-être leur beau domaine était-il trop petit pour fournir à l'ambition l'occasion d'actes criminels. L'âme humaine ne se conforme pas toujours cependant aux influences de la nature. La belle et gracieuse Rimini n'eut-elle pas pour tyran le plus terrible de tous, l'effroyable Gismondo Malatesta? Mais les Sforza de Pesaro étaient des maîtres bons et bienfaisants, si on les compare à leurs cousins de Milan. Leur petite cour avait été ornée par une succession de femmes remarquables avec lesquelles Lucrèce Borgia pouvait se sentir obligée de rivaliser désormais.

En arrivant à Pesaro elle eût dû, si son âme n'avait pas été viciée dans une jeunesse aussi tendre, et qu'elle eût pu se contenter d'un bonheur modeste, goûter pour la première fois le sentiment délicieux de la liberté. Ici, cette sombre ville de Rome, avec son Vatican où l'on était si peu chez soi, avec ses crimes et ses passions de toute sorte, aurait dû lui sembler une prison dont elle venait de s'échapper. A la vérité, tout ce qui l'entourait à Pesaro était bien petit auprès des grandeurs de la capitale chrétienne; mais elle ne se trouvait plus sous l'influence directe des volontés de son père et de son frère, dont elle était désormais séparée par l'Apennin et par une longue distance.

La ville de Pesaro, qui compte aujourd'hui plus de dix mille habitants, et vingt mille environ en y comprenant ses dépendances, pouvait en contenir alors à peu près moitié. Elle avait des rues en ligne droite, et des places ornées d'édifices en style purement gothique, bien qu'ils fussent déjà entremêlés de plusieurs palais dans le goût de la Renaissance. Quelques couvents et quelques églises, qui ont conservé jusqu'à nos jours leurs anciens portails, comme Saint-Dominique, Saint-François, Saint-Augustin et Saint-Jean, donnaient à la ville un aspect imposant, quoique aucun de ces édifices ne fût d'une beauté remarquable.

Les monuments les plus importants de Pesaro appartenaient à la maison régnante; c'étaient le château situé sur le bord de la mer et le palais qui s'élevait sur la grande place. Costanzo Sforza avait jeté les fondements de celui-ci en 1474, et son fils Jean l'avait achevé. On lit encore aujourd'hui son nom inscrit sur une plaque de marbre incrustée au-dessus de la porte d'entrée. Le château flanqué de quatre tours tronquées ou bastions, est situé en rase campagne et entouré d'un fossé; il s'élève à l'angle des fortifications, en face de la mer, dont le voisinage immédiat contribuait seul alors à lui donner quelque valeur défensive. Malgré cela, il paraît de si peu d'utilité qu'il y a lieu de s'étonner, que même à cette époque où l'artillerie avait encore tant de progrès à faire, on ait pu le croire capable de résister à un assaut.

Le palais des Sforza s'élève encore sur la jolie place de Pesaro dont il occupe tout un côté. C'est un monument considérable quoique peu imposant, avec deux grandes cours. Les Rovère, qui possédèrent Pesaro après les Sforza, l'embellirent au seizième siècle. Ils le décorèrent d'une façade monumentale qui repose sur un vestibule formé par six arcs de voûte en plein cintre. Les armes des Sforza ont disparu du palais, mais on voit en plusieurs endroits, sur les portails et les plafonds, l'inscription : *Guidobaldus II Dux* et les armoiries des Rovère. Au temps de Lucrèce, la magnifique salle de réception, qui formait le plus bel ornement du palais, était si vaste, qu'elle aurait été digne des plus puissants monarques. Mais les murs manquaient de ces ornements et les portes de ces incrustations de marbres précieux qui provoquaient l'admiration au château d'Urbin, et c'était un indice de l'infériorité relative de la dynastie qui gouvernait Pesaro. C'est au duc Guidobald qu'est dû le riche plafond de la salle, ainsi que les boiseries dorées et ornées de peintures qui la décorent.

Les souvenirs de l'époque où Lucrèce Borgia habitait ce château sont éteints; il n'est resté pour l'animer que des réminiscences postérieures de la cour des Rovère, alors que Bembo, Castiglione et le Tasse en étaient les hôtes fréquents. Lucrèce ne pouvait pas remplir avec sa cour les vastes pièces de ce palais (car elle avait amené une véritable cour avec elle, et, pendant quelque temps, elle eut à ses côtés sa mère, madame Adrienne, et même Julie Farnèse). Une jeune Espagnole de sa suite, donna Lucrezia Lopez, nièce du dataire Juan Lopez, qui fut plus tard cardinal, se maria à Pesaro avec Gianfrancesco Ardizio, médecin et confident de Jean Sforza.

Elle ne trouva guère dans le palais d'autre parent de son mari que son jeune frère Galeazzo, car cette dynastie n'était pas féconde et s'acheminait vers une extinction complète. Camille d'Aragon, la belle-mère de Jean, ne partagea pas sa société : elle avait quitté Pesaro pour toujours, en 1489, et s'était retirée dans un château, à Parme.

En été, l'agréable contrée qu'elle habitait pouvait fournir à la jeune princesse de nombreuses distractions. Elle avait la faculté de visiter la cour voisine d'Urbin dont Guidobald de Montefeltre et sa femme Elisabeth habitaient le magnifique château, devenu, grâce au spirituel Frédéric, un centre de culture intellectuelle. Raphaël, âgé de onze ans, étudiait alors avec zèle à l'école de son père Sanzio, qui résidait à Urbin.

Lucrèce allait habiter en été une belle villa située sur les collines voisines. Le séjour favori de son mari était Gradara, château bâti sur une hauteur, sur la route de Rimini, où il est demeuré intact jusqu'à nos jours avec ses murailles et ses tours rouges. Mais leur résidence champêtre la plus splendide était la Villa Impériale. Elle se trouvait à une demi-heure de Pesaro sur le Monte Accio d'où la vue s'étendait au loin du côté de la terre et de la mer; c'était un délicieux palais d'été pour de grands seigneurs et des personnages distingués ayant des loisirs et le goût des plaisirs délicats. Cette villa devait ressembler aux jardins d'Armide. Alexandre Sforza l'avait bâtie en 1464; l'empereur Frédéric III, en revenant de se faire couronner à Rome, en avait posé la première pierre, et c'est de là qu'elle avait reçu le nom de Villa Impériale. Elle fut achevée plus tard par Éléonore Gonzague, épouse de Marie-François Rovere, qui avait hérité d'Urbin et succéda à Jean Sforza dans la souveraineté de Pesaro. Des peintres célèbres l'ornèrent de compositions allégoriques et historiques; Bembo et Bernardo Tasso la chantèrent en vers, et Torquato y fit représenter devant la cour des Rovere sa comédie pastorale d'*Aminte*. Aujourd'hui, cette villa est dans un état de délabrement lamentable.

Mais Pesaro ne pouvait offrir que bien peu de distraction à une jeune femme qu'avait gâtée la société romaine. Cette petite ville ne renfermait aucune famille noble importante. Les mœurs patriarcales des

Brizi, des Ondedei, des Giontini, des Magistri, des Lana, des Ardizi et d'autres ne pouvaient offrir à Lucrèce de compensation capable de remplacer les vifs agréments de la fréquentation des grands de Rome. Le flot de la Renaissance en Italie s'était bien avancé jusqu'au delà de Pesaro. Là florissait, ainsi que dans les villes voisines du bord de l'Adriatique jusqu'en Ombrie, l'industrie artistique de la peinture sur faïence qui, lorsqu'elle eut atteint son développement, n'était pas indigne de succéder à l'art céramique de la Grande-Grèce et de l'Etrurie. Au temps des Sforza, elle était dans sa période de progrès. Une des plus anciennes faïences du musée Correr à Venise, qui représente Salomon en adoration devant une idole, porte la date de 1482. Dès le quatorzième siècle on cultivait cet art à Pesaro, et il était en plein essor sous le gouvernement de Camille d'Aragon. Encore aujourd'hui, l'hôtel de ville de Pesaro conserve quelques restes provenant des richesses des anciennes fabriques locales.

Il y régnait aussi dans d'autres directions une activité intellectuelle que les Sforza ou leurs épouses avaient favorisée, rivalisant ainsi avec Urbin et Rimini où Gismondo Malatesta réunissait autour de lui des poëtes et des savants qu'il pensionnait pendant leur vie et auxquels il faisait élever des tombeaux autour du mur extérieur du Dôme, après leur mort. C'était surtout Camille qui avait consacré ses efforts au développement des sciences. En 1489, elle avait appelé auprès d'elle à Pesaro un gentilhomme grec, George Diplovatazio de Corfou, parent de Lascaris et de Vatazès, qui était passé en Italie pour fuir la tyrannie des Turcs; et cette ville hospitalière servait aussi de refuge à d'autres Grecs exilés appartenant aux familles des Angeli, des Comnène et des Paléologue. Diplovatazio avait étudié à l'université de Padoue; en 1492 Jean Sforza lui donna la charge d'avocat du fisc à Pesaro, où il jouit de la renommée d'un savant juriste jusqu'à sa mort arrivée en 1541 (1).

Lucrèce rencontra donc à Pesaro cet homme distingué et aurait pu continuer ses études avec lui et les autres réfugiés grecs si elle avait eu as-

(1) *Memorie di Tommaso Diplovatazio Patrizio Costantinopolitano et Pesarese, da Annibale Olivieri;* Pesaro, 1771.

sez de maturité, ou de goût à employer ainsi son temps. Une bibliothèque que les Sforza avaient rassemblée lui en aurait fourni les moyens. Elle y vint trop tard pour y rencontrer aussi un homme qui jouissait alors d'une grande célébrité ; c'était Pandolfo Collenuccio, à la fois poëte, rhéteur et philologue, auquel son *Histoire de Naples* a donné une notoriété très-étendue. Il avait été au service de la maison de Sforza en qualité de secrétaire et de diplomate, et le mari de Lucrèce devait à son éloquence d'avoir obtenu, quoique fils illégitime de Costanzo, l'investiture de Pesaro des papes Sixte IV et Innocent VIII. Mais Collenuccio perdit ses bonnes grâces ; il fut d'abord jeté en prison en 1488, puis banni. Il vint à Ferrare et consacra ses services au prince régnant. Il accompagna le cardinal Hippolyte à Rome où il se trouvait précisément en 1494, à l'époque où Lucrèce vint résider à Pesaro. Elle avait pu le connaître à Rome (1).

Le jeune poëte Guido Posthumus Silvester n'habi-

---

(1) En ce qui regarde Collenuccio, voir la notice de son compatriote Giulio Perticari dans ses *Opp.* Bologne, 1837, t. II, p. 52 et *seqq*.

tait pas non plus Pesaro à cette époque, car il était encore étudiant à l'université de Padoue. Lucrèce dut regretter un jour de n'avoir pas pu voir à sa cour ce poëte spirituel et infatigable, car la grâce ravissante de la jeune femme lui aurait peut-être inspiré de tout autres vers que ceux qu'il dirigea plus tard contre les Borgia.

A Pesaro, on fit un accueil empressé à l'épouse de Sforza et elle ne tarda pas à y acquérir de nombreux amis. Elle était dans le charme naissant de sa florissante jeunesse et le sort qui l'attendait et qui devait la rendre plus tard un objet de défiance ou de pitié, n'avait pas encore jeté des semences de trouble dans son existence; si elle avait goûté un véritable bonheur dans son union avec Sforza, elle aurait passé à Pesaro les jours enviables d'une reine de pastorale. Mais ce rôle ne lui était pas réservé. L'ombre obscure du Vatican se projetait jusque sur la villa impériale de Monte Accio. Une missive de son père pouvait chaque jour la rappeler à Rome. Et peut-être qu'elle même commençait à trouver le séjour de Pesaro trop uniforme et trop étroit, d'autant plus que son mari était souvent obligé de s'éloigner de sa cour pour remplir ses fonctions de condottiere à l'armée du pape et des Vénitiens.

Les événements qui, sur ces entrefaites, avaient bouleversé l'Italie ramenèrent Lucrèce à Rome, au bout d'une année passée paisiblement à Pesaro.

XI

INVASION DE L'ITALIE. — MŒURS DE LA RENAISSANCE

Au commencement de septembre 1494, Charles VIII avait pénétré en Piémont et, sur-le-champ, toutes les affaires changèrent de face en Italie. Le pape, son allié Alphonse et Pierre Médicis se trouvèrent désarmés en peu de temps. Dès le 17 novembre, le roi fit son entrée à Florence. Alexandre voulait encore lui opposer à Viterbe, où se trouvait le cardinal Farnèse en qualité de légat, ses troupes unies aux Napolitains, mais les Français envahirent sans trouver de résistance le patrimoine de Saint-Pierre. La maîtresse du pape, sa sœur Girolama et madame Adrienne qui étaient « le cœur et les yeux » d'Alexandre VI, tombèrent même aux mains d'un parti français.

L'agent de Mantoue, Brognolo, en informait son

maître en ces termes par une dépêche du 29 novembre 1494 : « Il en est résulté un événement très-humiliant pour le pape. Avant-hier madame Adrienne et madame Julie avec sa sœur quittaient leur château de Capodimonte pour se rendre à Viterbe près de leur frère le cardinal ; elles étaient à environ un mille de cette ville, quand elles rencontrèrent une troupe de cavaliers français qui s'emparèrent d'elles et les conduisirent à Montefiascone avec leur suite composée de vingt-cinq à trente personnes à cheval. »

Le capitaine français qui avait fait cette précieuse capture était Monseigneur d'Allègre, peut-être le même que cet Yvon d'Allègre qui entra plus tard au service de César. « Quand il apprit quelles étaient ces belles dames, il leur imposa une rançon de trois mille ducats, et informa par lettre le roi Charles de sa prise, mais celui-ci ne voulut pas les voir. Madame Julie écrivit alors à Rome qu'elle était très-bien traitée et qu'on lui envoyât de l'argent pour payer sa rançon (1). »

(1) Voir Marin Sanudo, *Venuta di Carlo VIII in Italia;* l'original est à la Bibl. Nationale à Paris, et une copie s'en trouve à la

La nouvelle de cet événement jeta Alexandre dans la plus grande consternation. Il envoya sur-le-champ un camérier à Marino, au quartier général de Colonna, où se trouvait alors le cardinal Ascanio, qui, sur ses prières pressantes, était revenu le 2 novembre, et qui avait négocié avec le roi Charles. Il se plaignait au roi Charles de l'affront qui lui avait été fait et sollicitait son entremise pour obtenir la délivrance des captives. Il écrivit aussi à Galeazzo de Sanseverino qui accompagnait le roi à Sienne, et Charles VIII, condescendant aux prières de ce seigneur, ordonna de mettre les dames en liberté. Elles furent reconduites avec une escorte de quatre cents Français jusqu'aux portes de Rome, où Juan Marades, le camérier du pape, vint les recevoir le 1er décembre (1).

Cette aventure romanesque causa de l'émoi dans

Bibl. Marciana. Il appelle Julie *favorita del pontifice, di età giovane, et bellissima savia accorda et mansueta...*

(1) D'après une dépêche de Brognolo (archives de Mantoue), Julie et Adrienne revinrent le 1er décembre. Pandolfo Collenuccio, qui se trouvait alors à Rome, écrivait à cette date : « Una optima novella ce è per alcuno. Che Ma Julia si è recuperata, et andò Messer Joan Marades per Lei. Et è venuta in Roma : e dicesi, che Domenica de nocte allogiò in Palazzo. » Archives de Modène.

toute l'Italie. On était bien aise du scandale public dont le pape avait été l'objet et l'on se moquait de lui. Une lettre de Trotti, ambassadeur de Ferrare à la cour de Milan, au duc Hercule, montre quel jugement portait sur le pape, à cette occasion, Ludovic le More, l'usurpateur du trône de son neveu, empoisonné par lui. « Il blâme vivement, disait Trotti, Monsignor Ascanio et le cardinal Sanseverino de ce que madame Julie, madame Adrienne et Hiéronyma ont été rendues à Sa Sainteté ; en effet, ces femmes étant le cœur et les yeux du pape, elles auraient été le meilleur instrument dont on pût se servir pour arracher à Sa Sainteté tout ce qu'on aurait voulu, car il n'aurait pu vivre sans elles. Les Français qui les ont prises n'ont reçu d'elles que trois mille ducats de rançon, et cependant le pape en aurait donné plus de cinquante mille pour obtenir leur délivrance. Ledit seigneur duc a reçu des nouvelles de Rome et de Florence par Angelo qui se trouvait là ; on l'informe qu'à l'arrivée de ces dames, Sa Sainteté le pape est allé à leur rencontre vêtu d'un pourpoint noir bordé de brocart d'or, avec une belle ceinture à la mode espagnole et muni de son poignard et son épée. Il portait des bottes espagnoles et une barette de velours ; il était très-galant. Le duc m'a demandé en riant ce que j'en pensais, et je lui ai répondu que si j'étais duc de Milan comme lui, j'essayerais, à l'aide du roi de France, ou par tout autre moyen, de duper Sa Sainteté, sous prétexte d'un accord, de lui en faire accroire avec de belles paroles comme elle l'avait fait elle-même, et de s'emparer d'elle et des cardinaux, ce qui serait très-facile. Celui qui tient le charretier, dit-on chez nous, tient en même temps le chariot et les bœufs ; et je lui rappelai ce vers où Catulle dit : *Tu quoque fac simile, ars deluditur arte* (1). »

Ludovic, le digne contemporain des Borgia, qui avait été autrefois l'ami intime d'Alexandre VI, haïssait maintenant le pape, depuis qu'il s'était détourné de lui et de la France; il se trouvait alors particulièrement exaspéré par l'arrestation insidieuse de son frère Ascanio. Le même ambassadeur écrivait à Hercule en date du 28 décembre : « Le duc Ludovic m'a dit qu'il s'attendait, d'heure en

---

(1) *Dépêche de Giacomo Trotti*. Milan, 21 déc. 1494. Archives de Modène.

heure, à voir arriver messer Bartolomeo da Calcho avec une estafette, pour lui annoncer que le pape a été arrêté et décapité (1). » C'est au lecteur à voir s'il doit admettre ou non que Ludovic se serait permis, par pure haine, des calomnies ou du moins des exagérations telles que celles auxquelles il se livra, dans sa conversation avec Trotti, ou qu'il émit publiquement devant son conseil d'Etat, en assurant « que le pape venait de faire venir trois femmes pour lui : l'une était nonne à Valence, l'autre est Castillane et la troisième est une belle jeune fille de quinze à seize ans. On s'exprime ici, » ajoutait Trotti dans la dépêche où il relate ce fait, « aussi ouvertement sur ce pape et avec aussi peu de ménagement qu'à Ferrare quand il s'agit des Torta (2). »

On peut voir ailleurs comment Charles VIII, victorieux sans avoir combattu, poussa jusqu'à Rome et à Naples. Son expédition triomphale à travers l'Italie est peut-être la plus humiliante de toutes celles que cette contrée a subies ; mais elle montre que,

(1) « Che li parvea ogni hora vedere Messer Bartolomeo da Calcho venire a Sua Ecc[ia] cum una staffetta, chel papa fosse preso, et li fosse taliata la testa. »
(2) *Trotti au duc de Ferrare.* Milan, 24 déc. 1494.

lorsque les Etats et les peuples sont mûrs pour la décadence, l'effort d'un enfant à la tête faible suffit pour les précipiter à leur ruine. Le pape dupa le roi de France, qui au lieu de le faire déposer par un concile, se jeta à ses genoux, le reconnut pour le représentant du Christ et conclut un traité avec lui.

Il se porta ensuite sur Naples, et ce royaume tomba en peu de temps en son pouvoir. Comme l'Italie n'avait pas tardé à reprendre courage, et qu'une ligue se formait contre lui, Charles VIII dut opérer sa retraite. Alexandre se retira devant lui, d'abord à Orviette, puis à Pérouse. Il y appela Jean Sforza qui arriva, avec sa femme, le 16 juin 1495, y resta quatre jours et retourna à Pesaro (1). Le roi de France se jeta heureusement sur le Taro à travers l'armée de la ligue et échappa ainsi avec gloire à la mort ou à la captivité.

De retour à Rome, Alexandre VI se trouva assis plus solidement que jamais sur le trône pontifical autour duquel il avait rassemblé ses ambitieux bâtards : les Borgia levaient la tête d'une manière

(1) Ces dates sont données par Martin Sanudo dans son *Histoire manuscrite de l'invasion de Charles VIII*, fol. 470.

d'autant plus audacieuse que l'ébranlement causé aux affaires italiennes par l'invasion de Charles VIII leur rendait plus facile l'exécution de leurs desseins.

Lucrèce resta encore quelque temps à Pesaro avec son mari, que Venise avait pris à sa solde pour le joindre à la ligue. Pourtant Jean Sforza ne parut en personne, ni au combat du Taro, ni au siége de Novare. La paix ayant été conclue, en octobre 1495, entre Charles VIII et le duc de Milan et, par suite, les hostilités ayant cessé dans la haute Italie, Sforza put reconduire sa femme à Rome. Marin Sanudo relate sa présence en cette ville à la fin d'octobre, et Burchard nous apprend que Lucrèce s'y trouvait pour la fête de Noël.

Sforza commandait, au service de la ligue, trois cents fantassins et cent hommes de grosse cavalerie. Au printemps suivant, il devait, avec ce corps, se rendre à Naples, où l'armée alliée soutenait vigoureusement le roi Ferrante II dans sa lutte contre les Français commandés par Montpensier. Le marquis de Mantoue, capitaine général de Venise, qui arriva à Rome le 26 mars 1496, s'y rendait également. Le 15 avril, Sforza se trouvait aussi à Rome avec sa poignée de soldats; il en sortit, le 28 avril, en y laissant sa femme. Le 4 mai, il atteignait Fundi (1).

Deux des fils d'Alexandre, don Juan et don Jofré, étaient encore, en ce moment, à l'étranger. Le premier qui, comme nous le savons, portait le titre de duc de Gandie, avait été également pris à la solde de Venise, et on l'attendait d'Espagne pour recevoir le commandement en chef de quatre cents hommes que son lieutenant Alovisio Bacheto lui enrôlait. L'autre, don Jofré, était, ainsi que nous l'avons vu, parti à Naples, en 1494, où il avait épousé donna Sancia et reçu le titre de prince de Squillace. Comme membre de la maison d'Aragon, il partagea les dangers de la dynastie prête à choir, afin de décider par là le pape à ne pas l'abandonner. Il accompagna dans sa fuite le roi Ferrante, et suivit également ses drapeaux quand celui-ci, après la retraite de Charles VIII, reprit possession de son royaume avec l'aide des Espagnols, de Venise et du pape, et entra à Naples dans l'été de 1495.

L'année suivante, don Jofré vint à Rome avec

(1) Ces dates sont empruntées à Marin Sanudo. *Diar.*, t. I, fol. 55, 58, 85.

son épouse. Ils y firent ensemble leur entrée, le 20 mai 1496, avec une pompe royale. Les ambassadeurs, les cardinaux, les magistrats de la ville, plusieurs barons vinrent à leur rencontre à la porte de Latran. Lucrèce s'y rendit aussi avec sa cour. Le jeune couple arriva au Vatican accompagné de cette brillante escorte. Le pape reçut son fils et sa belle-fille monté sur son trône et entouré de onze cardinaux. Il fit asseoir Lucrèce sur des coussins à sa droite et Sancia à sa gauche. On était à la Pentecôte. On vit à cette fête les deux princesses et leurs dames d'honneur prendre place hardiment à Saint-Pierre sur le siége des chanoines, ce qui, selon la remarque de Burchard, indigna visiblement le peuple.

Trois mois plus tard, le 10 août 1496, l'aîné des fils d'Alexandre, don Juan de Gandie, fit aussi son entrée à Rome, où il devait résider désormais pour que son père fît de lui un grand prince, comme il l'avait résolu (1). On ne trouve nulle part qu'il ait amené avec lui sa femme donna Maria.

(1) « Il di de S. Laurentio il Duca de Gandia, figliuolo del Papa, intrò in Roma accompagnato dal Card. de Valentia, et tutta la corte

Pour la première fois, Alexandre VI voyait tous ses enfants réunis autour de lui, et il ne se trouvait ainsi au Borgo du Vatican pas moins de trois cours issues du népotisme. Juan résidait au Vatican; Lucrèce au palais de Santa Maria in Porticu; Jofré dans la demeure du cardinal d'Aleria, au château de Saint-Ange, et César dans ce même Borgo.

Tous ces hommes étaient des parvenus qui aspiraient avidement aux honneurs, au pouvoir et aux jouissances; tous étaient jeunes et beaux, et presque tous vicieux; leur scélératesse était accompagnée d'une éloquence pleine de charme, et ils se drapaient élégamment, comme leurs pareils au temps de l'ancienne Rome, dans les formes sociales les plus aimables et les plus délicates. Ce n'est, en effet, qu'en les jugeant étroitement, en ne considérant que le squelette de leurs actes, pour ainsi dire, qu'on peut se représenter les Borgia comme des brutes dont rien n'atténuait la sauvagerie, comme des hommes

con grandissima pompa. » *Dépêche de Ludovic Carissimi au duc Hercule de Ferrare.* Rome, 15 août 1496. Archives de Modène.— Le 12 sept., Gandie écrivit au marquis Gonzague une lettre que je rapporte aux *Pièces justificatives,* n° 12, afin de mettre sous les yeux des lecteurs un document émanant de ce fils d'Alexandre.

(1) *Boccaccio à Hercule,* 24 mars 1495.

au caractère de chats-tigres. C'étaient des criminels privilégiés, comme plusieurs princes et seigneurs de leur époque. Ils employaient le poison et le poignard sans pitié et sans remords; ils se débarrassaient violemment de tout ce qui encombrait le chemin de leurs passions, et ricanaient quand il en résultait quelque forfait satanique.

Si nous pouvions pénétrer les mystères de l'existence que ces bâtards dissolus menaient autour du Vatican, dans les appartements duquel leur père trônait maintenant rempli de sécurité et tout-puissant, nous nous trouverions, sans doute, en présence d'étranges tableaux. L'entourage du Saint-Père, où l'on voyait deux femmes jeunes et belles au milieu d'une cour étincelante, où affluaient chaque jour les dames et les cavaliers espagnols et italiens, où le monde élégant de Rome, les nobles et les monsignori se pressaient pour présenter leurs hommages à ces deux princesses, dont la plus jeune, Lucrèce, avait seize ans, tandis que Sancia en avait dix-sept à peine, offrait un spectacle inouï jusque-là.

On peut s'imaginer quelles trames amoureuses nouaient ces jeunes femmes dans les palais pontificaux, et quelles intrigues la jalousie et l'ambition y faisaient éclore. Personne, en effet, n'irait penser que ces princesses enflammées de toute l'ardeur de la jeunesse, stimulées par l'aiguillon de l'orgueil, menaient une vie de nonnes ou de saintes sous les voûtes obscures de Saint-Pierre. Il est bien plus vraisemblable que la musique, la danse, les festins et les mascarades faisaient retentir leurs palais de joyeux éclats. On les voyait traverser Rome et se rendre au Vatican en brillantes cavalcades ; on voyait le pape en commerce journalier avec elles, soit qu'il vînt en personne les visiter et prendre part à leurs fêtes, soit qu'il les reçût chez lui en petit comité, ou bien avec l'éclat officiel dû à des princesses de sa maison. Tout sensuel qu'il fût, Alexandre n'aimait pas, quant à lui, la débauche de table. En 1495, l'ambassadeur de Ferrare, Boccaccio, écrivait à son maître en parlant de lui : « Le pape ne mange que d'un plat, mais qui doit être abondant. Aussi, est-ce un supplice de manger avec lui. Ascanio et d'autres, surtout le cardinal Monreale, qui ont l'habitude d'être les commensaux de Sa Sainteté, ainsi que Valenza, à qui cette sobriété ne convient guère, redoutent ses invitations et font comme ils peuvent pour les fuir (1). »

Ce qui se passait au Vatican devait transpirer de mille manières, et le goût du scandale florissait à Rome depuis des siècles. En octobre 1496, on racontait à Venise que le duc de Gandie avait amené à son père une Espagnole avec laquelle il vivait; on parlait aussi d'une criminelle aventure qui paraît presque incroyable, quoiqu'elle ait été rapportée par l'ambassadeur vénitien et par d'autres encore (2).

Donna Sancia ne tarda pas à faire beaucoup parler d'elle. Elle était belle et légère; elle prenait les libertés d'une femme de sang royal. Epouse d'un mari encore enfant, elle avait quitté la plus vicieuse

(1) *Boccaccio à Hercule*, 24 mars 1495.
(2) La relation du *Diar.* de Marin Sanudo, t. I, p. 258, a été rapportée par fragments dans la *Civiltà cattolica* (n° du 15 mars 1873, p. 727). En voici le texte complet : « Da Roma per le lettere del orator nostro se intese et etiam de private persone cossa assai abominevole in la chiesa di Dio che al papa erra nato un fiolo di una donna romana maridata ch'el padre l'havea rufianata e di questa il marito invitò il suocero ala vigna e lo uccise tagliandoli il capo ponendo quello sopra uno legno con letere che diceva questo e il capo de mio suocero che a rufianato sua fiola al papa et che inteso questo il papa fece metter el ditto in exilio di roma con Taglia. Questa nova vene per letere particular etiam si godea con la sua spagnola menatali di spagna per suo fiol duca di Gandia novamente li venuto. »

de toutes les cours pour tomber dans la corruption de Rome. On racontait que ses deux beaux-frères, Gandie et César se disputaient sa possession et l'obtinrent chacun à leur tour; on ajoutait que de jeunes barons ou de jeunes cardinaux, comme Hippolyte d'Este, pouvaient se vanter d'avoir eu ses faveurs. Il était permis à Savonarole d'avoir en vue cette cour livrée à tous les désordres du népotisme, quand il tonnait avec une brûlante indignation dans la chaire de Saint-Marc à Florence, contre la Sodome romaine.

Mais si la voix du grand prédicateur, dont les anathèmes retentissaient alors en Italie, ne parvenait pas jusqu'à ses oreilles, Lucrèce pouvait apprendre par sa propre expérience dans quelle perversion était plongé le monde au milieu duquel elle vivait. Elle voyait autour d'elle le vice se montrer effrontément à visage découvert, et même recueillir les hommages; l'ambition et la cupidité ne reculer devant aucun crime; elle avait sous les yeux une religion plus païenne que le paganisme et des cérémonies dans lesquelles ces acteurs sacrés, dont elle connaissait si bien la conduite une fois qu'ils n'étaient plus en scène, les prêtres, les cardinaux, son frère César, son propre père, savaient accomplir avec bienséance et majesté les mystères divins. Lucrèce voyait tout cela, mais on se tromperait en croyant qu'elle et les personnes qui lui ressemblaient, voyaient et jugeaient ces choses comme les hommes d'aujourd'hui ou comme les rares contemporains doués d'un sens droit. De tout temps, en effet, l'éducation et l'habitude ont influé sur la manière de voir des hommes ordinaires et leur ont empêché de distinguer le vrai. Mais, à cette époque, les idées sur la religion, sur l'honnêteté et sur la morale n'étaient pas les mêmes qu'aujourd'hui.

Après qu'une première brèche eut été faite par la Renaissance dans les conceptions du moyen âge et l'ascétisme religieux qui le caractérisait, les passions s'émancipèrent impétueusement. On tourna en dérision tout ce qui avait été tenu pour sacré. La libre pensée produisit en Italie une littérature dont le cynisme éhonté n'a eu nulle part d'analogue. Depuis l'*Hermaphrodite* de Beccadelli jusqu'aux œuvres de Berni et de Pierre l'Arétin, les contes, les épigrammes, les comédies, forment un bourbier dont le regard sévère du Dante se serait détourné comme d'une sentine infernale.

Même dans les contes moins licencieux, dont Piccolomini commença la série avec *Euryale*, et dans les comédies moins obscènes, le motif principal est toujours l'adultère ou la dérision du mariage. Au temps de la Renaissance, les courtisanes étaient les Muses des belles-lettres. Elles se plaçaient audacieusement à côté des saintes de l'Eglise et leur disputaient la palme de la gloire. Un recueil manuscrit de poésies du temps d'Alexandre VI contient une série d'épigrammes qui célèbrent d'abord la Vierge Marie et plusieurs saintes, puis glorifient immédiatement après, sans interruption ni explication, les hétaïres de l'époque. Une pièce sur sainte Paule est suivie d'une épigramme sur Nichine, célèbre courtisane de Sienne, et de toute une série du même genre. Les saintes du paradis et les prêtresses de Vénus étaient rangées les unes à côté des autres, sous la dénomination commune de femmes célèbres (1).

---

(1) *Epitaphia clarissimarum mulierum que virtute : arte : aut aliqua nota claruerunt.* Manuscrit de Hartmann Schedel à la bibliothèque royale de Munich.

Aucune femme honnête ne voudrait assister, de nos jours, à la représentation d'une de ces comédies de la Renaissance, que les papes et les princes faisaient souvent mettre en scène en l'honneur de dames de distinction, et la censure de tout pays les interdirait, quand même les spectateurs ne devraient être que des hommes.

Le sans-façon avec lequel les femmes du Midi traitent les choses qu'on a l'habitude de couvrir dans le Nord d'un voile épais est souvent encore aujourd'hui un motif de surprise; mais l'impudeur que toléraient le goût ou les mœurs de la Renaissance est vraiment incroyable. On peut, sans doute, répondre que la littérature obscène de cette époque était infiniment moins répandue que ne le sont nos romans actuels, et, qu'au reste, l'habitude propre aux pays méridionaux de ne pas faire mystère de certaines choses, servait elle-même à protéger la vertu des femmes. En général, l'effet n'était que superficiel et n'agissait pas sur l'imagination. Au milieu des vices de la société des grandes villes, il y avait des femmes aux sentiments nobles qui savaient rester pures.

En ce qui regarde les mœurs des grands et surtout des cours de cette époque, il faut lire l'histoire des Visconti et des Sforza, des Malatesta de Rimini, des Baglioni de Pérouse et des Borgia de Rome, pour s'en former une idée. Les cours de ces princes n'étaient pas plus immorales que celles de Louis XIV, de Louis XV et d'Auguste de Saxe, mais les crimes dont elles étaient le théâtre les rendaient plus odieuses. La vie humaine n'avait jamais été plus méprisée : un égoïsme sans scrupule était décoré du nom de grandeur d'âme *(magnanimitas)*, sans qu'on eût égard aux victimes sanglantes que l'ambition et la cupidité immolaient. L'intérêt personnel et l'exploitation impitoyable des circonstances et des individus ne furent nulle part érigés en règle de conduite comme dans la patrie de Machiavel ; et les Italiens, s'ils voulaient être sincères, pourraient résoudre la question de savoir si ces défauts ne se manifestent pas encore souvent chez eux de nos jours. N'étant pas asservis aux préjugés pédantesques des Allemands, ni à leur respect pour la situation, le rang et la naissance, dont ceux-ci ont gardé l'habitude contractée au moyen âge, les Italiens, au contraire, se sont inclinés devant la valeur personnelle, qu'ils n'hésitèrent jamais à reconnaître, fût-elle d'origine bâtarde et illégitime; mais ils sont devenus aussi facilement les esclaves du succès. Machiavel affirme que l'Eglise et les prêtres doivent porter la responsabilité de la décadence morale de l'Italie; mais n'est-ce pas l'Italie elle-même qui a produit l'Eglise et les prêtres? Il aurait dû dire que les qualités qui sont essentielles chez les Allemands sont restées superficielles chez les Italiens. Luther n'aurait jamais pu devenir chez les uns ce qu'il fut chez les autres. On pourrait demander à celui qui en douterait encore, quels résultats a produits en Italie, quel homme a fait surgir le concile de 1870.

Nous examinons Alexandre VI et César essentiellement au point de vue moral, mais ce n'était pas le cas de Guichardin et encore moins celui de Machiavel. Ils jugeaient, non pas les mœurs de ces hommes, mais leur politique; non pas les raisons qui les faisaient agir, mais la manière dont ils dirigeaient leurs actes. Un forfait n'avait rien de repoussant pour eux, s'il leur semblait le fait d'un vouloir que rien n'effraye, et le crime n'entraînait pas d'infamie à leurs yeux, si on pouvait l'admirer comme une œuvre d'art dans son genre. L'effroyable conduite de Ferdinand de Naples dans la conjuration des barons de son royaume, loin de rendre ce despote odieux, lui donna de l'éclat; et la duplicité avec laquelle César Borgia se joua plus tard de ses condottieri révoltés, à Sinigaglia, est décrite par Machiavel comme un chef-d'œuvre, tandis que l'évêque Paul Jove l'appelle « la plus belle des duperies. » Au milieu de ce monde voué à l'égoïsme, où le tribunal de l'opinion publique n'existait pas, l'homme ne pouvait conserver le dessus qu'en essayant de maîtriser la force par la force et la ruse par la ruse. Si les Français ne redoutaient et ne redoutent encore rien tant que le ridicule, il n'était et il n'est pas d'épithète plus odieuse aux Italiens que celle de « dupe. »

Dans un passage de ses *Discorsi* (1-27), Machiavel laisse pénétrer ses sentiments intimes avec une franchise effroyable, et ce qu'il dit là jette une vive lumière sur la morale de son siècle. Racontant que Jules II se hasarda à marcher sur Pérouse, quoique Giampolo Baglione, qui se laissa intimider et lui livra la ville, y eût rassemblé des troupes considérables, il ajoute, en propres termes, la remarque suivante : « Des personnes de bon jugement, qui étaient là avec le pape, s'étonnaient de sa témérité et de la poltronnerie de Giampolo; elles ne pouvaient pas comprendre pourquoi celui-ci n'avait pas saisi l'occasion d'acquérir une gloire immortelle et d'un seul coup, en écrasant son ennemi et en s'enrichissant du butin, car tous les cardinaux, munis de leurs objets précieux, accompagnaient le pape. On ne pouvait pas s'arrêter à croire qu'il eût été retenu par bonté d'âme ou scrupule de conscience; car le cœur d'un scélérat qui avait des relations incestueuses avec sa sœur, après avoir égorgé ses cousins et ses neveux pour rester le maître, ne pouvait, en aucune façon, être accessible à de pieux sentiments. On en vint pourtant à conclure que les hommes ne savent être ni criminels jusqu'au bout pour recueillir les avantages de leur crime, ni tout à fait bons, et que, quand un forfait a de la grandeur ou qu'il en a une certaine apparence, ils ne se résolvent pas à l'accomplir. C'est ce qui était arrivé à Giampolo; lui, qui n'avait pas éprouvé le moindre scrupule à être incestueux et à assassiner publiquement ses parents, n'avait pas su, ou, pour mieux dire, n'avait pas osé, malgré l'autorisation que lui en donnaient les circonstances, accomplir un acte grâce auquel chacun aurait admiré sa résolution et qui lui aurait valu une célébrité immortelle, car il eût ainsi montré aux prêtres le peu de cas qu'on doit faire de gens qui vivent et gouvernent comme eux, et accompli un fait dont la grandeur aurait dépassé l'odieux et les dangers éventuels. »

Peut-on s'étonner qu'en taillant ainsi la morale sur le patron du succès, de la gloire et de la grandeur, comme Machiavel le fait ici et dans son *Prince*, les hommes comme les Borgia n'aient pas rencontré dans leur conscience le moindre obstacle à la perpétration de leurs forfaits les plus osés? Ils savaient bien que la grandeur du crime en couvrait l'infamie. Le célèbre poëte Strozzi de Ferrare plaçait César Borgia, après sa chute, parmi les héros de l'Olympe, et l'illustre Bembo, l'un des hommes les plus remarquables de son siècle, consolait Lucrèce après la mort d'Alexandre VI, cet homme qui fut si pitoyablement petit, en lui donnant sans hésiter le titre de « grand. »

Aujourd'hui, nul homme distingué et ayant conscience de sa valeur ne voudrait entrer au service d'un prince stigmatisé par des crimes pareils à ceux des Borgia, à supposer, ce qui est impossible, que de nos jours un homme pareil pût occuper un trône. Mais les individualités les mieux douées supportaient et recherchaient même, sans éprouver de scrupules, le voisinage et la faveur des Borgia. Pinturicchio et Perugin peignaient pour Alexandre VI, et le génie le plus extraordinaire de son époque, Léonard de Vinci, entra sans hésiter au service de César Borgia en qualité d'ingénieur; il était chargé de construire des forteresses dans la Romagne, que son patron avait conquise à l'aide de moyens si détestables.

Les hommes de la Renaissance étaient à un haut degré doués d'activité et d'initiative; ils retournaient le monde avec une énergie révolutionnaire et une ardeur auprès desquelles les progrès de la civilisation moderne peuvent sembler lents. Leurs efforts étaient plus rudes et plus puissants, et leurs nerfs plus forts que les nôtres. On s'étonnera toujours que les fleurs les plus délicates de l'art, les créations les plus idéales de la peinture aient pu naître au sein d'une société dont la corruption morale et la brutalité innée seraient insupportables aux hommes d'aujourd'hui. Si l'un de nos contemporains s'était trouvé placé, tel que la civilisation actuelle l'a produit, au milieu de celle de la Renaissance, les actes de barbarie journalière qui laissaient la société d'alors insensible, lui auraient ébranlé les nerfs et peut-être troublé l'esprit.

Lucrèce Borgia vivait à Rome dans une telle atmosphère, et n'était ni meilleure ni pire que les femmes de son temps. Elle était joyeuse et frivole. Nous ne savons pas si elle a jamais livré de combat moral, et si sa conscience lui a reproché parfois les actes de sa vie et ceux de son entourage. Elle tenait une cour que son père avait établie sur un pied pompeux, et elle était en rapport journalier avec celles de ses frères. Elle était la compagne et l'ornement de leurs fêtes; elle dut être la confidente des intrigues du Vatican, dont la grandeur des Borgia était l'objet, et elle ne tarda pas sans doute à y concentrer toute l'initiative qu'un intérêt des plus vifs devait provoquer en elle.

A la vérité, elle ne manifesta jamais, pas même à

une époque postérieure, les marques d'un génie exceptionnel ; elle n'avait aucune des qualités qui pouvaient faire d'elle une *virago* comme Catarina Sforza ou Ginevra Bentivoglio ; elle ne possédait pas l'intelligence artificieuse d'une Isotta de Rimini, ni l'activité intellectuelle d'Isabelle Gonzague. Si elle n'avait pas été la fille d'Alexandre VI et la sœur de César, elle eût à peine laissé des traces dans l'histoire de son temps, ou même elle n'eût joué d'autre rôle que celui d'une femme aimable perdue dans la masse confuse de la société au milieu de laquelle elle eût vécu. Mais elle devint, aux mains de son père et de son frère, l'instrument et la victime de calculs politiques auxquels elle n'avait guère la force d'opposer la moindre résistance.

XII

DIVORCE ET NOUVEAU MARIAGE.

Jean Sforza pouvait être de retour de Naples dans l'automne de 1496, après que les restes de l'armée française eurent capitulé. Il était sans doute venu à Rome pour regagner ensuite Pesaro avec Lucrèce. Il se trouvait dans cette dernière ville à la fin de l'année et y passa l'hiver; mais les annalistes de Pesaro racontent qu'il en sortit la figure couverte d'un masque, le 15 janvier 1497, et que Lucrèce le suivit le jour suivant, pour se rendre à Rome (1). Ils y célébrèrent en effet tous deux les fêtes de Pâques.

Sforza était du reste un jouet hors d'usage qu'Alexandre pensait à jeter de côté. Le mariage de sa fille avec le tyran de Pesaro ne lui apportait, en ef-

---

(1) Lod. Zacconi, *Hist. di Pesaro,* en manuscrit à la Bibl. Olivierana ; (*sic*) Pietro Marzetti.

fet, plus aucun avantage, du moment où les Sforza avaient perdu leur importance, et que des alliances plus considérables s'offraient à la maison de Borgia. Circonstance significative, le pape ne confia pas de commandement à son gendre dans la guerre contre les Orsini, qu'il entreprit aussitôt après le retour d'Espagne de son fils don Juan, auquel il voulait procurer les possessions de ces puissants barons. Il prit à sa solde le duc Guidobald d'Urbin, qui avait également servi à Naples dans l'armée confédérée, et que les Vénitiens congédièrent pour qu'il pût prendre le commandement en chef des troupes papales.

Ce seigneur était le dernier rejeton de la maison de Montefeltre, et les Borgia avaient déjà dirigé des visées sur son héritage. Sa sœur Jeanne avait épousé, en 1478, le préfet de la ville, Jean Rovère, frère du cardinal Julien, et était accouchée, en 1490, d'un fils appelé François-Marie, qui se trouvait être l'héritier présomptif d'Urbin. Guidobald, comme tous les autres petits princes d'Italie, ne dédaignait pas de jouer le rôle de condottiere moyennant de l'argent et des honneurs; il était en outre feudataire de l'Eglise.

Bien qu'il les eût en haine, la crainte l'obligeait à rechercher l'amitié des Borgia.

Dans cette guerre contre les Orsini, le jeune duc de Gandie, qu'Alexandre avait élevé au grade de gonfalonier de l'Eglise et nommé recteur de Viterbe et de tout le patrimoine de Saint-Pierre, après avoir destitué Alexandre Farnèse de ces fonctions, partagea le commandement supérieur avec Guidobald. La destitution de Farnèse était le résultat d'un désaccord survenu entre le pape et le frère de Julie. L'agent de Mantoue, Jean Carolus, écrivait de Rome à la marquise Gonzague, à la date du 17 septembre 1496 : « Le cardinal Farnèse a été destitué de sa légation dans le patrimoine, et la perdra si le prompt retour de Julie ne le sauve. »

Le même ambassadeur annonçait à cette princesse que « tandis qu'on veut éviter que ces fils du pape ne brûlent de jalousie à l'égard l'un de l'autre, la vie du cardinal de Saint-George (Raphael Riario) se trouve en danger; s'il mourait, César obtiendrait la charge de camerlingue et le palais de feu le cardinal de Mantoue, qui est le plus beau de Rome, avec ses meilleurs bénéfices. Votre Excellence peut voir par là de quel pas marche la fortune de cette famille (1). »

La guerre contre les Orsini se termina d'ailleurs par la plus humiliante des défaites, subie par les troupes papales à Soriano, le 23 janvier 1497; don Juan blessé s'enfuit à Rome, et Guidobald fut fait prisonnier. Les vainqueurs dictèrent aussitôt une paix très-avantageuse.

Le mari de Lucrèce pouvait se trouver de nouveau à Rome vers le moment où finit cette guerre. Nous l'y voyons pour la dernière fois à Pâques de l'année 1497; il occupait à cette solennité sa place officielle à Saint-Pierre de gendre du pape, et il reçut des mains de celui-ci, à côté de César et du duc de Gandie, la palme pascale. Mais sa situation au Vatican était devenue insupportable. Alexandre voulait faire casser son mariage avec Lucrèce. On demandait à Sforza de s'y prêter volontairement, en le menaçant de recourir aux dernières extrémités s'il refusait.

Une fuite rapide put seule alors le sauver du poignard ou du poison de ses beaux-frères. D'après le récit des chroniqueurs de Pesaro, ce fut Lucrèce elle-

(1) Aux archives de Gonzague, à Mantoue

même qui favorisa le départ de son mari, et elle prouva ainsi qu'elle déplorait les tristes procédés dont il était victime. Un soir, disent-ils, que Jacomino, camérier du seigneur Jean, se trouvait dans l'appartement de madonna, survint son frère César, et Jacomino se cacha sur son ordre derrière une tapisserie. César s'entretint sans gêne avec sa sœur, et dit, entre autres choses, que l'ordre avait été donné d'assassiner Jean Sforza. Quand il fut sorti, Lucrèce dit à Jacomino : « As-tu tout entendu ce qu'il m'a dit? Va le lui faire savoir. » Le camérier s'acquitta sur-le-champ de cet ordre, et Jean Sforza enfourcha un cheval turc et poussa à franc étrier vers Pesaro, où il parvint en vingt-quatre heures; son cheval tomba raide mort en arrivant (1).

D'après les dépêches de l'ambassadeur de Venise à Rome, cette fuite eut lieu en mars, pendant la semaine sainte, et Sforza s'échappa sous prétexte d'une visite à l'église de Saint-Onuphre, où il trouva un cheval préparé pour lui (2).

(1) *Battista Almerici I et Pietro Marzetti, memorie di Pesaro*, manuscrits de la Bibl. des Olivierani. Ces chroniqueurs ne sont pas exacts pour les dates, et sont remplis d'erreurs.
(2) Marin Sanudo, *Diar.*, t. I, p. 410; mars 1497.

La demande en divorce fut difficilement obtenue de Lucrèce par son père et ses frères, qui voulaient que sa main devînt libre, afin de pouvoir lui faire contracter un nouveau mariage conforme à leurs vues. Nous ne savons rien des scènes qui se passèrent alors au Vatican, ni de la résistance de Lucrèce qui ne fut que de courte durée, car elle ne paraît pas avoir aimé son mari. L'évasion de Sforza était du reste peu agréable aux Borgia. Ils eussent mieux aimé pouvoir s'assurer du mutisme éternel de cet homme; maintenant qu'il était échappé et formulait des protestations, ils allaient être obligés d'obtenir le divorce au moyen d'un procès scandaleux.

Peu de temps après la fuite de Sforza, une effroyable tragédie eut lieu dans la maison de Borgia : je veux parler de l'assassinat mystérieux du duc de Gandie. Après qu'eut échoué le projet formé par Alexandre de procurer à ce fils bien-aimé les terres des Orsini, il voulut le dédommager d'une autre manière. Il lui donna le titre de duc de Bénévent dans l'espoir de lui frayer ainsi le chemin au trône de Naples. Quelques jours plus tard, le 14 juin, Vannozza l'invita, ainsi que César et d'autres parents, à souper à son vignoble de San Pietro ad Vincula. Dans la nuit qui suivit cette fête de famille, don Juan disparut en la quittant sans laisser de traces, et trois jours après on retira du Tibre son cadavre qui portait les marques d'un meurtre commis à main armée (1).

D'après l'opinion générale de l'époque, et selon toute vraisemblance, César était le meurtrier de son frère. Du moment où Alexandre VI, ayant vu ce crime, en assuma les motifs et les conséquences en pardonnant au meurtrier, il en devint le complice moral et tomba sous la domination de son terrible fils. Tous ses actes postérieurs eurent pour objet de servir l'ambition infernale de ce monstre.

Aucune relation contemporaine ne signale la présence à Rome de l'épouse de don Juan, au moment où cette catastrophe eut lieu. On doit en conclure qu'elle ne s'y trouvait pas quand son mari fut assassiné. Il est probable qu'elle n'avait pas quitté l'Espagne, et vivait avec ses deux petits enfants à Gandie ou à Valence. Elle y apprit la funeste nouvelle par

---

(1) On trouvera aux *Pièces justificatives*, n° 14, uné élégie sur cet événement par le cardinal Julien Rovère.

une lettre adressée par Alexandre à sa sœur donna Béatrice Boria y Arenos. C'est ce que nous apprend un acte rédigé à Valence. En effet, le 27 septembre donna Maria Enriquez comparut en cette ville, devant le tribunal du gouverneur du royaume de Valence, don Luis de Cabainelès, à l'effet de réclamer la succession échue à l'aîné des fils de don Juan, enfant de trois ans, et spécialement le duché de Gandie et les fiefs napolitains de Sessa, Teano, Carinola et Montefoscolo. La mort du duc fut attestée par des témoignages authentiques, parmi lesquels fut produite cette lettre d'Alexandre : conformément à cette demande, le tribunal déclara le fils du duc de Gandie héritier du majorat (1).

Donna Maria réclamait aussi les biens meubles de la maison de Rome de son mari, valant 30,000 ducats; aussitôt après la mort de don Juan, Alexandre VI en avait confié l'administration, pour le compte de son neveu, au fratricide César, ainsi que cela résulte d'un acte du no-

---

(1) Des extraits de cet acte ont été donnés par Amati dans le *Periodico di Numismatica* de Strozzi. Anno III, fasc. 11, p. 73. Florence, 1870.

taire romain Beneimbene, en date du 19 décembre 1498 (1).

Lucrèce ne se trouvait pas à son palais du Vatican quand le meurtre eut lieu : elle était entrée le 4 juin au couvent de nonnes de San Sisto, sur la voie Appienne, ce qui avait causé un grand émoi à Rome. Il n'est pas douteux que son éloignement de la cour pontificale se reliait étroitement à la rupture violente de son mariage. Si ce n'est pas Alexandre lui-même qui avait relégué sa fille à San Sisto, il se peut que, troublée par la fuite de Sforza et ses conséquences, et peut-être brouillée avec son père, elle ait eu recours d'elle-même à ce refuge. Une allusion à cette brouille semble indiquée dans une lettre de Donato Aretino au cardinal Hippolyte d'Este, datée de Rome le 19 juin, où on lit ce passage : « Madame Lucrèce a quitté le palais *insalutato hospite*, et est entrée dans un couvent de nonnes appelé San Sisto. C'est là qu'elle se trouve actuellement. Quelques-uns disent qu'elle veut se faire religieuse, et d'autres affirment beaucoup d'autres

---

(1) Voir *Pièces justificatives*, n° 17.

choses qu'on ne peut pas confier à une lettre (1). »

Nous ignorons quelles plaintes et quelles confessions Lucrèce avait à faire entendre au pied des saints autels; depuis des années pourtant, elle n'avait pas eu l'occasion de faire un retour aussi sérieux sur elle-même. Elle apprit dans ce cloître l'effroyable trépas d'un de ses frères, et tressaillit d'effroi devant la scélératesse d'un second. Elle ne pouvait, en effet, guère plus douter que son père et toute sa famille que César ne fût devenu un Caïn. Elle connaissait parfaitement le but de son ambition homicide; elle savait qu'il manœuvrait de façon à déposer la pourpre de cardinal et à se transformer en prince temporel; elle ne devait pas ignorer qu'on nourrissait au Vatican le projet de faire un cardinal de don Jofré, à la place de César, et de donner à celui-ci la femme de son frère, donna Sancia, avec laquelle il entretenait à peu près ouvertement des relations adultères.

Alexandre enjoignit à Jofré de quitter Rome avec sa jeune femme, et d'aller prendre résidence au siége de sa principauté de Squillace. Il partit pour s'y

---

(1) Aux archives de Modène, parmi les *Lettere di Donato Aretino da Roma.*

rendre, le 7 août. Le pape, disait-on, ne voulait plus avoir désormais d'enfants ni de neveux auprès de lui, et se proposait même d'éloigner sa fille Lucrèce en l'envoyant à Valence (1).

Sur ces entrefaites, César était encore parti à Capoue, au mois de juillet, en qualité de cardinal-légat, et il y couronna roi de Naples don Frédéric, le dernier prince de la famille d'Aragon. Il revint à Rome le 4 septembre.

Alexandre avait institué une commission sous la présidence de deux cardinaux, qui devait prononcer le divorce de Lucrèce et de Jean Sforza. Ces juges déclarèrent que Sforza n'avait jamais consommé son mariage et que son épouse était encore vierge, ce qui fit éclater de rire l'Italie tout entière, selon la remarque d'un contemporain, Matarazzo de Pérouse. Lucrèce elle-même déclara qu'elle était prête à l'affirmer par serment.

Son mari se trouvait alors à Pesaro. De là, il passa au mois de juin à Milan, sous un déguisement, pour solliciter la protection du duc Ludovic, qu'il

(1) Lettre de *Lodovico Carissimi*. Rome, 8 août 1497; aux archives de Modène.

pressait d'user de son influence pour que sa femme, qu'on retenait à Rome, lui fût rendue. Il protesta contre le dire des témoins subornés à Rome, et Ludovic le More lui fit la proposition naïve de se soumettre, à Milan, à une épreuve en forme devant des témoins assermentés et en présence du légat du pape, pour établir qu'il n'était pas impuissant; mais Sforza n'y consentit pas (1). Ludovic et son frère Ascanio pressèrent enfin leur parent de céder, et Sforza intimidé déclara par écrit qu'il n'avait jamais consommé son mariage avec Lucrèce (2).

Le 20 décembre 1497, eut lieu, en conséquence, l'annulation régulière du mariage, en suite de quoi Sforza rendit les trente et un mille ducats formant la dot de son épouse.

(1) « Et mancho se è curato de fare prova de se qua con Done per poterne chiarire el R^{mo} Legato che era qua, sebbene S. Ex^{tia} tastandolo sopra ciò gli ne habia facto offerta. » *Dépêche de l'ambassadeur de Ferrare à Milan, Antonio Costabili au duc Hercule.* Milan, 23 juin 1497 ; aux archives de Modène.

(2) Pandolfo Collenuccio qui faisait partie, à Rome, de la suite du cardinal Hippolyte, écrivait à cet égard au duc de Ferrare, en date du 25 déc. 1498 (1497) : « El S. de Pesaro ha scripto qua de sua mano : non haverla mai cognosciuta... et esser impotente, alias la sententia non se potea dare... El prefato S. dice però haver scripto cosi per obedire el Duca de Milano et Aschanio. » Aux archives de Modène.

Tout en admettant qu'Alexandre ait forcé la main à sa fille pour la faire consentir à ce divorce, nous ne pouvons guère, malgré cela, atténuer le jugement que provoque la conduite de Lucrèce en cette déplorable circonstance; elle y fit preuve de trop de faiblesse, de trop d'absence de caractère et même d'imposture. Le châtiment ne s'en fit pas attendre, car le procès en séparation l'exposa publiquement au scandale, et suscita pour la première fois des rumeurs déshonorantes sur sa vie privée. Ces bruits prirent naissance ou se répandirent au moment même où le duc de Gandie fut assassiné, et où son mariage avec Sforza allait être rompu. On chercha alors la cause de l'un ou de l'autre de ces événements dans des désordres si odieux que le sens moral se refuse à les énoncer. Mais, d'après un témoignage contemporain incontestable, ce fut Jean Sforza lui-même, qui profondément outragé et furieux, exprima ouvertement, pour la première fois, au duc de Milan, ses soupçons à propos d'un fait dont on chuchotait peut-être secrètement à Rome. En prenant sur lui de dire de pareilles choses, il prouvait que lui-même n'avait jamais aimé Lucrèce (1).

(1) Dans la même dépêche datée de Milan, le 23 juin 1497, l'am-

Alexandre avait cassé le mariage de sa fille pour des raisons politiques. Son but était d'allier matrimonialement Lucrèce et César avec la maison royale de Naples. Cette dynastie s'était rétablie sur son trône après l'expulsion des Français, mais elle était si profondément ébranlée qu'elle s'inclinait vers sa chute finale; le dessein que nourrissait le pape de faire monter César sur le trône de Naples n'en réclamait que des soucis plus immédiats. Le plus redoutable des Borgia occupait maintenant la place laissée libre par le duc de Gandie; depuis longtemps, il y aspirait, et c'était seulement par égard pour les convenances que le fratricide patientait encore un peu avant de déposer publiquement la barrette. Mais il la portait encore, que le pape s'occupait déjà de négocier son mariage.

Il demanda pour lui au roi Frédéric la main de sa fille Charlotte, qui, étant fille d'une princesse de Savoie, avait été élevée à la cour de France. Le roi, qui était doué d'un noble caractère, refusa

bassadeur de Ferrare Costabili relate que Jean Sforza dit au duc Ludovic : « Anzi haverla conosciuta infinite volte, ma chel Papa non gelha tolta per altro se non per usare con Lei. Extendendose molto a carico di S. Beat[ne].

obstinément et la jeune princesse repoussa aussi avec horreur l'injurieuse proposition du pape.

Cependant l'anxieux Frédéric n'en devait pas moins offrir une victime au Moloch du Vatican : il consentit à l'union de don Alphonse, jeune frère de donna Sancia et fils naturel d'Alphonse II, avec Lucrèce. Alexandre n'avait pas d'autre raison pour désirer ce mariage que d'arriver par là à décider le roi au mariage de sa fille avec César.

Avant même que la nouvelle alliance de Lucrèce ne fût certaine, le bruit vint à Rome que son fiancé d'autrefois, don Gasparo, faisait revivre ses prétentions et se proposait de les réaliser. Cela n'eut pourtant pas lieu, mais le pape reconnut alors que les fiançailles de Lucrèce avec ce jeune Espagnol avaient été rompues d'une façon irrégulière.

Par un bref, en date du 10 juin 1498, il présente cette rupture comme un acte illégitime accompli par sa fille, sans dispense suffisante et par légèreté, afin de contracter, « égarée qu'elle était, » mariage avec Jean de Pesaro. Comme il le dit dans le même bref, Gasparo de Procida, comte d'Almenara, s'était, à la vérité, marié depuis lors et avait eu des enfants, mais Lucrèce avait formé la demande que ses fiançailles avec lui fussent actuellement (en 1498) déclarées nulles, au moyen de formalités régulières. Il l'absout, en conséquence, du parjure qu'elle a commis en épousant Jean Sforza, malgré qu'elle fût fiancée à don Gasparo et, maintenant qu'il déclare dissous son mariage régulier avec le comte de Procida, il lui rend la liberté de prendre un autre époux de son choix (1). Telle était la manière criminelle dont un pape se jouait d'un des plus augustes sacrements de l'Eglise.

Quand Lucrèce eut ainsi garanti sa main contre toutes les réclamations des prétendants, elle put contracter un nouveau mariage, qui eut lieu au Vatican le 20 juin 1498. Si nous n'étions pas déjà familiarisés avec le caractère affiché par les hommes de cette époque, nous serions surpris de voir figurer à l'acte de mariage, à titre de fondé de pouvoir du roi Frédéric, ce même cardinal Ascanio Sforza qui avait d'abord fait aboutir l'alliance de son neveu

---

(1) L'original de ce bref se trouve aux archives de Modène. Il provient de la chancellerie de Lucrèce. Voir *Pièces justificatives*, n° 15.

avec Lucrèce et qui, plus tard, avait consenti, comme mandataire de Sforza, à la scandaleuse dissolution de ce mariage. Lui et son frère Ludovic ne mettaient pas à un moindre prix la conservation de l'amitié des Borgia.

Lucrèce recevait une dot de quarante mille ducats, et le roi de Naples s'engageait à donner à son neveu, à titre de duché, les villes de Quadrata et de Biselli (1).

Le jeune Alphonse vint à Rome, en juillet, pour être l'époux d'une femme qu'il devait tenir, au moins, pour dépourvue de conscience et légère au plus haut point. Il se considérait, sans doute, comme une victime que son père envoyait à la boucherie romaine. Le malheureux jeune homme vint à Rome silencieusement et tristement, sans aucune cérémonie et presque en secret. Il se rendit sur-le-champ auprès de sa femme, dans le palais de Santa Maria in Porticu.

(1) Voir *Pièces justificatives*, n° 16. — Aujourd'hui Bisceglie, ville de 19,000 habitants où passe le chemin de fer de Trani. On prononçait et on écrivait alors Biseglia ou Biselli ; j'emploie ici cette dernière forme parce qu'elle est plus facile à prononcer. Quadrata s'appelle maintenant Corato, près d'Andria.

Le mariage religieux fut célébré au Vatican, le 21 juillet. Il y avait, entre autres témoins, les cardinaux Ascanio, Juan Lopez et Juan Borgia. Selon l'antique usage, un chevalier tint une épée nue sur la tête des deux époux, et ce rôle fut rempli par Jean Cervillon, capitaine de la garde du pape.

XIII

FAVEURS QUE LE PAPE ACCORDE A SA FILLE

A partir de juillet 1498, Lucrèce, devenue duchesse de Biselli, vécut avec son nouvel époux, adolescent de dix-sept ans; elle en avait dix-huit accomplis. Elle n'alla point à Naples avec lui, mais demeura à Rome; car, ainsi que l'ambassadeur de Mantoue en informait son maître, il avait été expressément arrêté que don Juan passerait un an à Rome et que, tant que son père vivrait, Lucrèce ne pourrait être obligée à se rendre dans le royaume de Naples (1).

Alphonse était un jeune homme aimable et de bonne mine; un chroniqueur romain de l'époque, Talini, l'appelle le plus beau garçon qu'on ait

(1) *Dépêche de Joh. Lucidus Cataneus.* Rome, 8 août 1498. Aux archives de Gonzague.

jamais vu à Rome. Lucrèce conçut une véritable inclination pour lui; c'est ce que relate, dès le mois d'août, l'ambassadeur de Mantoue. Mais les profondes vicissitudes qui l'attendaient ne lui permirent pas de jouir paisiblement de son bonheur domestique, s'il peut être question de pareille chose à propos d'elle.

Au Vatican, le grand objet était de satisfaire l'ambition démesurée de César, qui brûlait d'impatience de devenir un prince important. Le 13 août 1498, il avait déposé la dignité de cardinal, et se prépara ensuite à partir en France, où Louis XII, qui avait succédé au mois d'avril à Charles VII, lui avait promis le titre de duc de Valentinois et la main d'une princesse française. Alexandre consacra des sommes royales aux préparatifs du voyage de son fils.

Il arriva alors qu'une caravane de muletiers, qui apportaient à Rome des étoffes d'or et de soie pour César, fut dévalisée dans la forêt de Bolsena par les gens du cardinal Farnèse et de son cousin, Pier Paolo. Le pape adressa, à cet égard, un bref véhément au cardinal, sur les terres duquel, à ce qu'il prétendait, les objets volés avaient été recélés (1).

Au service de Farnèse, se trouvaient plusieurs Corses, dont les uns étaient mercenaires et *bravi*, et les autres cultivateurs; c'étaient ces hommes très-redoutés et qui avaient bien pu commettre le vol en question. On ne peut guère croire, en effet, que le cardinal Alexandre l'ait ordonné pour son propre compte. Mais il paraît qu'une brouille était survenue entre les Farnèse et les Borgia; le cardinal passait la plus grande partie de son temps dans les domaines de sa maison, et il n'est pas question, à cette époque, de sa sœur Julie. Nous ne savons pas même si elle habitait alors à Rome et continuait ses rapports avec le pape; cependant, l'affirmative est rendue vraisemblable par des indications postérieures. Nous revoyons à Rome le cardinal et sa sœur, le 2 avril 1499; ils conclurent, à cette date, au palais de Farnèse, les fiançailles de Laure Orsini, la fille de Julie, alors âgée de sept ans, et de Frédéric Farnèse, fils du condottiere défunt Raymond Farnèse et neveu de Pier Paolo, qui en avait

(1) Ce bref se trouve aux archives d'Etat de Venise.

douze. Le père putatif de Laure Ursinus Orsini, assistait à cette cérémonie (1).

Ce furent peut-être Adrienne et Julie qui essayèrent de réconcilier les Orsini et les Borgia. Après avoir terminé victorieusement leur guerre avec le pape, ces barons avaient soutenu, au printemps de 1498, contre leurs ennemis traditionnels, les Colonna, une lutte furieuse qui avait fini par leur défaite. Les deux maisons en étaient venues, en juillet, à une réconciliation qu'Alexandre voyait avec une grande inquiétude, car l'inimitié réciproque des deux familles les plus puissantes de Rome était une condition essentielle de la domination temporelle du pape sur cette ville, tandis que leur alliance l'exposait aux plus grands dangers. Aussi, Alexandre chercha-t-il à rompre cet accord, et il réussit même à mettre dans ses intérêts les Orsini qui ne devaient pas tarder à s'en repentir. Il les gagna si bien, qu'ils s'allièrent par mariage aux Borgia. Paul Orsini, frère du cardinal Jean Baptiste, unit, le 8 septembre 1498, son fils Fabio à

(1) L'acte y relatif se trouve dans le registre des minutes de Beneimbene. Voir l'abrégé aux *Pièces justificatives*, n° 18.

Hiéronyma Borgia, sœur du cardinal Juan Borgia le jeune. Ce mariage fut conclu au Vatican, en présence du pape et d'une brillante assemblée dont faisait partie, comme témoin officiel, don Alphonse de Biselli; ce fut lui qui tint l'épée sur le jeune couple (1).

Très-peu de temps après, le 1er octobre, César Borgia s'embarqua pour la France; il y reçut le titre de duc de Valentinois, et épousa, en mai 1499, Charlotte d'Albret, sœur du roi de Navarre. Il rencontra à cette cour deux hommes qui devaient exercer plus tard une influence décisive sur son sort; c'étaient Georges d'Amboise, archevêque de Rouen, auquel il avait apporté le chapeau de cardinal, et Julien Rovère. Rovère, qui avait été jusque-là l'ennemi acharné d'Alexandre, se laissa entraîner par le roi de France à favoriser les intérêts des Borgia; il consentit même à devenir l'instrument de la grandeur de César.

Un mariage devait sceller aussi la réconciliation des deux familles. En effet, le 2 septembre 1500, le préfet de la ville, Jean Rovère, frère de Julien,

(1) Cet acte figure au registre des minutes de Beneimbene.

fiança son fils François-Marie, âgé de huit ans, avec Angela Borgia.

Jofré, le père d'Angela, était fils de Jeanne, sœur d'Alexandre VI et de Guillaume Lançol. Il avait pour frères Juan Borgia le jeune, le cardinal Ludovic et Rodriguez, capitaine de la garde papale. Sa sœur Hiéronyma s'était mariée, comme nous l'avons dit, avec Fabio Orsini. Les fiançailles d'Angela eurent lieu au Vatican, en présence de l'ambassadeur de France (1).

Louis XII avait formé avec Venise une ligue dont le but était de chasser Ludovic le More de Milan, et le pape s'y rangea, à condition que la France aiderait son fils à s'emparer de la Romagne.

Ascanio Sforza, qui ne pouvait pas empêcher la perte de Milan et qui voyait sa propre vie menacée s'il restait à Rome, s'enfuit, le 13 juillet (1499), à Genazzano, puis jusqu'à Gênes.

Le jeune époux de Lucrèce suivit son exemple. Nous ignorons ce qui se passa au Vatican pour déterminer don Alphonse à s'éloigner secrètement de Rome, après y avoir passé un an avec

(1) Voir *Pièces justificatives*, n° 23.

Lucrèce. Le principal motif de sa résolution dut être la direction qu'avait prise la politique papale. L'expédition de Louis XII n'avait pas seulement pour objet de renverser les Sforza à Milan, mais aussi de conquérir le royaume de Naples, car elle devait être la continuation de l'entreprise de Charles VIII, que les efforts de la grande ligue avaient fait échouer. Le jeune prince connaissait les vues du pape et son désir de perdre son oncle Frédéric, qui l'avait profondément offensé en refusant à César la main de Charlotte; et, depuis que ce fait avait eu lieu, la situation du mari de Lucrèce lui-même devait être complétement changée vis-à-vis de son beau-père.

Ascanio était le seul ami que le malheureux prince eut à Rome, et il pouvait bien lui avoir donné le conseil d'échappper par la fuite à une perte infaillible, comme avait fait autrefois le premier mari de Lucrèce. Alphonse s'enfuit le 2 août 1499. Le pape mit des cavaliers à sa poursuite, mais ils ne purent l'atteindre. On n'est pas sûr que Lucrèce connut l'intention de son mari. Une lettre d'un Vénitien, datée de Rome le 4 août, dit seulement :

« Le duc de Biseglia, mari de madame Lucrèce, s'est enfui secrètement et est allé à Genazzano chez les Colonna; il a laissé sa femme enceinte de six mois, et elle ne fait que pleurer (1). »

Elle était au pouvoir de son père, et la fuite du prince avait jeté celui-ci dans une grande colère. Il renvoya même à Naples donna Sancia, sœur d'Alphonse.

Dans ces circonstances, la situation de Lucrèce était très-pénible. Ses larmes la trahissaient en montrant qu'elle avait du cœur. Elle aimait, et peut-être pour la première fois. Son père put l'accabler de reproches et l'accuser d'être la complice de son mari. Alphonse lui adressa de Genazzano de pressantes invitations de le suivre, et sa lettre tomba aux mains du pape qui la contraignit de lui répondre pour le presser de revenir. Ce furent, sans doute, les plaintes de sa fille qui décidèrent Alexandre à l'éloigner aussi de Rome. Le 8 août, il la nomma régente de Spolète. Cette ville et son territoire avaient été administrés jusqu'alors par des légats du pape qui, le plus souvent, étaient cardinaux ; mais aujourd'hui

(1) *Diarium* de Marin Sanudo, t. II, p. 751.

le pape confiait cette charge à une jeune femme de dix-neuf ans, et cette femme était sa propre fille! Telle était la destination qu'il donnait à Lucrèce.

Il lui remit pour les Prieurs de Spolète un bref dont voici le contenu :

« Chers fils, Salut et bénédiction apostolique. Nous avons confié à notre chère fille en Jésus-Christ, la noble dame Lucrèce de Borgia, duchesse de Biseglia, pour le bien et la pacifique administration de ces places, la charge de garder le château et de gouverner nos villes de Spolète et Foligno, ainsi que le comté et le district qui en dépendent. Confiant dans la sagesse particulière et la fidélité parfaite, ainsi que la droiture de ladite duchesse, comme nous l'avons déclaré, du reste, dans d'autres brefs, et nous fondant aussi sur votre obéissance habituelle envers nous et le Saint-Siége, nous espérons que, selon votre devoir, vous reconnaîtrez avec toute déférence ladite duchesse Lucrèce pour votre régente et lui obéirez en tous points. Mais comme nous désirons qu'elle soit reçue et accueillie par vous avec une considération et un respect tout particuliers, nous vous prescrivons par le présent, en tant que notre faveur vous est chère et que vous avez à cœur d'éviter notre disgrâce, d'obéir à ladite duchesse Lucrèce, votre régente, comme à notre propre personne, et d'exécuter ses ordres avec ardeur et zèle en chaque et toutes choses qui, en vertu du droit et des usages, relèvent de ladite administration, et en ce qu'elle trouvera bon de vous ordonner, ce afin que votre soumission vous procure l'approbation méritée. Donné à Saint-Pierre de Rome, sous le sceau du pêcheur, le 8 août 1499.

« Hadrianus (secrétaire). » (1)

Lucrèce quitta Rome ce jour même pour se rendre à la nouvelle résidence qui lui était assignée. Elle prit avec elle une suite nombreuse composée de personnes qui devaient former sa cour. Elle était accompagnée de son frère, don Jofré, et de Fabio Orsini, devenu son parent par son mariage avec Hiéronyma Borgia, suivi d'une compagnie d'archers. Quand elle piqua son cheval pour quitter le Vatican, le gouverneur de la ville, l'ambassadeur de Naples et plusieurs autres seigneurs vinrent lui faire escorte; quant à son

(1) Ce bref se trouve aux archives municipales de Spolète.

père, il avait pris place dans une loge située au-dessus du portail du Vatican pour considérer le départ de sa fille et la cavalcade.

Pour la première fois, il se trouvait à Rome sans qu'aucun de ses enfants ne fût à côté de lui.

Lucrèce fit une partie de son voyage à cheval et une partie en litière; elle ne mit pas moins de six jours pour franchir la distance qui sépare Spolète de Rome. A Porcaria, en Ombrie, une députation d'habitants de Spolète vint à sa rencontre pour la saluer; les personnes qui la composaient escortèrent, jusqu'à sa résidence, la régente de leur ville, fameuse depuis le temps d'Annibal et qu'avaient gouvernée jadis de puissants ducs Lombards. Le château de Spolète est d'origine ancienne et remonte, par ses premières constructions, à l'un des ducs Faroald et Grimoald. Il fut rebâti à neuf, au quatorzième siècle, par le grand Gil d'Albornoz, contemporain de Cola di Rienzo et, plus tard, Nicolas V y mit la dernière main. C'est un brillant édifice de la Renaissance, d'un style noble; il est situé au-dessus de la vieille ville et sur le bord d'une gorge qui le sépare du Monte Luco. De ses fenêtres élevées, la vue domine la vallée du Clitumnus et celle du Tibre, ainsi que les riches plaines de l'Ombrie et les hautes montagnes boisées de la chaîne spolétaine des Apennins.

Le 15 août, Lucrèce Borgia y reçut les Prieurs de la ville auxquels elle remit la nomination qu'elle tenait du pape ; ces magistrats lui prêtèrent serment de fidélité, après quoi la municipalité donna un banquet en son honneur.

Le séjour de Lucrèce à Spolète fut de courte durée. Sa régence ne pouvait avoir d'autre signification que la prise de possession réelle de ce territoire, car Alexandre voulait en faire don à sa fille.

Cependant, son mari Alphonse s'était résolu, pour son malheur, à obéir aux ordres du pape et à revenir auprès de sa femme, déterminé peut-être par l'amour réel qu'il lui portait. Le pape lui ordonna de se rendre à Spolète en passant par Foligno, puis de venir avec son épouse à Nepi où il voulait se trouver lui-même. Le but de cette réunion était de mettre aussi cette ville sous les ordres de Lucrèce.

Nepi n'avait jamais été un fief des barons, bien que les préfets de Vico et les Orsini s'en fussent rendus maîtres à de courts intervalles. L'Eglise administrait cette ville et ses dépendances par l'intermédiaire de régents. Alexandre lui-même en avait été nommé gouverneur, à titre de cardinal, par son oncle Calixte et avait conservé cette fonction publique jusqu'à son élévation au siége pontifical. Il avait ensuite cédé Nepi au cardinal Ascanio Sforza. On conserve encore aux archives de cette ville les statuts de la commune, écrits sur beau parchemin, qu'Ascanio ratifia le 1er janvier 1495. Mais au commencement de 1499, Alexandre s'empara de nouveau de Nepi, en obligeant le châtelain de lui livrer la forteresse qu'il commandait au nom du fugitif Ascanio. Il donna alors l'investiture à sa fille du château, de la ville et du territoire de Nepi (1). Le 4 septembre 1499, François Borgia, évêque de Teano et trésorier du pape, en prit possession en son nom.

Alexandre s'y rendit le 25 septembre, accompagné de quatre cardinaux; il s'y rencontra avec Lucrèce, ayant avec elle son mari et son frère Jofré,

(1) La bulle d'investiture sur parchemin est datée de Rome 1499 (la mention du mois manque). C'est une donation sans réserves. Cette pièce, qui provient de la chancellerie de Lucrèce, est aux archives de Modène.

dans le château qu'il avait fait bâtir lui-même autrefois. Il revint au Vatican le 1ᵉʳ octobre. Le 10, il adressa de ce palais à la ville de Nepi un bref par lequel il lui enjoignait de reconnaître pour souveraine et d'obéir désormais à donna Lucrezia, duchesse de Biseglia. Le 12, il écrivit aussi à sa fille pour lui permettre de décharger de certaines taxes les habitants de Nepi (1).

Lucrèce était donc devenue la maîtresse de deux grands territoires, et ce fait montre bien de quelle faveur elle jouissait auprès de son père. Elle ne retourna pourtant plus à Spolète et conféra à un lieutenant le gouvernement de cette ville. Quoique Alexandre eût créé, au commencement d'octobre, le cardinal Gurk légat de Pérouse et de Todi, il détacha Spolète de cette légation en faveur de sa fille. Plus tard, le 10 août 1500, il en nomma gouverneur Ludovic Borgia, archevêque de Valence, mais, néanmoins, sans diminuer les droits de Lucrèce, qui consistaient à toucher les revenus considérables que rapportait ce district.

(1) Ces deux brefs se trouvent aux archives de l'hôtel de ville de Nepi.

Le 14 octobre, Lucrèce se retrouvait à Rome. Le 1ᵉʳ novembre 1499, elle accoucha d'un fils qui reçut le nom du pape, Rodriguez. Le baptême de ce premier enfant fut célébré en grande pompe à la chapelle Sixtine, non pas celle qu'on désigne aujourd'hui sous ce nom, mais une autre que Sixte IV avait fait construire à Saint-Pierre. L'enfant était porté par Jean Cervillon; à ses côtés marchaient le gouverneur de Rome et l'ambassadeur de l'empereur Maximilien. Tous les cardinaux, ainsi que les ambassadeurs d'Angleterre, de Venise, de Naples, de Savoie, de la république de Florence et de Sienne, assistaient à la cérémonie. Le gouverneur de la ville tint l'enfant sur les fonts baptismaux. Les parrains étaient Podocatharo, évêque de Caputaqua, et l'évêque Ferrari de Modène. Le cortége quitta la chapelle baptismale au son de la trompe.

Sur ces entrefaites, Louis XII avait pris possession, (le 6 octobre,) de Milan, abandonnée par Ludovic Sforza, qui s'était enfui auprès de l'empereur Maximilien à l'approche de l'armée française. Conformément à son traité avec Alexandre, le roi prêta ensuite des troupes à César Borgia pour s'emparer de la Romagne où les vassaux et les vicaires de l'Eglise, les Malatesta de Rimini, les Sforza de Pesaro, les Riari d'Imola et de Forli, les Varano de Camerino, les Manfredi de Faenza, furent aussitôt déclarés par le pape déchus de leurs fiefs.

César vint à Rome le 18 novembre 1499 ; il passa trois jours au Vatican, puis retourna à son armée qui assiégeait Imola. Il voulait prendre d'abord cette ville, puis attaquer Forli dans le château de laquelle Catarina Sforza, la souveraine de ces deux villes, s'apprêtait à la résistance.

Pendant qu'il portait la guerre dans la Romagne, son père essayait d'enlever aux barons romains leurs biens héréditaires. Il s'attaqua d'abord aux Gaetani. Cette famille célèbre était en possession, depuis la fin du treizième siècle, de territoires considérables dans la campagne romaine et dans la Maremme. Elle s'était divisée en plusieurs branches, dont l'une dépendait de Naples. Les Gaetani de cette ville étaient, en effet, ducs de Traetto, comtes de Fundi et de Caserte, et par conséquent vassaux et grands dignitaires de la couronne de Naples.

Le point central des domaines que possédaient

les Gaetani dans la campagne romaine était Sermonète, ville ancienne munie d'un château baronnial situé sur les premiers gradins des montagnes des Volsques. A peu de distance au-dessus, sont les restes de la forteresse cyclopéenne de Norba; au-dessous, se trouvent les ruines ravissantes de Nymfa, tandis qu'à ses pieds, s'étendent jusqu'à la mer les marais Pontins. La plus grande partie de ce territoire, que traverse la voie Appienne était, y compris le cap de Circé, aux mains des Gaetani et leur appartient encore aujourd'hui.

Au temps dont nous parlons, les seigneurs de ces domaines étaient les fils d'Honorat II, prince de mérite, qui avait relevé sa maison de la décadence dans laquelle elle était tombée. Il mourut en 1490, en laissant une veuve, Catarina Orsini; trois fils, Nicolas, le protonotaire Giacomo, et Guillaume; et une fille, Giovanella, femme de Pierre-Louis Farnèse et mère de Julie. Nicolas avait épousé Eléonore Orsini; il mourut en 1494, de sorte que Guillaume Gaetani était, avec le protonotaire Giacomo, le chef de la maison de Sermonète.

Alexandre appela le protonotaire à Rome, le jeta

comme rebelle au château Saint-Ange et fit instruire son procès. Guillaume put s'enfuir à Mantoue, mais le jeune fils de Nicolas, Bernardino, fut égorgé par des mercenaires à la solde des Borgia. Ils prirent d'assaut Sermonète, dont les habitants ne se rendirent pas sans résistance.

Le 9 mars 1499, la Chambre apostolique autorisa Alexandre à vendre à sa fille pour la somme de 80,000 ducats les domaines des Gaetani. Le pape disait dans l'acte relatif à cette affaire, signé de dix-huit cardinaux, que l'importance des dépenses qu'il avait faites peu de temps auparavant pour l'Eglise, l'obligeait à aliéner quelques domaines ecclésiastiques; à cet effet, s'offraient naturellement Sermonète, Bassiano, Ninfa, Norma, Tivera, Cisterna, San Felice (le cap de Circé) et San Donato, toutes localités confisquées aux Gaetani en raison de leur rébellion. Cette vente fut conclue en février 1500, et Lucrèce, qui possédait déjà Spolète et Nepi, devint aussi souveraine de Sermonète (1). Le malheureux Giacomo Gaetani protesta vainement du fond de sa

---

(1) Les actes relatifs à cette vente, en date du 11 au 15 février 1500, se trouvent aux archives de Modène.

prison; il fut empoisonné le 5 juillet 1500 (1). Sa mère et ses sœurs le firent enterrer à San Bartolomeo, dans une île du Tibre, où les Gaetani possédaient depuis longtemps un palais.

Julie Farnèse n'avait donc pas pu sauver son propre oncle. On se rappelle que Giacomo et Nicolas avaient été ses témoins, le jour de son mariage au palais Borgia avec le jeune Orsini. Nous ne savons pas si Julie vivait à Rome à cette époque. C'est seulement dans les épigrammes où il est quelquefois question d'elle. C'est ainsi que son nom figure dans une satire intitulée : « Dialogue de la Mort et du pape malade de la fièvre. » Alexandre appelle Julie pour le sauver, mais la Mort fait savoir que cette maîtresse lui a donné trois ou quatre enfants. Comme cette satire date de l'été de 1500, alors qu'Alexandre était atteint de la fièvre, ses relations avec Julie devaient durer encore à cette époque (2).

César, qui s'était emparé d'Imola le 1er décembre 1499, vit avec un grand déplaisir sa sœur dotée des

---

(1) Voir la protestation de Giacomo Gaetani aux *Pièces justificatives*, n° 19.
(2) Voir *Pièces justificatives*, n° 22.

riches domaines des Gaetani, dont il pouvait lui-même employer les revenus. Il voyait également avec dépit son influence croissante au Vatican, où il entendait disposer seul des volontés de son père. Il avait, d'ailleurs, formé des plans sinistres dont l'exécution allait bientôt avoir lieu.

XIV

SOCIÉTÉ DONT LES BORGIA ÉTAIENT ENTOURÉS.

Lucrèce ne pouvait que se réjouir de l'absence prolongée de son frère. Le Vatican était devenu moins bruyant; seul, don Jofré tenait sa cour dans le voisinage avec dona Sancia, qui s'était décidée à revenir.

Nous profiterons de ce moment de tranquillité pour nous représenter la vie privée de Lucrèce, l'arrangement de sa cour et les personnes de son entourage. Mais cette tâche n'est pas facile, car les contemporains ne nous fournissent, à cet égard, aucun renseignement. Burkhard lui-même ne parle que rarement de Lucrèce, et seulement à propos des événements qui avaient lieu au Vatican. Il lui arrive une seule fois de nous conduire rapidement dans son palais; c'est à la date du 27 février 1496, jour où les nouveaux cardinaux, Martin de Ségovie, Juan Lopez, Juan Borgia et Juan de Castro vinrent lui rendre visite.

Aucun des diplomates étrangers ne fournit, à ce moment, d'indications sur l'existence privée de Lucrèce, à en juger, du moins, par les dépêches que nous connaissons. Pour la période où elle dépendit de Rome, nous ne possédons que peu de lettres d'elle; nous n'avons pas de pièces de poésie qui lui soient dédiées ou qui parlent d'elle, si ce n'est les épigrammes envenimées de Sannazar et de Pontanus, qui la flétrissent comme la plus dissolue des courtisanes. Si jamais, pourtant, jeune femme fut capable d'enflammer l'imagination des poëtes c'est à coup sûr Lucrèce Borgia, quand elle était dans tout l'éclat de la jeunesse et de la beauté. Ses relations avec le Vatican, le mystère qui l'entourait, les péripéties auxquelles le sort soumettait son existence, faisaient d'elle la femme la plus intéressante de toutes les Romaines de l'époque. Il est bien possible que quelque bibliothèque recèle des vers que des poëtes romains lui adressèrent, car il devait s'en trouver plusieurs à la cour de la fille du pape, empressés à rendre hommage à sa beauté et à solliciter sa protection.

Lucrèce pouvait jouir à Rome de la société de plusieurs hommes d'esprit, car, même sous la domination des Borgia, les Muses n'étaient pas bannies du Vatican et moins encore de la ville de Rome. Dans les cours mondaines d'Italie, les princesses avaient toute facilité pour embrasser avec plus d'ardeur qu'à la cour papale les intérêts de la culture intellectuelle; Lucrèce put même s'efforcer plus tard d'imiter à Ferrare l'exemple des princesses de Mantoue et d'Urbin. Mais à l'époque de son séjour à Rome, elle était trop jeune, et sa maison se trouvait trop peu indépendante et trop restreinte pour qu'il lui fût possible d'exercer de l'influence sur le mouvement littéraire et artistique dont cette ville était le centre. Cependant, sa situation devait la mettre en contact fréquent avec les poëtes et les artistes.

Son père n'était pas insensible aux jouissances intellectuelles. Il avait même ses chanteurs et ses poëtes de cour. Le célèbre Aurelio Brandolini improvisait sur le luth dans les festins du Vatican, et se faisait entendre, sans doute aussi, au palais de

Lucrèce. Il mourut en 1497. Le favori de César, Serafino d'Aquila, qui fut le Pétrarque de son temps, aspirait au même honneur. Il mourut jeune, à Rome, en 1500.

César lui-même aimait la poésie et les arts, soit comme tout homme bien élevé du temps de la Renaissance, soit en qualité de grand seigneur ou de tyran. Son poëte officiel était Francesco Sperulo, qui servit sous ses drapeaux et chanta sa guerre en Romagne et à Camerino (1). Plusieurs poëtes romains, qui devinrent célèbres dans la suite, récitèrent leurs vers en présence de Lucrèce; tels étaient Emilio Boccabella et Evangelista Fausto Maddaleni. Les trois frères Mario, Girolamo et Celso Mellini brillaient déjà comme poëtes et rhéteurs. Les frères Porcaro, Camillo, Valerio et Antonio, étaient également illustres. Nous avons déjà rencontré Antonio Porcaro comme témoin du mariage de Girolama Borgia, en 1482, puis comme porteur de la procuration de Lucrèce dans ses fiançailles avec Centelles, en 1491. Ces faits prouvent combien les relations des Porcari avec les Borgia étaient et restèrent intimes.

(1) Manuscrit de la bibliothèque du Vatican, n° 5205.

Cette famille romaine était devenue célèbre dans l'histoire de la ville par le sort qu'avait éprouvé Stefano, cet Epigone de Cola di Rienzo. Les Porcari prétendaient descendre des Caton et, en conséquence, prenaient le nom de Porcius. Etroitement liés d'amitié avec les Borgia, ils se disaient aussi leurs parents. Isabelle, la mère d'Alexandre VI, devait, en effet, disaient-ils, descendre des Porcari de Rome, qui peut-être étaient passés en Espagne. La ressemblance de prononciation des noms latinisés de Borgius et Porcius avait fourni le prétexte de cette prétention peu sérieuse.

Indépendamment d'Antonio, Hiéronymus Porcius était aussi un des plus chauds adhérents des Borgia. Aussitôt après son accession au trône pontifical, Alexandre l'avait nommé auditeur de rote. Il composa en septembre 1493 un livre imprimé à Rome sous le titre de *Commentarius Porcius*, et dédié au roi et à la reine d'Espagne. Cet ouvrage a pour objet de décrire l'élection et le couronnement d'Alexandre VI ; il contient aussi une collection d'extraits des discours d'obédience que les ambassadeurs italiens adressèrent alors au nouveau pape. Il est impossible de pousser plus loin l'adulation que Porcius ne l'a fait ici; il s'y montre pédant plein d'affectation, creux discoureur et partisan fanatique du pape. Alexandre le fit évêque d'Andria et gouverneur de la Romagne. En 1497, il composa à Cesena, dans cette province, un dialogue qui roule sur Savonarole et ses « Doctrines erronées sur la puissance du pape. » L'ouvrage a pour pivot ce principe des infaillibilistes, que celui-là seulement est chrétien qui obéit aveuglément au pape (1).

Porcius s'essaya aussi comme poëte; dans ses vers « sur le taureau Borgia, » il célèbre le pape et le cardinal César, qu'il appelle ses plus grands bienfaiteurs (2). Il est vraisemblablement aussi l'auteur de l'élégie sur la mort du duc de Gandie, qui est parvenue jusqu'à nous (3).

Par l'entremise des Porcari, le jeune Phædra Inghirami put approcher des Borgia et même de Lucrèce.

---

(1) *Collocutores itinerantes Tuscus et Remus, Romæ in campo Floræ*, 1497. Je n'ai pas pu mettre la main sur un autre ouvrage intitulé : *De gentilicium nuptiarum ritu libellus*, que Hiéronymus se flatte d'avoir composé.

(2) Voir *Pièces justificatives*, n° 5.

(3) Voir *Pièces justificatives*, n° 13.

C'est ce rhéteur cicéronien qu'Erasme admirait et dont Raphaël a fait un portrait qui l'a rendu immortel. Il attirait alors l'attention de Rome. Au service mortuaire que l'ambassadeur d'Espagne fit célébrer à S. Jacob sur la Navona, le 16 janvier 1498, pour le repos de l'âme de l'infant don Juan, Inghirami prononça une oraison magnifique. Il brillait aussi comme acteur sur le théâtre du cardinal Raphael Riario.

L'art dramatique prenait alors son essor, non-seulement à la cour des Gonzague et des Este, mais même à Rome. Alexandre l'aimait beaucoup, par libertinage, sans doute. A toutes les fêtes de famille qu'il donnait au Vatican, il faisait représenter des ballets et des comédies. Les acteurs pouvaient être de jeunes académiciens de l'école de Pomponius Lætus et rien ne nous empêche de supposer qu'Inghirami, les Mellini et les Porcari ne jouassent au Vatican chaque fois que l'occasion leur en était offerte. Carlo Canale, le mari de Vannozza, pouvait aussi rendre de bons services pour ces représentations, car, étant de Mantoue, il s'y était familiarisé avec le théâtre, et Pandolfo Collenuccio, qui vint souvent à

Rome à titre d'ambassadeur de Ferrare et fut en relations personnelles avec les Borgia, n'était sans doute pas moins utile à cet égard.

Le célèbre Pomponius, à qui Rome était redevable de la renaissance du théâtre, jouissait dans les dernières années de sa vie, qui s'écoulèrent sous le pontificat d'Alexandre, d'une haute considération. Peut-être même le pape avait-il été son élève, comme cela avait eu lieu pour le cardinal Farnèse. Pomponius mourut le 6 juin 1498, et le même pape, qui venait de faire brûler Savonarole, envoya sa cour à l'église d'Ara-Cœli pour assister aux obsèques de ce maître de l'antiquité païenne. Ces derniers honneurs rendus par lui à Pomponius sont peut-être la preuve qu'il le connaissait personnellement. D'ailleurs, Michel Fernus, un de ses plus fervents disciples, était depuis longtemps un partisan enthousiaste d'Alexandre. Bien que ce pape ait publié en 1501 le premier édit de censure, il n'était pourtant en aucune façon l'ennemi de l'étude et de la science. Il favorisa l'université romaine, où enseignaient de son temps des hommes distingués, comme Pétrus Sabinus et Jean Argyropulos. Un des plus grands génies qui aient éclairé l'humanité fit même pendant un an l'ornement de cette université, durant le pontificat d'Alexandre. C'est, en effet, en l'année de jubilé 1500 que Copernic quitta les frontières les plus reculées de la Prusse pour venir à Rome, où il donna des leçons publiques de mathématiques et d'astronomie.

Parmi les courtisans d'Alexandre, figuraient des hommes distingués avec lesquels Lucrèce dut nécessairement se trouver en rapport. Le maître des cérémonies Burkhard, déterminait les formes prescrites pour toutes les solennités dans lesquelles la fille du pape avait à figurer au Vatican. Il pouvait lui rendre de fréquentes visites et elle ne se doutait guère que, pendant des siècles, les notes de cet Alsacien seraient le miroir dans lequel la postérité viendrait examiner les traits des Borgia. Pourtant son Journal ne fournit aucune indication sur la vie privée de Lucrèce, car il n'entrait pas dans ses fonctions d'en faire l'objet de ses remarques.

Jamais auteur n'a relaté au jour le jour des événements dont il fut le témoin et qui auraient pu servir de matière à un Tacite, avec autant de brièveté, de sécheresse et d'indifférence. La tournure que Burkhard a donnée à son Journal, d'ailleurs fidèle, prouve qu'il n'était pas l'ami des Borgia. Mais cet homme avait appris à cacher ses sentiments, à supposer que le long exercice de ses fonctions toutes de forme ne les eût pas complétement desséchés. Il allait et venait chaque jour au Vatican comme une véritable machine du cérémonial, et garda son emploi sous le pontificat de cinq papes. Burkhard devait sembler aux Borgia un pédant absolument inoffensif ; lui eussent-ils permis sans cela d'observer, d'écrire et de vivre? Le peu même qu'il dit dans son Journal des faits qu'il avait sous les yeux aurait suffi pour lui coûter la vie, si Alexandre ou César en eussent été informés. Mais il paraît que ces journaux, tenus par les maîtres des cérémonies, n'étaient soumis à aucun contrôle officiel. César, autrement, ne lui eût pas pardonné, lui qui poignarda Pedro Calderon Perotto, le favori de son père et qui fit assassiner ce chevalier Cervillon, auquel les fonctions les plus honorables avaient été confiées à diverses reprises dans les solennités du Vatican.

Il ne pardonna pas non plus au secrétaire Francesco Troche, qu'Alexandre VI employait souvent dans les affaires diplomatiques. Troche, qu'une relation vénitienne qualifie d'Espagnol, était, comme Canale, un savant humaniste et se trouvait, également comme lui, en relations amicales avec les Gonzague. On a encore ses lettres à la marquise Isabelle, dans lesquelles il lui demande certains sonnets qu'elle lui avait promis (1). Elle lui écrivait elle-même à propos de ses affaires domestiques; une fois, elle le chargea de lui chercher à Rome un Cupidon antique. Il faisait sans doute partie des personnes en relation avec Lucrèce. En juin 1503, César fit égorger ce favori de son père.

Indépendamment de Burkhard et de Laurent Behaim, il y avait encore un autre Allemand très au courant des affaires domestiques des Borgia : c'était Goritz de Luxembourg, qui, plus tard, sous Jules II et Léon X, était le favori de tous les académiciens. Mais, dès le temps d'Alexandre, il rassemblait dans sa maison du Forum de Trajan les personnes instruites pour s'y livrer à des entretiens académiques. Tous les Allemands le recherchaient; il reçut sans

(1) Voir *Pièces justificatives*, n°s 44 et 45.

doute chez lui Reuchlin, qui vint à Rome en 1498, puis Copernic et plus tard Erasme et Ulrich de Hutten, qui lui en garda de la reconnaissance; sa demeure hospitalière dut s'ouvrir aussi pour Luther. Goritz était rapporteur des suppliques, et à ce titre connaissait personnellement Lucrèce, car beaucoup de gens avaient recours pour leurs sollicitations à l'influence de la fille du pape. Il ne manquait pas d'occasions d'observer ce qui se passait au Vatican, mais il ne notait pas ses remarques, ou, du moins, son journal fut détruit en 1527, lors du pillage de Rome, dans lequel Goritz perdit tout ce qu'il possédait.

Il y avait encore quelqu'un parmi les personnes les plus intimement connues de Lucrèce qui, mieux que tout autre sans doute, aurait pu rédiger les Mémoires des Borgia. C'était le Nestor des notaires romains, le vieux Camillo Beneimbene, confident juridique d'Alexandre et de presque tous les cardinaux et les grands de Rome. Il était au courant des circonstances publiques et privées de la vie des Borgia, et connaissait Lucrèce depuis son enfance; tous ses contrats de mariage ont été rédigés par lui. Son étude était située sur la place des Lombards, appelée aujourd'hui Saint-Louis-des-Français. Il y remplit ses fonctions jusqu'en 1505, car ses actes vont jusqu'à cette époque (1). Un homme, qui était depuis si longtemps le témoin officiel et le conseil des Borgia dans leurs affaires domestiques les plus importantes, et qui se trouvait par cela même profondément initié à leurs secrets, prit certainement dans leur maison, et surtout à l'égard de Lucrèce, le rôle d'un ami et presque d'un père. Beneimbene n'a consigné nulle part ses remarques particulières, mais le registre si important des minutes de ses actes se trouve encore aux archives des notaires du Capitole.

Un humaniste très-distingué, Adrien Castelli de Corneto, secrétaire d'Alexandre, qui le fit plus tard cardinal, se trouvait aussi en rapports étroits avec les Borgia. Comme secrétaire du pape, il devait avoir souvent à faire à Lucrèce. Elle comptait aussi sans doute au premier rang de ses connaissances les fa-

(1) Voir mon Mémoire intitulé : « Les Archives des notaires du Capitole à Rome et le registre des minutes du notaire Camillo de Beneimbene, de 1457 à 1505. » Recueil des séances de l'Académie des Sciences du Royaume de Bavière. Munich, 1872. Fascicule IV.

meux latinistes Cortesi, le jeune Sadolet, familier du cardinal Cibo, le jeune Alde Manuce, les deux frères Rafael et Mario Maffei de Volterre, très-spirituels l'un et l'autre, et Egidius de Viterbe. Ce dernier, qui devint plus tard prédicateur célèbre et cardinal, se trouvait encore en relation avec Lucrèce quand elle était duchesse de Ferrare. Il exerça une grande influence sur la pieuse direction qu'elle suivit dans cette seconde période de sa vie.

Nous ne serons pas dans l'erreur si nous nous représentons la jeune duchesse de Biselli en commerce actif avec les cardinaux distingués, délicats ou galants, comme les Médicis, les Riario, les Orsini, les Cesarini et les Farnèse, sans parler des Borgia et de tous les cardinaux espagnols. Nous pouvons aussi nous la dépeindre assistant aux fêtes que donnaient dans leurs palais les grands Romains, tels que les Massimi et les Orsini, les Santa Croce, les Altieri et les Valle, ou, dans leurs maisons bourgeoises, les riches banquiers, comme les Altoviti et les Spanocchi ainsi que Mariano Chigi, dont les fils, Laurent et Agostino, qui ne tarda pas à devenir célèbre, étaient très-liés avec les Borgia.

Lucrèce pouvait surtout prendre un vif intérêt aux créations que l'art produisait à Rome. Alexandre occupait de grands maîtres au Vatican, où Pérugin peignait pour lui. Son peintre officiel était Pinturicchio. Il fit au Vatican le portrait de Julie Farnèse, l'épouse adultère, au-dessous de l'image de la sainte Vierge et, au château Saint-Ange, ceux de plusieurs membres de la famille Borgia.

« Au château Saint-Ange, » dit Vasari, « il orna plusieurs chambres de peintures grotesques, mais, dans la tour qui se trouve en bas, dans les jardins, il peignit des scènes tirées de l'histoire d'Alexandre VI. Il y représenta la reine Isabelle la Catholique, le comte Nicolas de Pitigliano, Giangiacomo Trivulzio et plusieurs autres parents et amis du pape, et, en particulier, César Borgia, ses frères et ses sœurs, et plusieurs personnages considérables de l'époque. » Laurent Behaim avait composé les légendes qui devaient se lire au-dessous de six de ces peintures « du château Saint-Ange en bas, dans les jardins du pape. » Tous les événements importants de cette époque étaient représentés de telle sorte qu'Alexandre y figurait comme le vainqueur de Charles VIII. On voyait ce roi aux pieds du pape dans ces mêmes jardins du château Saint-Ange; ailleurs, Charles prêtait le serment d'obédience dans le consistoire, Puis venaient : la remise de la dignité de cardinal à Philippe de Sens et à Guillaume de Saint-Malo ; une messe à Saint-Pierre servie par Charles VIII; la procession à Saint-Paul, où le roi tenait les étriers du pape; le départ de Charles pour Naples, emmenant avec lui César Borgia et le sultan Djem (1).

Toutes ces peintures ont disparu, et avec elles les portraits de la famille Borgia. Pinturicchio doit avoir peint plusieurs fois la belle Lucrèce. Beaucoup de types qui figurent dans les tableaux de ce maître peuvent représenter à notre insu les traits des Borgia. Ainsi, aujourd'hui encore, les portraits de Lucrèce, de César et de ses frères se trouvent peut-être, sans que les visiteurs ne s'en doutent, dans la galerie d'un antiquaire ou parmi la quantité de vieilles peintures qui se voient dans les palais de Rome ou qui sont suspendues aux murs poudreux des châteaux de la campagne romaine.

(1) Dans le Codex de Hartmann Schedel, à la Bibl. Royale, à Munich.

Il est certain qu'il se trouvait sur l'autel de Sainte-Lucie, à l'église de Santa Maria del Popolo, un tableau représentant Alexandre VI et ses enfants naturels ; c'était certainement une œuvre de Pinturicchio. Plus tard, quand Alexandre VII fit réparer cette église, on enleva ce tableau pour le porter dans la cour du couvent, où il a fini par se perdre (1).

Parmi les artistes célèbres d'alors, Lucrèce dut aussi connaître Antonio di Sangallo, l'architecte de son père ; elle connaissait également Antonio Pollajuolo, un des plus illustres sculpteurs de l'école florentine de Rome dans les dernières décades du quinzième siècle. Il mourut dans cette ville en 1498.

Mais le plus remarquable de tous les artistes qu'on voyait à Rome à cette époque, était Michel-Ange. Il y vint pour la première fois en 1496 ; il n'avait que vingt-trois ans et bouillonnait d'espérance et d'activité. La ville de Rome était alors un séjour enchanté pour tout homme doué d'une nature d'artiste. Son ensevelissement splendide sous les ruines immenses de son passé, que rappelaient avec

(1) Piazza (*Gerarchia cardinalizia*), qui fournit ce renseignement, le vit encore en 1712.

tant d'éloquence les monuments de l'antiquité et du christianisme, la majesté et le silence solennel qui l'entouraient, et, au milieu de tout cela, le débordement soudain de passions furieuses, sont des choses que nous ne pouvons pas mieux nous représenter aujourd'hui que nous ne nous représentons l'esprit de la Renaissance soufflant sur ces ruines, le caractère effroyablement profane de la papauté et le tempérament moral d'une race d'hommes dont l'énergie, à la fois féconde et destructrice, portait souvent l'empreinte de la grandeur. Ces mêmes forces, en effet, qui se traduisaient en crimes gigantesques, produisaient aussi les œuvres gigantesques de la Renaissance. Le bien comme le mal prenaient des proportions énormes. Pareil à Néron, Alexandre VI se montrait, comme lui, sans pudeur et sans effroi, au monde dont il méprisait les jugements.

La Renaissance restera toujours un des plus grands problèmes psychologiques de la civilisation, tant à cause des contrastes frappants qu'elle réunissait en elle, soit d'une façon tout à fait naïve, soit avec toute la conscience de leur incompatibilité mutuelle, qu'en raison des traits sataniques dont son caractère est mêlé.

Toutes les énergies, toutes les vertus et tous les vices de la Renaissance avaient pour mobiles le désir fiévreux des jouissances que procurent l'esprit, la beauté, la puissance et la gloire. On a appelé les jours de la Renaissance, les bacchanales de la civilisation; quand on considère la figure de la bacchante qui les présidait, on la voit se convulser comme celles de ces amants, dans Homère, qui pressentent leur mort. En effet, cette société, cette Eglise, ces villes et ces royaumes, ces études savantes chancellent sur le bord d'un précipice qui va les engloutir sans qu'il soit possible de les sauver.

On est frappé de stupeur, quand on pense que la Rome d'alors voyait à la même heure dans ses murs des hommes comme Copernic, Michel-Ange et Bramante d'une part, et comme Alexandre VI et César Borgia de l'autre.

Lucrèce vit-elle le jeune artiste qui devint plus tard l'ami de l'illustre Vittoria Colonna, de cette femme qui devait être son vivant contraste? Rien ne nous l'indique d'une manière positive, et cependant nous n'en pouvons pas douter. Avec sa curiosité d'artiste et d'homme doué d'une vive intelligence,

Michel-Ange a cherché à rencontrer le regard de la plus gracieuse femme de Rome. Quoiqu'il fût encore à ses débuts, on savait déjà qu'il avait un talent hors ligne. Comme il obtint bientôt ses premières commandes du Romain Gallo et du cardinal La Grolaye, il put être lui-même un objet de curiosité pour Lucrèce.

Au milieu des impressions causées par les tragédies de la maison de Borgia, telles que le meurtre du duc de Gandie, Michel-Ange, qui vivait à Rome à l'époque où ce crime eut lieu, travaillait à une œuvre extraordinaire qui commença par attirer sur lui les regards de la ville. C'était le groupe de la *Pietà*, que le cardinal dont nous venons de parler lui avait commandé. Il l'acheva en 1499, époque à laquelle le grand Bramante vint aussi à Rome. Si l'on considère ce groupe en se représentant à l'arrière-plan le temps des Borgia, la *Pietà* se manifeste alors dans toute sa signification idéale, et elle apparaît dans ces ténèbres morales comme la flamme pure du sacrifice qu'un génie puissant et sévère vient d'allumer dans le sanctuaire souillé de l'Eglise. Lucrèce s'arrêta aussi devant la *Pietà*, et ce chef-d'œuvre put faire naître de profondes émotions dans le cœur de cette fille infortunée d'un pape criminel, — des émotions comme la voix de son confesseur, ou les remontrances de l'abbesse de San Sisto étaient capables d'en susciter en elle.

XV

MALHEURS DE CATARINA SFORZA.

L'an de jubilé 1500 fut heureux pour César, mais funeste pour Lucrèce. Elle commença le 1ᵉʳ janvier, en se rendant à cheval, accompagnée d'un cortége solennel, à Saint-Jean de Latran pour y faire ses dévotions, le pèlerinage prescrit aux différentes églises de Rome. Deux cents personnes à cheval appartenant à la noblesse des deux sexes formaient sa cavalcade. Elle chevauchait sur une haquenée richement caparaçonnée, ayant à sa gauche son mari don Alphonse, à sa droite une dame de sa cour, et derrière elle le capitaine de la garde du palais, Rodriguez Borgia. Au moment où elle passait sur le pont Saint-Ange au milieu de cet entourage, son père était assis dans une loge du château pour jouir de la vue de sa fille bien-aimée.

La nouvelle année n'apporta à Alexandre que des nouvelles agréables, à l'exception d'une seule, celle de la mort du cardinal-légat Juan Borgia, évêque de Melfi et archevêque de Capoue, qu'on appelait le jeune, pour le distinguer d'un autre cardinal du même nom. Il mourut à Urbin le 8 janvier 1500, emporté, à ce qu'il semble, par un accès de fièvre. Elisabeth, femme de Guidobald, informa de cet événement son frère Gonzague, par une lettre du même jour datée de Fossombrone (1).

César se trouvait à Forli quand il reçut, le 12 janvier au matin, le jour même où cette citadelle se rendit à lui, la nouvelle de la mort du cardinal; il envoya sur-le-champ au duc de Ferrare une lettre dans laquelle il lui disait que Juan Borgia, appelé à Rome par le pape et parti de Forli pour s'y rendre, était mort d'un catarrhe à Urbin. Cette circonstance qu'il se trouvait au camp de César et qu'il était déjà malade en arrivant à Urbin, comme cela ressort de la lettre d'Elisabeth, donne de la vraisemblance au soupçon qu'il avait été empoisonné par César.

Il est étrange que celui-ci, dans sa lettre au duc,

(1) Aux archives des Gonzague.

appelle le défunt son frère (1). Le 18 janvier, Hercule lui adressa des compliments de condoléance à propos de la mort du cardinal, qu'il nomme aussi son frère. Devons-nous en conclure que Juan Borgia le jeune était fils d'Alexandre VI? Il y a plus; le chroniqueur ferrarais Zambotto, dans un passage où il relate sa mort, l'appelle expressément « le fils du pape Alexandre (2). » Si cette indication était exacte, le nombre des fils du pape se serait trouvé plus grand encore, car Ludovic Borgia aurait été aussi du nombre. Ce Borgia fut l'héritier des bénéfices de Juan, et devint archevêque de Valence, puis cardinal. Il annonça sa promotion au marquis de Mantoue dans une lettre où, comme César Borgia, il appelle le défunt « son frère (3). »

Tous ces faits pourtant ne sauraient rendre douteuse la généalogie adoptée jusqu'ici relativement à Juan

---

(1) « In questa mattina ho hauto lo adviso de la morte del Rᵐᵒ Card. Borgia mio fratre passato de questa vita in Urbino. » Forli, 16 janv. 1500. Aux archives de Modène.

(2) « A. 1500, 22 janv. (ce qui est une erreur), mori il Carle Borgia fiolo del Papa Alexº a Orbino. » *Silva Cronicarum Bernardini Zambotti.* Manuscrit de la bibl. de Ferrare.

(3) « La bona memoria del Cardinale Borgia mio fratre. » Rome, 30 juillet 1500. Aux archives de Gonzague.

Borgia le jeune. Zambotto est certainement dans l'erreur; quant au mot *fratre*, employé dans la lettre de César, il ne signifie pas autre chose que cousin charnel, *fratello cugino.* (1).

Le 14 janvier, la nouvelle que César s'était emparé du château de Forli parvint au Vatican. Après une courageuse défense, Catarina Sforza Riario avait été obligée de se rendre avec ses deux frères. Cette princesse, petite-fille du grand François Sforza de Milan, fille naturelle de Marie Galéas et sœur illégitime de Blanche, épouse de l'empereur Maximilien, offrait le type idéal de ces héroïnes italiennes qu'on ne rencontrait pas seulement dans les poëmes romanesques de Boïardo et d'Arioste, mais même dans la vie réelle. Son caractère dépassait celui qui est généralement le lot de la femme et touchait par là à l'exagération. Pour se rendre compte de l'existence possible de pareilles femmes chez lesquelles la beauté et le savoir, le courage et l'intelligence, l'ardeur pour le plaisir et la cruauté formaient un étrange assemblage, il faut se reporter au caractère

(1) L'opinion de Citadella que Juan Borgia *junior* était fils de Pierluigui, frère d'Alexandre, n'est pas fondée.

même de l'époque où elles ont vécu. La série de vicissitudes qu'éprouva Catarina Sforza suffisaient d'ailleurs pour faire d'elle une Amazone.

Elle s'était mariée jeune avec le brutal neveu de Sixte IV, Girolamo Riario, comte de Forli. Peu de temps après, son père avait expié sa cruelle tyrannie en tombant à Milan sous les coups des assassins. Son mari devint à son tour la victime de conjurés, qui précipitèrent par les fenêtres du château de Forli son cadavre dépouillé de ses vêtements. Mais Catarina sut, grâce à son courage indomptable, conserver à ses enfants la citadelle de la ville et elle vengea son mari avec une effroyable cruauté. Depuis, elle fut, comme l'appelle Marin Sanudo, « une femme magnanime, pareille à une cruelle virago (1). » Elle vit mourir, six ans plus tard, son frère Jean Galéas, empoisonné par Ludovic le More. Son deuxième mari, Giacomo Feo de Savone, qui ne l'était pourtant pas à titre officiel, fut assassiné aussi sous ses yeux par des conjurés. Elle monta à

---

(1) « Femina quasi virago crudelissima et di cran animo. » *Venuta di Carlo VIII*, p. 811. *Virago* signifie ici femme douée du caractère d'un homme.

cheval sur-le-champ, et conduisit sa garde dans le quartier habité par les meurtriers; elle y fit massacrer sans distinction toutes les créatures vivantes, même les femmes et les enfants. Elle enterra un troisième mari, Giovanni Médicis, en 1497.

Cette Amazone avait gouverné son petit Etat d'une main habile et ferme jusqu'au moment où elle finit par tomber au pouvoir de César. Bien peu de gens pouvaient déplorer son sort. Quand la nouvelle parvint à Milan qu'elle était aux mains de César et par conséquent d'Alexandre, le fameux général Jean-Jacques Trivulze se livra en riant à une saillie licencieuse, qui montre assez combien on la jugeait digne de ce qui lui arrivait (1). César, raconte-t-on, la fit attacher avec des chaînes d'or, comme une autre reine de Palmyre, pour la conduire à Rome, où il fit son entrée triomphale le 26 février. Le pape assigna à Catarina le Belvédère pour lieu de captivité.

La ville se remplissait alors de pèlerins, qui ve-

---

(1) « O bona Madonna hora non te mancherà da... !» *Dépêche de l'ambassadeur de Ferrare, Georgio Seregni, au duc Hercule.* Milan, 15 janvier 1500. Aux archives de Modène.

naient recevoir du pape, bien qu'il s'appelât Alexandre VI, les indulgences du jubilé. Elisabeth Gonzague, femme de Guidobald d'Urbin, suivit même cet exemple. Le pape ayant en pleine paix fait figurer Urbin sur la liste de confiscation des fiefs de l'Eglise et César considérant déjà ce domaine comme sa proie, le pèlerinage de cette femme célèbre était une téméraire démarche. L'idée d'une rencontre possible à Rome avec ce fils du pape devait lui être fort pénible. Elle aurait, du reste, pu facilement trouver un prétexte pour rester chez elle. Son frère, François Gonzague, essaya de la dissuader d'accomplir ce voyage; elle lui écrivit, chemin faisant vers Rome, une lettre si intéressante et si gracieuse que je crois à propos de la reproduire :

« Illustre prince et seigneur, et très-honoré frère. Je suis partie d'Urbin ces jours derniers, et me suis mise en route pour Rome afin d'y obtenir l'indulgence du jubilé; c'est, du reste, un voyage dont j'avais informé Votre Excellence il y a déjà plusieurs jours. Je reçois aujourd'hui à Assise, où je me trouve, une lettre que vous m'adressez; je vois par ce que vous me dites que vous me pressez de renoncer à ce voyage; peut-être croyiez-vous que je n'étais pas encore partie, et j'éprouve un grand déplaisir et une peine inexprimable, car j'aurais voulu, en cela comme en toutes choses, obéir aux volontés de Votre Seigneurie; vous ayant toujours considéré absolument comme mon très-honoré père et n'ayant jamais eu d'autre intention ni d'autre idée que d'obtempérer à vos désirs; d'un autre côté, pourtant, je suis en route, comme je viens de le dire, j'ai déjà quitté mes terres et, grâce à l'aide du seigneur Fabritius (Colonna) et de madame Agnesina, ma très-honorée belle-sœur et sœur, j'ai déjà une habitation préparée à Rome et tout ce qui est nécessaire pour ce voyage; je lui ai fait savoir que je me trouverais dans quatre jours à Marino et, en conséquence, le seigneur Fabritius a pris ses dispositions pour me donner une escorte. De plus, mon départ et mon voyage sont déjà quelque peu ébruités : aussi ne vois-je pas comment je pourrais, sans nuire à mon honneur et à celui de mon mari, ne pas poursuivre ce voyage, la chose étant trop avancée; d'autant plus qu'elle a été entreprise au su et au bon vouloir dudit seigneur mon mari et que j'ai par avance tout bien considéré. Votre Seigneurie ne doit donc concevoir aucune inquiétude ni arrière-pensée à l'égard de mon voyage et, afin que vous soyez au courant de tout, vous saurez que je me rends d'abord à Marino pour de là gagner Rome *incognito* en compagnie de madame Agnesina, et cela afin de visiter les églises, ainsi qu'il est prescrit, pour obtenir les indulgences attachées à ce saint jubilé. Je n'ai pas à me faire voir à personne, ni même à parler à qui que ce soit, car j'habiterai, durant mon séjour à Rome, la maison de feu le cardinal Savelli. C'est une belle demeure; elle convient parfaitement au but que j'ai en vue et se trouve située dans l'enceinte des dépendances des Colonna. Mon intention n'en est pas moins de revenir bientôt à Marino et d'y passer la plus grande partie de mon temps. Votre Seigneurie peut donc, sans plus d'inquiétude, se tranquilliser sur mon voyage et n'en concevoir aucun déplaisir. Quoique toutes ces raisons soient bien suffisantes pour me décider, non-seulement à continuer mon voyage, mais même à l'entreprendre si je ne l'avais déjà fait, je consentirais à y renoncer si je n'étais pas partie, non dans la crainte qu'il en puisse résulter quelque désagrément pour moi, mais afin de me conformer à la lettre de Votre Seigneurie, à qui je désire complaire en toutes choses. Mais l'affaire en étant où je viens de vous dire, je suis certaine que, dès que Votre Excellence sera en possession de ma lettre, elle approuvera ce voyage; ce que je vous prie instamment de faire et de m'adresser une lettre à Rome m'assurant que vous en êtes satisfait, ce afin que je puisse profiter de l'indulgence avec plus de contentement et de tranquillité d'esprit; car, autrement, je serais constamment dans les angoisses et la tristesse. Je me recommande aux bonnes grâces de Votre Excellence. De Votre Seigneurie la plus jeune sœur,

« Elisabeth.

« Assise, le 21 mars 1500 (1). »

Agnesina de Montefeltre, dont il est question dans cette lettre, était une femme douée de grandes qualités intellectuelles, sœur de Guidobald et épouse de Fabritius Colonna, qui devint plus tard un des grands

(1) Voir *Pièces justificatives*, n° 20.

hommes de guerre d'Italie. Elle avait alors vingt-huit ans. Elle habitait avec son mari le château de Marino, dans les montagnes d'Albe, et elle y avait donné naissance, en 1490, à Vittoria Colonna qui devait être l'ornement de sa maison. Elisabeth trouva cette belle enfant déjà fiancée à Ferrante d'Avalos, fils du marquis Alphonse de Pescara. Ferdinand II de Naples avait ménagé ces fiançailles pour s'attacher les Colonna, partisans de la maison d'Aragon.

Sous la protection de ses nobles parents, la duchesse d'Urbin accomplit son voyage à Rome, où elle garda l'incognito et resta jusqu'au samedi de Pâques. En se rendant à Saint-Pierre, elle dirigea sans doute de douloureux regards sur le Belvédère, où la plus vaillante femme d'Italie, son amie peut-être, gémissait en captivité. Nous avons, en effet, la preuve que Catarina Sforza se trouvait au Belvédère depuis le 26 février, jour de l'entrée de César, par une lettre de l'ambassadeur de Venise à Rome, adressée à cette date à sa Seigneurie. Les impressions d'Elisabeth devaient être d'autant plus tristes que son propre époux, ainsi que son frère Gonzague, tous deux au service de la France, avaient dû prendre leur parti de la perte de cette princesse.

Elle avait à peine quitté Rome, que Catarina Sforza reçut la nouvelle que ses deux oncles, Ludovic et Ascanio, étaient tombés au pouvoir du roi de France. Après avoir repris Milan en février 1500 à l'aide de troupes suisses, ils furent indignement trahis par ces mercenaires, le 10 avril devant Novare. Ludovic fut emmené en France, où il mourut misérablement après dix ans de captivité au château de Loches, et le cardinal Ascanio lui-même, autrefois si puissant, dut venir en France comme prisonnier. Une terrible tragédie s'accomplissait ainsi dans la maison des Sforza. Quelle ne devait pas être l'exaspération de Catarina, au fond de sa prison, en voyant toute sa famille en butte à l'impitoyable rigueur du sort? En se plaçant en esprit au milieu de ces terribles catastrophes, on respire cet air étouffant des fatalités historiques au sein duquel Shakspeare a su faire mouvoir ses personnages.

Les geôliers de Catarina, c'est-à-dire le pape et son fils, étaient les hommes les plus terribles de l'époque. L'idée qu'elle se trouvait à leur merci ne dut pas tarder à l'épouvanter. Dans le Belvédère élevé qu'elle occupait, elle devait redouter constamment le poison de César et c'est un miracle qu'elle ait échappé à la mort. Après une tentative malheureuse d'évasion, le pape la fit jeter au château Saint-Ange. Mais des seigneurs français au service de son vainqueur, et spécialement Yvon d'Allègre, la sauvèrent en adressant au pape une protestation chevaleresque. Après un an et demi de captivité, il lui permit de se réfugier à Florence. Il la recommanda lui-même à cette Seigneurie par le bref suivant :

« Chers fils, salut et bénédiction apostolique. Notre chère fille en Jésus-Christ, la noble dame Catarina Sforza, à qui nous avons fait grâce après l'avoir, comme vous le savez, retenue prisonnière un certain temps pour des raisons valables, est en route pour se rendre auprès de vous. Ayant non-seulement usé de clémence, conformément à notre habitude et à notre devoir pastoral, envers ladite Catarina, mais voulant pourvoir à ses besoins avec une bonté paternelle autant qu'il est en nous avec l'aide de Dieu, nous avons jugé bon de vous écrire pour recommander vivement à vos bons soins ladite Catarina ; de telle sorte que, comme elle a la plus grande confiance dans notre bienveillance et qu'elle se rend auprès de vous comme dans sa propre patrie, elle ne soit pas trompée dans les espérances qu'elle fonde sur nos recommandations. Il nous sera donc très-agréable d'apprendre, qu'en récompense du respect témoigné par elle envers votre ville et par égard pour nous, elle a été bien reçue et bien traitée par vous. Donné à Rome, à Saint-Pierre, sous le sceau du pêcheur, le 13 juillet 1501, neuvième année de notre pontificat.

« HADRIANUS (1). »

Cararina Sforza mourut dans un couvent de Florence, en 1509. Elle laissa à son pays un fils qui lui ressemblait ; ce fils était Jean Médicis, le dernier des grands condottieri d'Italie, qui devint célèbre plus tard dans l'histoire militaire de son temps comme chef des bandes noires. On voit encore à

(1) Voir *Pièces justificatives*, n° 28.

l'angle de l'église Saint-Laurent, à Florence, une statue de marbre qui représente assis, ce capitaine dont les reins de centaure dénotent la force herculéenne.

XVI

MEURTRE D'ALPHONSE D'ARAGON

Depuis la chute des Riarii d'Imola et de Forli, tous les tyrans des Etats de l'Eglise tremblaient devant César ; et même les princes plus puissants, comme les Este et les Gonzague, qui n'avaient aucun lien de vassalité avec l'Eglise ou qui n'en relevaient que pour une partie de leurs domaines, s'efforçaient de gagner l'amitié du pape et de son redoutable fils. César, en qualité d'allié de la France, s'était assuré les services de ces deux maisons princières, et depuis 1499 elles l'avaient aidé dans ses entreprises en Romagne. Il entretenait une correspondance active avec Hercule d'Este et, quoique moins âgé et moins expérimenté que lui, il le traitait en égal et même en frère et en ami. Il lui faisait part de ses succès et recevait de lui sur le même ton de confiance des félicitations qui n'étaient que des mensongères et diplomatiques flatteries, dictées par la peur. La correspondance de César et d'Hercule se trouve encore dans les archives d'Este à Modène; elle se compose de nombreuses lettres et commence le 30 août 1498, quand César était encore cardinal. Dans la première de ces lettres, qui est écrite en latin, César informe le duc Hercule qu'il part pour la France et lui demande un cheval de selle.

César entretenait avec François Gonzague une correspondance non moins intime. Il noua avec lui des relations actives, qui durèrent même jusqu'à sa mort. Les archives de la maison de Gonzague à Mantoue contiennent encore quarante et une lettres adressées par César au marquis et à sa femme Isabelle. La première est datée d'Avignon, le 31 octobre 1498 ; la seconde de Forli, le 12 janvier 1500 ; la troisième de Rome, le 24 mai 1500. Voici le contenu de cette dernière :

« Illustre seigneur que j'honore comme un frère. Nous avons appris par les lettres de Votre Excellence et avec une grande joie l'heureuse et désirée naissance de votre illustre fils, et nous en avons reçu la nouvelle comme s'il se fût agi de la naissance de notre propre enfant. Comme nous ressentons une bienveillance profonde et fraternelle pour la prospérité et le bonheur de cet enfant, nous consentons volontiers à lui servir de parrain et nous désignons à cet effet comme notre lieutenant, celui de vos conseillers qu'il plaira à Votre Excellence de choisir. Cette personne le tiendra à notre place sur les fonts sacrés. Nous prions Dieu, notre Seigneur, qu'il le protége au gré de notre commun désir.

« Votre Seigneurie ne trouvera pas mauvais que nous la chargions de féliciter en notre nom son illustre épouse qui, nous l'espérons, inaugure avec ce fils une nombreuse descendance, par laquelle sera perpétuée la gloire de parents aussi illustres.

« César Borgia de France, duc de Valence, gonfalonier et capitaine général de la sainte Eglise romaine (1).

« Rome, au palais apostolique, le 24 mai 1500. »

Ce fils de la marquise de Mantoue était le prince

(1) Voir *Pièces justificatives*, n° 21.

héritier Frédéric, né le 17 mai 1500. Deux ans plus tard, quand César était au faîte de sa puissance, ces mêmes Gonzague briguaient l'honneur de fiancer leur fils aîné avec sa petite-fille Louise.

César resta plusieurs mois à Rome afin de se procurer l'argent nécessaire pour continuer ses entreprises en Romagne. Cependant tous ses plans eussent pu s'écrouler en un clin d'œil si son père, comme on eut lieu de le craindre, eût été tué par une cheminée qui tomba sur lui au Vatican, le 27 juin 1500. On le retira légèrement blessé des décombres qui le couvraient. Il ne voulut se laisser soigner que par sa fille. Le 3 juillet, l'ambassadeur de Venise trouva auprès de lui, en venant lui rendre visite, madame Lucrèce, Sancia et son mari, Jofré et une dame d'honneur de Lucrèce qui était la « favorite » du pape, lequel avait alors soixante et dix ans. Il attribua son salut à la Vierge Marie, de même que Pie IX de nos jours, quand il échappa à l'écroulement d'une maison près de Sainte-Agnès, se dit sauvé par l'intercession de cette sainte. Alexandre fit célébrer une grand'messe en son honneur le 5 juillet, et plus tard, après son rétablissement, il se rendit processionnellement à Santa Maria del Popolo, où il offrit à la Vierge céleste un vase contenant trois cents ducats. Le cardinal Piccolomini répandit avec ostentation cet or sur l'autel, en présence de tout le peuple.

Les saints du paradis s'étaient interposés entre les murs en ruines du Vatican et un bien grand pécheur, mais ils laissèrent paisiblement commettre un crime qui fut accompli sur un innocent, dix-huit jours seulement après cet accident. C'était en vain que ses propres pressentiments et les conseils de ses amis avaient poussé un an auparavant le jeune Alphonse de Biselli à se soustraire par la fuite au sort qui l'attendait. Il n'avait suivi sa femme à Rome, comme un agneau destiné au sacrifice, que pour tomber sous le poignard des assassins, dont elle ne pouvait le sauver. César le haïssait comme tous les membres de la maison d'Aragon. Du reste, l'alliance de sa sœur avec un prince de Naples était devenue maintenant aussi insignifiante que l'avait été autrefois son union avec Sforza de Pesaro ; bien plus, elle faisait obstacle aux desseins de César, qui avait en vue de faire contracter à Lucrèce un mariage plus profitable pour lui. Mais, comme l'union de celle-ci avec le duc de Biselli n'était pas demeurée stérile et, par conséquent, ne pouvait pas être dissoute, César résolut de séparer les époux d'une manière radicale.

Le 15 juillet (1500), Alphonse quittait son palais vers onze heures du soir pour se rendre au Vatican, où se trouvait sa femme. Sur les escaliers de Saint-Pierre, des hommes masqués, armés de poignards se jetèrent sur lui. Grièvement blessé à la tête, au bras et à la cuisse, le prince put se précipiter dans l'appartement du pape. A la vue de son mari couvert de sang, Lucrèce tomba sans connaissance sur le plancher.

On porta Alphonse dans une chambre du Vatican; un cardinal lui donna l'absolution. Pourtant sa jeunesse triompha et il entra en convalescence. Lucrèce, à qui la terreur avait donné la fièvre, et sa sœur Sancia le soignaient; elles lui faisaient cuire ses aliments de leurs propres mains, et le pape lui-même faisait sentinelle autour de lui. On parla beaucoup à Rome de ce crime et de ses auteurs. Le 19 juillet, l'ambassadeur de Venise écrivait à sa Seigneurie :

« On ignore qui a frappé le duc, mais on dit que c'est la même personne qui a assassiné le duc de Gandie et qui l'a jeté dans le Tibre. Monseigneur de Valence a rendu un édit pour interdire, sous peine de mort, de se montrer en armes depuis le château Saint-Ange jusqu'à Saint-Pierre. »

César dit au même ambassadeur avec une ironie infernale : « Ce n'est pas moi qui ai frappé le duc, mais il aurait bien mérité que je le fisse. » Sa haine pour son beau-frère devait avoir pour cause aussi des raisons toutes personnelles qui sont restées obscures pour nous. Il porta l'audace jusqu'à rendre visite au malade ; en sortant d'auprès de lui, il se mit à dire : « Ce qui n'a pas réussi à midi peut avoir lieu le soir. »

Les jours s'écoulaient ainsi péniblement pour tout le monde, quand le meurtrier perdit patience. Il revint le 18 août vers neuf heures du soir ; il chassa Lucrèce et Sancia de la chambre de son beau-frère et appela son capitaine Micheletto, qui l'égorgea. On apporta à Saint-Pierre le cadavre du prince, sans l'accompagner du son des cloches ni de chants funèbres et dans un effrayant silence pareil à celui au milieu duquel se meuvent les ombres chinoises.

La chose n'était plus un mystère. César déclara publiquement qu'il avait tué le duc parce qu'il en voulait lui-même à ses jours, et il assurait qu'Alphonse avait fait tirer sur lui par un archer comme il se promenait dans les jardins du Vatican.

Rien ne montre mieux l'effrayant empire que César avait fini par exercer sur son coupable père que cet acte atroce et la manière dont le pape se comporta en l'apprenant. Il résulte de la relation de l'ambassadeur de Venise que le crime avait eu lieu malgré Alexandre et qu'il avait même essayé de sauver le malheureux prince. Mais, quand le forfait fut commis, le pape n'eut rien de plus pressé que de le passer sous silence, soit qu'il n'osât pas en faire rendre compte à César auquel il avait déjà pardonné son fratricide, soit que les conséquences du crime ne lui fussent pas désagréables. Il put s'épargner la peine de faire à son fils des reproches inutiles dont la valeur toute sentimentale, à supposer qu'un Borgia fût capable de faire un appel au sentiment, n'aurait fait que provoquer les sarcasmes de César. Du reste, la sollicitude avec laquelle Alexandre avait fait veiller autour de son malheureux gendre était-elle autre chose qu'une démonstration perfide? Il n'y a en effet aucune raison à opposer au soupçon que le pape avait tracé lui-même le plan de ce meurtre, ou du moins qu'il y avait acquiescé.

Jamais crime ne fut plus vite oublié. L'assassinat d'un prince royal de la maison de Naples ne fit pas plus de bruit que s'il s'était agi de la mort d'un palefrenier du Vatican. Personne ne se retira pour cela en voyant approcher César, pas un prêtre ne lui refusa l'entrée des églises et pas un cardinal ne cessa de l'aborder avec de profonds saluts. Les prélats s'empressaient autour de lui pour recevoir le chapeau rouge de la main du tout-puissant meurtrier, car il offrait à beaux deniers comptants la dignité de cardinal aux plus offrants enchérisseurs. Il lui fallait de l'or pour continuer ses conquêtes en Romagne. Il avait chez lui, en ce mois d'août, ses condottieri Paul Orsini, Jules Orsini, Vitellozzo Vitelli et Hercule Bentivoglio. Son père avait équipé pour lui un corps de sept cents hommes pesamment armés, et le 18 août l'ambassadeur de Venise informait sa Seigneurie qu'il avait été chargé par le pape de prier le doge de cesser de couvrir de sa protection les seigneurs de Rimini et de Faenza. On négociait avec la France afin d'obtenir pour César des secours effectifs. Le 24 août, l'ambassadeur français, Louis de Villeneuve, fit son entrée à Rome; près de San Spirito, un homme masqué s'avança sur lui à cheval et l'embrassa : c'était César. Autant il mettait volontiers d'ostentation à la poursuite de ses crimes, autant il aimait à se couvrir d'un masque pour parcourir les rues de Rome.

Le jeune Alphonse d'Aragon est une des figures qui se détachent le plus tragiquement parmi celles des victimes des Borgia, et son sort est encore plus poignant que celui d'Astorre Manfredi. Si Lucrèce aimait réellement son mari, comme on a tout lieu de le penser, sa mort dut la plonger dans le désespoir et, quand même elle n'eût ressenti aucune passion pour lui, tous ses sentiments durent se révolter contre le meurtrier qui la sacrifiait ainsi à son ambition infernale. Elle devait également avoir son père en horreur en le voyant considérer ce forfait avec tant d'indifférence.

Les relations laconiques qui portent la date du

jour du crime ne nous dépeignent pas l'état dans lequel elle se trouvait après qu'il fut perpétré, ni ce qui se passa alors au Vatican entre les membres de la maison de Borgia. Lucrèce avait la fièvre; mais elle ne mourut pas de chagrin, elle ne se dressa pas contre l'assassin de son époux comme une furie vengeresse, elle ne s'enfuit pas éperdue de cet épouvantable Vatican.

Elle se trouvait dans la situation de sa belle sœur donna Maria Enriquez après la mort du duc de Gandie; mais si celle-ci était alors en sûreté avec son fils en Espagne, il n'y avait pour Lucrèce aucun asile dans lequel elle pût se réfugier sans l'autorisation de son père et de son frère.

Il serait insensé de blâmer la malheureuse parce qu'au moment le plus terrible de sa vie elle ne s'est pas élevée à la hauteur d'une héroïne de tragédie. Nous devons reconnaître pourtant qu'elle se montra alors très-faible et très-pusillanime. Mais nous n'avons pas le droit d'exiger de Lucrèce Borgia les qualités d'une grande âme, si elle ne les possédait pas. Nous essayons seulement de nous la représenter telle qu'elle était réellement. Et, si nous ne nous trompons pas, c'était une femme dont la grâce, mais non la force, dépassait la moyenne. Cette jeune princesse, que l'imagination romantique de la postérité s'est dépeinte comme une Médée ou comme une bacchante constamment dévorée d'ardeurs amoureuses, n'éprouva jamais peut-être une passion réelle et profonde. A l'époque de sa vie où elle résida à Rome, elle fut constamment dans la dépendance des autres, car c'était alors son père, puis son frère qui décidaient de son sort. Jusqu'à quel point sa résistance morale pouvait suffire à assurer sa dignité de femme au milieu de circonstances qui enchaînaient sa liberté, c'est ce que nous ne savons pas. Mais si Lucrèce avait jamais eu le courage de faire valoir ses sentiments et ses droits personnels vis-à-vis de ceux dont elle était la victime, c'est après l'assassinat de son mari qu'elle aurait osé le faire. Il est possible qu'elle ait alors tourmenté le meurtrier de ses reproches et son père de ses gémissements. César, sans doute, la trouva importune; il voulut la voir éloignée du Vatican et Alexandre l'exila pour quelque temps : il est probable qu'elle-même en éprouvait le désir. L'ambassadeur de Venise, Polo

Capello, signale une brouille survenue entre elle et son père. Il avait quitté Rome le 16 septembre 1500 et, de retour à Venise, il fit un rapport à son gouvernement sur l'état des affaires à la cour papale, dans lequel il disait : « Madame Lucrèce, qui est prudente et libérale, était auparavant en faveur auprès du pape, mais maintenant il ne l'aime plus. »

Le 30 août, Lucrèce quitta Rome avec une escorte de six cents cavaliers pour se rendre à Nepi, ville dont elle était la souveraine. Elle voulait s'y remettre, dit Burkhard, des émotions que la mort du duc de Biseglia lui avait causées.

XVII

SÉJOUR DE LUCRÈCE À NEPI.

A cette époque, on prenait comme aujourd'hui, pour aller de Rome à Nepi, la via Cassia en passant par Isola Farnese, Baccano et Monterosi. La route était encore en partie la même qu'au temps des anciens Romains, mais elle se trouvait en très-mauvais état. Près de Monterosi, on prenait la voie Amerina dont l'antique pavé s'est conservé par larges places même de nos jours, jusque sous les murs de Nepi.

Comme presque toutes les villes d'Etrurie, celle-ci (Nepe ou Nepete) est située sur un plateau élevé dont les talus escarpés s'enfoncent dans de profondes crevasses volcaniques et le long desquels de petits cours d'eau appelés *rii* se frayent un chemin sur un lit rocailleux. Les parements de tuf dénudé servent de fortifications naturelles et sont surmontés de murailles dans les endroits où ils sont trop bas.

Le côté sud de la ville de Nepi, où le Rio Falisco coule dans une vallée peu profonde avant de tomber dans le grand escarpement, était dès l'antiquité fortifié par de hautes murailles faites de longues dalles de tuf posées sans ciment les unes sur les autres, comme pour les murs de la ville voisine de Falères. On voit encore à Nepi de beaux vestiges de ces murs à la Porta Romana ; le reste a servi à construire le château, ainsi que les voûtes élevées de l'aqueduc Farnèse.

Le château fort défend le côté le plus faible de Nepi ; déjà dans l'antiquité s'élevait à la même place l'*arx*, ou la citadelle de la ville. Au huitième siècle, elle servait de résidence au puissant duc Toto qui joua un rôle considérable dans l'histoire de la ville de Rome. Le cardinal Rodriguez Borgia lui a donné la forme qu'elle a conservée jusqu'à nos jours. Il fit relever le château et construire les deux fortes tours intérieures dont la plus grosse est ronde et la petite quadrangulaire. Plus tard, ce même château fut restauré et muni de bastions par Paul III et par son fils Pierluigi Farnèse, premier duc de Castro et de Nepi (1).

En 1500, le château n'était pas moins fort que celui de Civitacastellana qu'Alexandre VI avait également achevé. Aujourd'hui il est dans un état de ruine lamentable. Une épaisse ceinture de lierre entoure les débris du palais et tous les murs extérieurs. Il n'y a que les deux tours colossales qui aient défié les injures du temps.

Du côté de la ville on arrive dans ce château en ruines par une porte sur laquelle on lit l'inscription suivante, gravée dans le beau style de la Renaissance : *YSV. VNICVS CVSTOS. PROCVL HINC TIMORES. YSV.* On entre d'abord dans une cour rectangulaire entourée de portiques murés et en ruines et occupée dans toute sa surface par un jardin potager. On a devant soi la façade en ruines du château, qui consiste en un bâtiment à deux étages dans le style de la Renaissance avec des fenê-

---

(1) Sur le fronton de la Porta Romana et sur les bastions, se voient encore ciselées sur la pierre les armes colossales de Paul III et celles de son fils. On y lit aussi cette inscription : *P. Aloisius Farnesius Dux I. Castri et Nepete munimentum hoc ad tutelam civitatis exstruxit. MDXL.*

tres dont l'encadrement est en pépérine. L'inscription P. LOISIVS FAR. DVX PRIMUS CASTRI, qu'on voit sur la corniche du portail, montre que c'est aussi une construction ajoutée par Farnèse.

L'intérieur n'offre à la vue qu'un amas de décombres. Toutes les pièces sont effondrées. Personne ne s'occupe d'arrêter la destruction de cet ancien et remarquable monument; et voilà plus de cinquante ans que la dernière salle s'est écroulée. Il n'y a d'intact qu'une seule pièce de l'étage supérieur à laquelle on ne peut grimper qu'à l'aide d'une échelle. On y voit encore la place de la cheminée et même le plafond primitif en parquet, comme c'était l'usage au commencement de la Renaissance. Les extrémités des poutres forment des consoles élégamment sculptées. Toute la boiserie est peinte en brun foncé et, çà et là, sont fixés au plafond des écussons de bois sur lesquels se détachent en couleur voyante les armes des Borgia.

On voit aussi ces mêmes armes sculptées sur pierre en différents endroits des murs, à l'intérieur comme sur les tours du château. Deux armoiries très-finement ciselées, qui sont encastrées dans le mur du vestibule de l'hôtel de ville de Nepi ont été prises à ce château où Lucrèce sans doute les avait fait placer. Elles se composent des armes, réunies sous une couronne ducale, des Borgia et de la maison d'Aragon, car Lucrèce s'était approprié ces dernières comme duchesse de Biselli.

La ville de Nepi, qui ne compte que deux mille cinq cents habitants, n'était guère plus peuplée en 1500. C'est une petite place de la campagne de Rome bâtie en général dans le style gothique avec quelques palais et tours antiques appartenant aux familles nobles de l'endroit, parmi lesquelles celle des Celsi était la plus en vue, une petite place, le forum d'autrefois, sur laquelle s'élevait la maison commune, un vieux dôme, construit à l'origine sur les ruines d'un temple de Jupiter et qui conservait encore en 1500 sa forme de basilique, quelques autres églises et cloîtres très-antiques, comme San Vito et Santo Eleuterio, et plusieurs restes d'antiquité qui n'existent plus aujourd'hui. Il n'en a survécu que deux anciennes statues élevées à l'honneur des bourgeois, déchus depuis, de Nepete et placées à la façade du palais municipal, belle construction de la dernière époque de la Renaissance.

Le paysage qui entoure Nepi porte, comme dans la plus grande partie de l'Etrurie, un caractère sévère et mélancolique dû à la nature volcanique du terrain et à l'aspect désolé qui est propre à toute cette contrée. Ces sombres escarpements, semés de quartiers de rochers et flanqués de parements à pic de tuf noir ou d'un rouge foncé, ces ruisseaux qui bruissent dans leurs profondeurs causent une impression profonde, mais triste, que les plateaux vastes et silencieux et les pâturages d'églogue, où l'on entend çà et là le bêlement plaintif des troupeaux de moutons et les sons mélancoliques du chalumeau, ne sont pas de nature à égayer.

Par endroits se trouvent de sombres bois de chênes. Il y a quatre cents ans ils étaient plus épais et plus nombreux autour de Nepi qu'ils ne le sont aujourd'hui, car ils ont été fort éclaircis du côté de Sutri et de Civitacastellana; pourtant ils forment encore de superbes halliers. De la plate-forme du château, on avait devant les yeux un vaste panorama plus étendu encore que la vue dont on jouit du château de Spolète. A l'horizon se dessinait d'un côté la cime noirâtre du volcan de Bracciano avec le Monte di Bocca Romana, ailleurs les collines boisées de Viterbe sur les larges pentes desquelles se montrait en pleine lumière la ville de Caprarola, domaine des Farnèse. En face s'élevait, pareil à une île au milieu de la mer, le mont Soracte. Au nord, les plateaux s'inclinent insensiblement vers la vallée du Tibre, au delà de laquelle se présentaient majestueusement dans un lointain vaporeux, les montagnes bleuâtres de la Sabine, avec les nombreux châteaux situés sur les points culminants.

La jeune veuve d'Alphonse fit son entrée le 31 août au château de Nepi, dont une partie de sa cour vint animer les vastes appartements. Elle avait avec elle son fils Rodriguez. Mais la gaieté de tous ces cavaliers et de toutes ces dames, aux mœurs si joyeuses en d'autres circonstances, était assombrie par un deuil réel ou de convention. Lucrèce pouvait, dans ce château solitaire, pleurer sans être distraite le bel adolescent qui avait été son époux pendant deux ans et avec lequel elle avait habité ce même château un an à peine auparavant. Rien n'y troublait le cours de ses tristes pensées ; au contraire, le château, la ville et le paysage semblaient leur faire écho.

Nous avons quelques lettres de Lucrèce datées de son triste séjour au château de Nepi ; ces lettres sont très-précieuses, car ce sont les seules que l'on possède, ou du moins que l'on ait découvertes jusqu'ici, appartenant à la période romaine de la vie de cette femme célèbre. Elles proviennent de sa chancellerie de Ferrare et sont à l'adresse de son fidèle serviteur Vincent Giordano, à Rome; une partie d'entre elles est autographe et le reste de la main de son secrétaire Cristoforo. Elle les signait : « la malheureuse princesse de Salerne, » cependant les mots *principessa de Salerno* ont été rayés et il n'est resté que *la infelicissima;* il n'y a qu'une seule lettre sans date où la signature soit restée intacte.

La première, datée du 14 septembre 1500 « en notre château de Nepi » traite d'affaires domestiques et spécialement de vêtements dont elle a besoin ;

et il en est de même de la seconde qui est du 26 octobre. Le 26 octobre, elle écrit au cardinal de Lissabon, son parrain, pour lui recommander le porteur, Jean de Prato. Le 28 octobre, elle prescrit à Vincent de faire confectionner des habits pour le petit Rodriguez et de les lui envoyer promptement par un messager. Elle le charge en outre de faire dire de nouvelles prières dans tous les monastères « en raison » dit-elle « du malheur que je viens de subir (1). » Le 30 octobre, elle lui écrivait :

« Vincent. Ayant décidé de faire célébrer un service commémoratif pour l'âme du seigneur duc, mon époux — que la gloire des saints lui échoie — tu auras à te rendre à cet effet auprès du révérendissime seigneur, le cardinal de Cosenza, que nous avons chargé de ce soin, et à faire ce que Sa Révérence t'ordonnera, tant en ce qui regarde ce qu'il y a à débourser pour ledit service que pour t'occuper de remplir les prescriptions qui te seront faites par Sa Seigneurie. Tu auras à voir aussi ce que tu dépenseras des cinq cents que tu as entre les mains, car

(1) Voir *Pièces justificatives*, n° 25.

je donnerai des ordres pour qu'ils te soient rendus s'il en est besoin. Du château de Nepi, l'avant-dernier jour d'octobre 1500.

« LA MALHEUREUSE (1). »

Une lettre de Lucrèce qui ne porte point de date et où il est question d'étoffes de deuil qu'elle désire pour garnir son ciel de lit, peut être de la même époque. Les dernières lettres datées sont du 31 octobre et du 2 novembre et ont pour objet des recommandations domestiques sans importance ; elles fournissent la preuve que Lucrèce était encore à Nepi au mois de novembre. Une autre lettre sans date, adressée aussi à Vincent Giordano, est relative à son retour à Rome ; elle contient des obscurités voulues, indéchiffrables et des noms supposés dont son serviteur avait évidemment la clef; la signature elle-même consiste en un chiffre conventionnel. Lucrèce s'y exprime comme suit: « Je suis si contrariée et si chagrinée à propos de mon retour à Rome, qu'il m'est impossible d'écrire ; je ne puis faire autre

---

(1) Voir *Pièces justificatives*, n° 26.

chose que de pleurer. Et tous ces jours-ci, voyant que Farina ne me répond, ni ne m'écrit je n'ai pu ni manger ni dormir, mais seulement pleurer sans cesse. Dieu pardonne à Farina qui aurait pu tout arranger pour le mieux et qui ne l'a pas fait. Je verrai si je puis lui envoyer Roble avant de partir, car je veux l'envoyer. Rien d'autre. Encore une fois veille bien à tout et ne laisse à aucun prix voir cette lettre à Rexa (1). »

Il paraît que Lucrèce désirait vivement quitter Nepi et revenir à Rome, ce à quoi son père avait pu s'opposer d'abord. Rexa signifie peut-être Alexandre et le nom de Farina peut s'appliquer au cardinal Farnèse, sur l'entremise duquel elle comptait. Vincent lui écrivit enfin qu'il avait parlé au pape lui-même et Lucrèce exprime à son serviteur, dans une lettre sans date, la joie qu'elle ressent de ce que tout soit allé mieux qu'elle ne l'avait espéré. Cette lettre est la seule dans laquelle la signature « la malheureuse princesse de Salerne » n'ait pas été rayée (2).

---

(1) Voir *Pièces justificatives*, n° 26 (*bis*).
(2) Voir *Pièces justificatives*, n° 26 (*ter*). Ces lettres, écrites de

Nous ignorons quelle fut la durée de ce mélancolique séjour de Lucrèce à Nepi où, dans les chaleurs étouffantes de l'été, les exhalaisons qui s'élèvent des crevasses des rochers produisent des miasmes dangereux qui, aujourd'hui encore, rendent cette ville malsaine, ainsi que celle de Civitacastellana. Son père put la rappeler à Rome avant les fêtes de Noël et lui rendre sa faveur aussitôt, et d'autant plus facilement que son frère avait quitté Rome. A peine quelques mois s'étaient-ils écoulés, que l'avenir se peignit aux yeux de Lucrèce sous des images brillantes qui rejetèrent bientôt dans les ombres de l'oubli le souvenir de l'infortuné Alphonse. Ses larmes se séchèrent si rapidement qu'au bout d'un an à peine, personne n'aurait reconnu dans cette jeune femme souriante la veuve d'un mari tombé sous les coups d'un assassin et sincèrement pleuré. Lucrèce avait hérité de son père, sinon d'une énergie physi-

---

Nepi par Lucrèce, ont été récemment découvertes dans les archives de Modène et m'ont été envoyées de là par M. Foucard, qui ne se lasse pas de poursuivre ses recherches en faveur de l'histoire de Lucrèce. Je lui dois encore d'autres documents nouvellement découverts dont je puis enrichir cette troisième édition de mon livre.

que inaltérable, du moins d'une légèreté que les contemporains ont désignée sous le nom de gaieté constante et signalée comme le trait caractéristique de son tempérament moral.

XVIII

CÉSAR A PESARO

A la fin de septembre 1500, César s'était mis en marche pour la Romagne avec sept cents hommes de grosse cavalerie, deux cents de cavalerie légère et six mille fantassins. Il se dirigea d'abord contre Pesaro pour en chasser son beau-frère d'autrefois. Jean Sforza avait pu se féliciter, à la nouvelle de la terrible fin de son successeur auprès de Lucrèce, d'avoir échappé au même sort. Il brûlait d'une haine ardente contre tous ces Borgia, mais loin de pouvoir tirer vengeance des affronts qu'ils lui avaient fait subir, il se voyait maintenant exposé presque sans défense aux attaques de l'un d'eux, bien plus puissant que lui. Il avait été informé par ses agents à Rome et par son ami l'ambassadeur d'Espagne des préparatifs de son ennemi mortel, comme le montrent ses lettres à François Gonzague, frère de sa première femme Madeleine (1).

Le 1er septembre 1500, il informait le marquis du projet formé par César d'attaquer Pesaro et le priait de recommander ses intérêts à l'empereur Maximilien. Le 26, il lui écrivait en termes plus pressants pour demander du secours. Le marquis ne lui répondit pas par un refus, mais il ne lui envoya que cent hommes aux ordres d'un capitaine. On vit bientôt combien la moindre bourrasque ébranlait facilement ces souverainetés illégitimes d'Italie. Les habitants de Faenza étaient les seuls qui aimassent leur seigneur, le jeune et beau Astorre Manfredi, et qui lui demeurèrent fidèles; mais dans toutes les autres villes de la Romagne, le gouvernement des tyrans était abhorré. Sforza, du reste, pouvait être violent et cruel, et les leçons qu'il avait reçues à Rome à l'école des Borgia ne devaient pas être restées stériles.

Jamais trône ne fut aussi vite écroulé que le sien, ou plutôt aussi vite abandonné avant même

(1) Sa correspondance avec Gonzague est conservée aux archives de Mantoue.

d'être écroulé. César ne s'était pas encore approché de Pesaro qu'un mouvement en sa faveur s'y manifesta parmi le peuple : il se forma un parti hostile à Sforza, tandis que la bourgeoisie tout entière, émue des conséquences probables de la prise d'assaut de la ville par un ennemi impitoyable, désirait se débarrasser de lui. Vainement le poëte Guido Posthumus, qui était revenu depuis peu de Padoue dans sa ville natale, excita-t-il dans des vers belliqueux ses compatriotes à la résistance (1). Le peuple se souleva, le dimanche 11 octobre, avant que César n'eût encore paru devant la ville. La lettre suivante, adressée par Sforza à Gonzague, nous apprend ce qui se passa ensuite :

« Illustrissime Seigneur et très-honoré beau-frère. Votre Excellence aura sans doute appris que dimanche matin le peuple de Pesaro, excité par quatre misérables, s'est soulevé en armes et que j'ai pu réussir, avec quelques hommes dévoués, à me retirer au château. Quand je vis approcher les ennemis, ayant

---

(1) *Ad Pisaurenses : Guidi Posthumi Silvestris Pisaurensis Elegiarum* Libri II, p. 33, Bonon. 1524.

à leur tête Hercule Bentivoglio qui était à Rimini, je quittai le château pendant la nuit afin de ne pas m'y trouver investi, sur les conseils et avec l'aide de Jacomo Albanese. Je me suis réfugié ici en suivant de mauvais chemins et me trouvant exposé aux plus grands dangers ; sur quoi, j'ai à remercier tout d'abord Votre Excellence qui m'a envoyé ledit Jacomo et, ensuite, lui-même grâce auquel j'ai pu me mettre en sûreté. J'ignore encore ce à quoi je me déciderai ; mais si d'ici quatre jours je ne me suis pas rendu auprès de Votre Excellence, je lui dépêcherai Jacomo, qui lui dira tout ce qui s'est passé et lui fera part de mes intentions. En attendant, j'ai voulu vous apprendre que je suis en lieu sûr et me recommander à vous. De Votre Excellence, le beau-frère et serviteur,

« JEAN SFORZA D'ARAGON,
comte de Catignola et de Pesaro (1).

« Bologne, le 17 octobre 1500. »

Le 19 octobre, il écrivit de nouveau à Gonzague une lettre datée aussi de Bologne, pour l'informer

(1) Voir *Pièces justificatives*, n° 24.

qu'il se rendait à Ravenne et voulait retourner de là à Pesaro, où le château tenait encore vaillamment, et il demandait au marquis d'envoyer trois cents hommes à son aide. Mais trois jours après, il lui annonçait de Ravenne que le château s'était rendu.

Non-seulement la ville de Pesaro n'avait pas résisté à César, mais elle l'avait accueilli spontanément et le fils du pape reçut des honneurs publics en faisant son entrée au palais des Sforza, dans lequel quatre ans seulement auparavant sa sœur trônait en souveraine. Il visita le château le 28 octobre, fit appeler un peintre et lui donna l'ordre d'en faire un dessin sur papier qu'il voulait envoyer au pape. Douze trompettes firent retentir du haut des créneaux du château des Sforza des fanfares triomphales, et des hérauts y proclamèrent César souverain de Pesaro. Le 29 octobre, il marcha contre le château de Gradara (1).

Pandolfo Collenuccio fut témoin de l'entrée de César à Pesaro. Comme il avait été banni, ainsi que nous l'avons vu, par Jean Sforza et avait trouvé

(1) Pietro Marzetti, *Memorie di Pesaro*, en manuscrit dans la Bibl. Oliveriana.

un asile à Ferrare, ce fut lui que le duc Hercule, à la nouvelle de la chute de Pesaro, chargea de présenter à César des félicitations que lui arrachaient, indépendamment de la peur, les intérêts d'une négociation importante que le pape avait engagée avec lui et dont nous parlerons bientôt. Collenuccio rendit compte au duc de sa mission dans une lettre remarquable en date du 29 octobre, que nous allons reproduire :

« Mon illustrissime Seigneur. Je suis arrivé à Pesaro deux jours et demi après mon départ d'auprès Votre Seigneurie. J'y suis donc parvenu mardi vers la vingt-quatrième heure. C'est précisément à cette heure que le duc de Valentinois y faisait son entrée; toute la population était à la porte, on le reçut par une pluie battante et on lui présenta les clefs de la ville. Il prit sa résidence au palais dans l'appartement même qu'habitait auparavant le seigneur Jean. Son entrée se fit d'une façon très-solennelle, à ce que m'ont dit ceux des miens qui en ont été témoins; il y avait beaucoup d'ordre et plusieurs chevaux et fantassins de sa garde. Je lui ai fait savoir mon arrivée le même soir et que j'attendais une audience pour le moment qui conviendrait à Son Excellence. Vers deux heures de la nuit (huit heures du soir), il m'envoya le seigneur Ramiro et le majordome pour me rendre visite et me demander avec beaucoup de compliments, si j'étais bien logé et si je n'avais besoin de rien au milieu de tant de monde ; il me faisait dire aussi que je me reposasse et qu'il me recevrait le lendemain. Mercredi de bon matin, il m'envoya une députation chargée de me faire hommage d'un grand sac d'orge, d'un fût de vin, d'un mouton, de huit paires de chapons et de poules, de deux grandes torches, de deux paquets de chandelles et de deux boîtes de confitures. Il ne me donna pourtant pas audience, mais il me fit présenter ses excuses et dire que cela ne devait pas m'étonner. La raison en était que, s'étant levé à la vingtième heure (deux heures après midi) et ayant mangé aussitôt levé, il alla ensuite au château où il resta jusqu'à la nuit et dont il revint très-fatigué à cause d'un abcès dont il souffre.

« Aujourd'hui, après avoir dîné à la vingt-deuxième heure (quatre heures après-midi), il me fit introduire auprès de lui par le seigneur Ramiro; puis, avec beaucoup de familiarité et le meilleur accueil, Sa Seigneurie commença par s'excuser de n'avoir pas pu me recevoir hier, tant à cause des affaires qui l'avaient appelé au château, qu'en raison de l'indisposition que lui avait occasionnée son abcès. Après ce préambule, et quand je lui eus dis que l'objet essentiel de ma mission était de visiter Sa Seigneurie, de la féliciter, de la remercier, et de se mettre à ses ordres, il m'a répondu en homme parfaitement maître de ses paroles, de point en point et avec beaucoup d'à-propos. Il m'a dit en résumé que, connaissant la sagesse et la bonté de Votre Excellence, il avait toujours eu à cœur et désiré d'entrer en rapports personnels avec Elle. Il aurait voulu le faire quand Elle était à Milan, mais les circonstances et les affaires du moment l'en avaient empêché. Maintenant qu'il était venu dans ce pays, il persistait dans son intention et vous avait écrit cette lettre où il vous informe de ses succès, par une résolution et par un mouvement spontané de son âme et pour prouver l'amitié filiale qu'il a pour vous, bien persuadé que Votre Seigneurie en éprouverait de la joie. Il fera de même à l'avenir, car il désire contracter une amitié intime avec Votre Excellence ; il lui offre tout ce qu'il possède et ce dont il dispose, et Votre Seigneurie aura lieu de le constater si l'occasion s'en présente. « Je dois, m'a-t-il dit, bien vous « le recommander, car il veut vous considérer comme « un père. » Il rend grâce aussi à Votre Seigneurie de la réponse que vous lui avez faite par lettre et de la lui avoir envoyée par un messager, ce qui n'était pas nécessaire, car il n'en aurait pas moins été convaincu que Votre Seigneurie avait éprouvé un vif plaisir en apprenant chacun de ses succès. Bref, il lui aurait été impossible d'employer des paroles meilleures et plus convenables que celles dont il s'est servi, vous appelant constamment son père et se disant votre fils.

« Quand je repasse dans mon esprit le fond de son discours et chacune de ses paroles, j'en conclus qu'il lui serait agréable d'entretenir des relations utiles et de lier bonne amitié avec Votre Seigneurie. Je crois bien à ses desseins, cependant je ne puis m'empêcher d'en bien augurer. Votre Seigneurie lui a fait un grand plaisir en lui députant un envoyé. J'ai su qu'il avait écrit au pape à cet égard et il s'en est entretenu ici avec les siens dans des termes qui montrent qu'il y attache beaucoup d'importance et apprécie hautement cette démarche.

« Après quelques brèves répliques et reparties incidentes par lesquelles je lui faisais remarquer que je ne savais pas si la prudence ne faisait pas un devoir à Sa Seigneurie de prendre cette voie à l'égard de Votre Excellence, et cela en raison des conditions particulières dans lesquelles nous nous trouvons et de la situation de notre Etat, toutes choses qui ne pouvaient être qu'à son avantage, il confirma énergiquement mon dire; il me donna à entendre qu'il comprenait cela parfaitement et, changeant de conversation, nous en vînmes à parler de Faenza. Sa seigneurie me dit : « J'ignore ce que fera Faenza ; « cette ville ne nous donnera pas plus de peine que « toutes les autres, ou bien elle essayera de se dé- « fendre. » Je lui répondis que je croyais qu'elle se bornerait à imiter l'exemple des autres, sinon la chose ne tournerait qu'à l'honneur de Sa Seigneurie, car elle lui fournirait l'occasion de montrer son habileté et sa force en la prenant d'assaut. Il me fit voir qu'il le voudrait bien et qu'il avait l'intention de l'attaquer vivement. Nous n'avons pas parlé de Bologne. Il a accueilli avec joie les recommandations que je lui ai faites de votre part touchant le seigneur don Alphonse et surtout le cardinal, dont il dit tant de bien et pour lequel il manifeste tant d'amitié qu'il ne pouvait pas en finir.

« Après avoir passé avec lui une grosse demi-heure, j'ai pris congé de Sa Seigneurie, qui est montée à cheval et s'en est allée d'ici. Il se rend ce soir à Gradara, demain matin à Rimini et ainsi de suite. Il a tout son monde et toute son artillerie avec lui. Et il n'avance si lentement, m'a-t-il dit aussi, que parce qu'il ne veut pas se séparer de son artillerie.

« Il a mis en ce pays une garnison de plus de deux mille hommes ; ils n'ont pas causé de dégât qui mérite d'en parler. La province regorge de soldats : nous ne savons pas encore s'ils ont fait beaucoup de mal. Il n'a accordé à la ville ni priviléges ni exemption. Il a laissé pour lieutenant un docteur de Forli. Il a pris au château soixante et dix pièces d'artillerie ; il n'y a laissé qu'une garnison peu nombreuse.

« Je dirai à Votre Excellence une chose qui m'a été rapportée de plusieurs côtés ; mais je la tiens en termes exprès d'un cavalier portugais, soldat du duc de Valentinois qui est logé chez mon gendre avec quinze chevaux, honnête homme du reste et l'ami de notre seigneur don Fernando, parce qu'il a été avec le roi Charles. Ils disent donc que le pape veut donner cette ville en dot à madame Lucrèce et lui trouver pour mari un Italien qui sera toujours en bonne amitié avec le Valentinois. Que ce soit vrai ou non, voilà ce qu'on croit.

« En ce qui regarde la ville de Fano, le duc ne l'a pas obtenue. Il y a passé cinq jours. Il ne l'a pas demandée et les habitants ne la lui ont pas offerte, mais elle est à lui et il l'aura quand il voudra. Ils disent que le pape lui a recommandé de ne pas s'embarrasser de Fano, si les habitants eux-mêmes n'en manifestaient pas le désir. Les choses sont restées ainsi dans le *statu quo*.

« *Post-Scriptum*. — Voici la manière de vivre du duc : il va se coucher à huit, neuf et dix heures de la nuit (de trois à cinq heures du matin). Ensuite, la dix-huitième est l'aurore pour lui, la dix-neuvième, le lever du soleil, la vingtième, le moment de se lever. Dès qu'il est levé, il se met à table et, là et plus tard, il s'occupe d'affaires. On le tient pour courageux, vigoureux et libéral, et l'on dit qu'il fait grand cas des gens de bien. Il est impitoyable dans ses vengeances ; plusieurs me l'ont dit. C'est un homme dont l'âme est grande et qui cherche la grandeur et la gloire ; mais il semble qu'il tienne davantage à conquérir des provinces qu'à les pacifier et à les organiser.

« De votre Illustrissime Seigneurie ducale,

« Le serviteur,

« Pandulphus.

« Pesaro, le jeudi 29 octobre 1500, à six heures de la nuit. »

« *Suite du duc :*

Bartolomeo de Capranica, maître de camp,
Piero Santa Croce,
Julio Alberino,
Mario don Marian de Stephano,
} tous gentilshommes romains.

Un de ses frères,
Menico Sanguigni,
Jo. Baptista Mancini,
Dorio Savello,
} tous gentilshommes romains.

« *Personnages de qualité de la maison du duc :*

L'évêque d'Elna,
L'évêque de Sancta Sista,
} Espagnols.

L'évêque de Trani, Italien.
Un abbé napolitain.
Le seigneur Ramiro d'Orca, gouverneur : c'est le factotum.
Don Hieronymo, Portugais.
Messer Agabito d'Amelia, secrétaire.
Messer Alexandro Spannochia, trésorier, lequel a dit que le duc a dépensé régulièrement depuis qu'il est parti de Rome dix-huit cents ducats par jour (1). »

Dans cette lettre, Collenuccio ne fait aucune mention de la plainte qu'il présenta lui-même à César, le nouveau maître de Pesaro, contre son ancien sei-

(1) Voir *Pièces justificatives*, nº 27.

gneur Jean Sforza ; il ne dit pas non plus qu'il obtint de lui sa réintégration dans tous les biens qui lui avaient été confisqués. Il devait, quelques années plus tard, déplorer amèrement cette résolution. Au contraire, Guido Posthumus, dont César avait pris les biens, s'était enfui à Modène près des Rangone. Sforza lui-même se trouvait le 2 novembre à Venise où, d'après Malipiero, il voulait vendre à la république sa terre de Pesaro, mais ses offres furent repoussées. De là, il passa à Mantoue. Ces deux villes servaient alors de refuge aux tyrans renversés, et c'était surtout au beau château de Gonzague, situé dans la partie de Mantoue qui se trouve couverte par les marais du Mincio, qu'à cette époque et longtemps encore après ces fugitifs trouvaient un accueil hospitalier.

Après la chute de Pesaro, Rimini chassa aussi ses tyrans détestés, les frères Pandolfo et Carlo Malatesta, puis César Borgia vint mettre le siége devant Faenza. Le jeune Astorre, qui en était le seigneur, finit par se rendre à son assaillant le 25 avril 1500 sous la promesse faite par serment qu'il garderait sa liberté, mais César envoya le malheureux à Rome, où il fut incarcéré, avec son frère Octavien et d'autres victimes, au château Saint-Ange. C'est ce même Astorre que le cardinal Alexandre Farnèse avait voulu faire marier autrefois avec sa sœur Julie, et l'infortuné jeune homme déplorait peut-être maintenant que cette union n'eût pas eu lieu.

XIX

NÉGOCIATIONS EN VUE D'UN TROISIÈME MARIAGE

Sur ces entrefaites, Lucrèce se trouvait au palais de Saint-Pierre avec son fils Rodriguez. Si elle pleurait encore son mari, son père ne lui laissa pas le temps de s'abandonner à des regrets sentimentaux. Il réveilla sa légèreté ou sa vanité ; l'Alphonse d'autrefois devait, en effet, être remplacé par un second Alphonse plus puissant que le premier. Aussitôt qu'on fut débarrassé du duc de Biselli, on pensa à un nouveau mariage. Dès le mois de novembre 1500, il commençait à être question que Lucrèce devait se remarier avec le prince héritier de Ferrare, resté veuf sans enfants en 1497 et qui avait vingt-quatre ans. Marin Zorzi, le nouvel ambassadeur de Venise à Rome, informait pour la première fois Sa Seigneurie de ce projet à la date du 26 de ce mois. Mais au Vatican on avait pensé bien auparavant, et sans doute même du vivant d'Alphonse d'Aragon, à cette nouvelle alliance. A la Noël de 1500, on parlait aussi, il est vrai, d'un mariage avec le duc de Gravina. Cet Orsini avait conçu si peu d'effroi du sort des deux premiers maris de Lucrèce qu'il vint à Rome en décembre pour briguer sa main. On le leurrait peut-être de cette espérance afin de continuer de s'assurer les services de ses parents.

Le projet de faire marier Lucrèce avec Alphonse de Ferrare émanait d'Alexandre. Il désirait ce mariage autant par amitié pour sa fille bien-aimée que pour favoriser les intérêts de César ; il lui assurait en effet par là, non-seulement la possession de la Romagne, que la république de Venise pouvait lui arracher, mais il augmentait les chances de réussite de ses projets sur Bologne et Florence. Cette union attirait dans les intérêts des Borgia, en même temps que la dynastie de Ferrare, les souverains de Mantoue et d'Urbin, alliés à celle-là par des mariages. Elle pouvait devenir le point de départ d'une grande ligue embrassant la France, le pape, les Etats de

César, Ferrare, Mantoue et Urbin, et cette confédération eût été assez forte pour mettre Alexandre et sa maison à l'abri de tous leurs ennemis.

Le roi de France avait besoin du pape avant tout pour maintenir sa situation en Italie. Il y possédait Milan et devait s'emparer de la moitié du royaume de Naples et l'occuper à titre de suzerain de l'Eglise, car la France et l'Espagne avaient déjà conclu à l'égard de cet Etat un odieux traité de partage auquel Alexandre VI était encore libre de donner ou de refuser son approbation.

Pour faire accepter au duc de Ferrare son ambitieuse proposition, Alexandre employa d'abord un vieux serviteur d'Hercule, le Modénais Giambattista Ferrari, qui lui était tout dévoué et qu'il avait nommé dataire, puis cardinal. Ferrari osa soumettre au duc cette proposition de mariage, en considération, lui écrivait-il, des grands avantages que ses Etats pourraient en recueillir (1). Cette offre jeta Hercule dans un embarras non moins grand que celui où

---

(1) *Le cardinal Ferrari au duc Hercule*. Rome, 18 février 1501. C'est la première lettre relative à cette négociation parmi celles qui se trouvent aux archives de Modène.

s'était trouvé dans une circonstance analogue le roi Frédéric de Naples. Son orgueil se révoltait. Sa fille, la noble marquise Isabelle de Mantoue, et sa belle-sœur, Elisabeth d'Urbin, étaient outrées. Le jeune Alphonse manifestait de son côté la plus profonde répugnance, d'autant mieux qu'il était dans ses projets d'épouser une princesse de la maison royale de France, Louise, veuve du duc d'Angoulême (1). Hercule rejeta nettement la proposition.

Alexandre avait prévu cette résistance, mais il ne doutait pas de venir à bout de la briser. Il fit représenter au duc d'une manière encore plus pressante les avantages de cette alliance et les préjudices que lui causerait son refus : d'un côté, la sécurité et l'agrandissement des Etats de Ferrare ; de l'autre, l'inimitié du pape et de César et peut-être aussi de la France (2). Il était si sûr de la victoire qu'il ne faisait aucun mystère de ce projet de mariage; il en parla même avec satisfaction en plein consistoire comme d'une chose décidée (3). Il s'occupa aussi

(1) Lettre d'Hercule à son ambassadeur Manfredo Manfredi, 25 avril 1501. Archives de Modène.
(2) Ferrari à Hercule, 1ᵉʳ mai 1501.
(3) Girolamo Sacrati à Hercule. Rome, 8 mai 1501.

de gagner à ce projet la cour de France, ce qui n'était pas difficile, car Louis XII voulait faire passer son armée de Toscane à Naples en traversant les Etats de l'Eglise, et il ne pouvait en obtenir la faculté qu'au prix d'une entente intime avec le pape. Celui-ci comptait surtout sur l'appui du cardinal d'Amboise, auquel César Borgia avait apporté autrefois le chapeau rouge lors de son voyage en France et dont les pensées ambitieuses avaient en vue le trône pontifical. Il espérait y monter après la mort d'Alexandre VI, grâce à l'influence de son ami César et des cardinaux espagnols.

Il est certain pourtant que Louis XII était d'abord tout à fait opposé à ce mariage et qu'il essaya même de l'empêcher. Il ne voulait même pas entendre parler de l'agrandissement de la puissance de César et du pape et, de plus, il désirait rendre solide et durable son influence sur la maison de Ferrare en favorisant l'alliance d'Alphonse avec une princesse française. Alexandre avait envoyé en mai un de ses secrétaires en France pour déterminer le roi à s'entremettre en faveur du mariage, mais

Louis XII s'y montra antipathique (1). Il voulait au contraire obtenir de Ferrare que don Ferrante, frère d'Alphonse, se mariât avec Lucrèce et obtint la terre de Piombino (2). Il avait aussi mis obstacle aux empiétements de César dans l'Italie centrale, de sorte que ses tentatives sur Bologne et Florence avaient avorté.

Tout le projet de mariage eût été ruiné si l'expédition française à Naples n'avait pas eu lieu à cette époque. Il est permis de conjecturer que l'approbation qu'y donna le pape se rattachait, indépendamment d'autres raisons, à l'assentiment que le roi consentit à donner à l'alliance de Lucrèce et d'Alphonse.

Le 13 juin 1501, César, que son père avait déjà nommé duc de Romagne, vint secrètement à Rome, où il demeura trois semaines et mit de son côté tout en œuvre pour faire réussir le plan de son père. Il suivit ensuite avec ses troupes le maréchal français

(1) Bartolomeo de' Cavallieri, ambassadeur de Ferrare en France, au duc Hercule. Châlons, 26 mai 1501.
(2) Du moins ce plan fut soumis par Monseigneur de Trans à l'ambassadeur de France à Rome. *Lettre d'Aldovrandus de Guidonibus au duc Hercule.* Lugo, 25 avril 1501. Aux archives d'Etat de Modène.

d'Aubigny qui partait des environs de Rome avec l'armée pour marcher sur Naples et entreprendre une guerre de conquête des plus impies, dans les horreurs de laquelle la maison d'Aragon trouva rapidement sa ruine.

Dès le mois de juin, la cour de France avait cédé aux désirs du pape et celui-ci commençait à profiter de l'influence qu'elle exerçait à Ferrare. Ce fait ressort d'une dépêche de l'ambassadeur de Ferrare en France, en date du 22 juin. Il informait Hercule qu'il avait représenté au roi que le pape menaçait de s'emparer des Etats du duc s'il ne consentait pas au mariage proposé; à quoi le roi avait répondu que Ferrare était sous sa protection et ne saurait tomber qu'en même temps que la France. L'ambassadeur exprimait la crainte que le pape ne se servît de l'investiture de Naples, désirée par le roi, pour gagner celui-ci à son projet.

Il écrivait enfin au duc que monseigneur de Trans, l'homme le plus influent à la cour du roi, lui avait donné le conseil de consentir au mariage moyennant un versement de 200,000 ducats, la remise du cens annuel de Ferrare et certains bénéfices pour les membres de la maison d'Este (1).

Le cardinal d'Amboise envoya l'archevêque de Narbonne et d'autres agents à Ferrare pour persuader le duc ; le roi de France lui-même lui écrivit pour le presser de donner son consentement et refusait maintenant la main d'une princesse française pour don Alphonse. En même temps que les ambassadeurs de France, les envoyés du pape et les agents de César insistaient auprès du duc pour qu'il se décidât. Il était entouré d'un réseau d'intrigues et la crainte finit par le faire céder.

Le 8 juillet, il fit déclarer à Louis XII qu'il était prêt à se conformer à son désir s'il pouvait s'entendre avec le pape sur les conditions (2). Il voulait ne céder qu'aux instances du roi, tandis que celui-ci ne favorisait lui-même le mariage que parce qu'il avait besoin du pape. En même temps que le roi de France faisait inviter Hercule à donner son consentement, il lui conseillait de ne pas trop se presser, de ne point envoyer

(1) Bartolomeo de' Cavallieri à Hercule. Lyon, 22 juin 1501.
(2) Hercule à Giovanni Valla, 8 juillet 1501. Hercule au cardinal de Rouen, 8 juillet 1501.

à Rome son fils don Ferrante pour conclure l'affaire, mais de la traîner autant que possible en longueur jusqu'en septembre, époque où il se rendrait en Lombardie. Il fit même assurer à Hercule qu'il maintenait sa promesse de donner à don Alphonse la main de madame d'Angoulême et manifestait sans détours le déplaisir que lui causerait le mariage projeté (1). Il dit à l'ambassadeur de Ferrare qu'il tiendrait le duc pour imprudent s'il consentait à faire marier son fils avec la fille du pape, car le jour même où celui-ci mourrait il ne saurait plus avec qui il se serait allié, et qu'Alphonse agirait avec beaucoup plus d'imprudence encore (2).

Dans le fait, le duc ne se pressait nullement; il envoya bien à Rome son secrétaire Hector Bellingeri, mais seulement pour déclarer au pape qu'il voulait bien se rendre aux désirs de la France, dans l'hypothèse où les demandes qu'il ferait lui-même seraient bien accueillies. Le pape et César réclamaient au contraire la prompte rédaction du

---

(1) Dépêches de Bartolomeo de' Cavallieri, ambassadeur de Ferrare à la cour de France, des 10, 14 et 21 juillet 1501.
(2) Dépêche du même, sans date.

contrat de mariage et pressaient le cardinal de Rouen, qui se trouvait alors à Milan, de faire en sorte qu'Hercule y envoyât son fils Alphonse pour que l'affaire pût se conclure sous ses yeux. Le duc s'y refusa en demandant avant tout que le pape commençât par lui accorder les conditions qu'il mettait à son consentement (1).

Pendant que ces négociations humiliantes pour Lucrèce se poursuivaient lentement, César était à Naples l'instrument et le spectateur de la chute rapide de la maison d'Aragon qu'il détestait, mais dont il ne lui était pas permis de s'approprier le trône. Alexandre profita cependant de l'occasion pour se rendre maître des biens des barons du Latium, et spécialement de ceux des Colonna, des Savelli et des Estouteville, que la guerre de Naples avait tous laissés sans défense. La confiscation de ces biens se liait étroitement, comme nous le verrons bientôt, au projet de mariage de Lucrèce. En juin 1501, il avait fait occuper plusieurs villes de ces seigneurs, grâce à la pression exercée par l'armée française, qui se

(1) Le duc Hercule à Giovanni Valla, son envoyé auprès du cardinal de Rouen à Milan, 21 et 26 juillet 1501.

trouvait encore campée auprès de Rome. Le 27 juillet, il se rendit en personne à Sermonète avec de la cavalerie et des fantassins.

Ce fut alors, qu'avant de partir, il installa en sa place sa fille au Vatican. Voici à cet égard les paroles de Burkhard : « Sa Sainteté, notre seigneur, avant de quitter la ville, a confié tout le palais et le soin des affaires courantes à donna Lucrezia Borgia, sa fille, et Sa Sainteté lui a donné plein pouvoir d'ouvrir les lettres qui arriveraient ; dans les circonstances très-importantes, elle doit prendre avis du conseil chez le seigneur cardinal de Lissabon.

« Je ne sais quelle circonstance s'étant présentée, Lucrèce, dit-on, a eu recours audit cardinal et lui a fait part de l'ordre du pape ainsi que de l'affaire en question. Celui-ci lui a répondu : « Toutes les fois
« que le pape soumet une affaire au consistoire, le
« vice-chancelier ou un autre cardinal la couche par
« écrit et prend note des opinions des consultants,
« aussi je pense qu'il est nécessaire aussi en ce mo-
« ment que quelqu'un écrive ce qui sera dit. »
Lucrèce répondit qu'elle savait très-bien écrire.
« Où est votre plume ? » demanda le cardinal. Lu=

crèce comprit la plaisanterie et se mit à rire, et ils donnèrent ainsi une issue convenable à leur conférence. »

Qu'on se représente cette scène du Vatican : une femme à la fleur de l'âge, la propre fille du pape, présidant le consistoire, composé de cardinaux ! Ce tableau suffit pour montrer dans quelle profonde corruption l'Eglise romaine était plongée ; ce seul fait en dit davantage que des milliers de satires et de relations contemporaines. Les affaires que le pape confiait à Lucrèce étaient relatives sans doute, du moins nous le pensons, au temporel seulement et non pas au spirituel, mais il n'en est pas moins vrai qu'un procédé aussi téméraire est sans exemple. Une pareille confiance, qui était la plus haute marque de faveur qu'Alexandre pût donner à sa fille, avait du reste un but. Alexandre venait, en effet, d'être assuré du consentement d'Alphonse d'Este à son mariage avec Lucrèce et la joie qu'il en avait éprouvée l'avait décidé à la nommer régente du Vatican. Il lui donnait en quelque sorte l'empreinte d'un personnage politique et la faisait reconnaître pour la future duchesse de Ferrare. En cela, du reste,

Alexandre suivait l'exemple d'Hercule et de plusieurs autres princes qui, lorsqu'ils s'absentaient de leurs Etats, confiaient d'habitude à leurs femmes le soin des affaires publiques.

Il n'avait pas été facile au duc de vaincre la résistance de son fils. Rien, en effet, ne pouvait blesser davantage le jeune prince que d'insister pour qu'il consentît à épouser Lucrèce Borgia. Ce n'était pas la naissance irrégulière de la fille du pape qui provoquait son aversion, car une tache de cette nature n'avait pas grande importance à cette époque, véritable âge d'or des bâtards dans tous les pays romains. Plusieurs dynasties italiennes, comme les Sforza, les Malatesta, les Bentivogli et même les Aragon de Naples étaient entachées de la même souillure; le brillant Borso lui-même, le premier duc de Ferrare, n'était que le frère illégitime de son successeur Hercule. Mais Lucrèce était la fille d'un pape, l'enfant d'un prêtre, et, aux yeux des d'Este, cette circonstance était un vice originel et peut-être même l'objet d'un scrupule religieux. Ni les déréglements de son père, ni les crimes de César ne pouvaient peser beaucoup dans la balance morale de la cour de Ferrare. Mais jamais, à aucune époque, maison princière n'a été assez corrompue pour rester indifférente à la réputation d'une femme destinée à prendre un rang important dans son sein.

Alphonse avait à se résoudre à devenir l'époux d'une jeune femme qui, sans avoir plus de vingt et un ans, avait déjà subi des vicissitudes nombreuses. Lucrèce avait été deux fois fiancée régulièrement, elle avait été deux fois mariée et elle était devenue veuve deux fois au milieu de circonstances criminelles. Sa réputation était bien faite pour éloigner d'elle; et Alphonse, qui était de son côté un homme de plaisirs, ne pouvait jamais croire à la vertu de cette jeune femme, quand bien même il n'aurait pas ajouté foi aux plus mauvais bruits qui couraient sur elle. Les chroniques scandaleuses d'une cour quelconque circulaient aussi vite qu'aujourd'hui dans toutes les autres.

Le duc, et son fils en même temps que lui, était informé par ses agents de tout ce qui se passait réellement dans la famille Borgia ou de ce qu'on inventait sur elle. Les effroyables raisons que Sforza, le mari outragé, avait attribuées au père de Lucrèce pour vouloir la rupture de son mariage, avaient été rapportées sur-le-champ au duc de Ferrare. Un an plus tard, son agent de Venise lui avait appris « que des nouvelles de Rome affirmaient que la fille du pape avait eu un enfant illégitime (1). » De plus, toutes les satires dont les ennemis des Borgia poursuivaient Lucrèce même étaient bien connues à la cour de Ferrare, où on les lisait sans doute avec des sourires malicieux. Doit-on croire que les Este tenaient ces médisances et ces satires pour bien fondées et qu'ils surent pourtant faire taire la voix de l'honneur et recevoir une Thaïs dans leur maison, au lieu d'imiter avec de bien moindres risques l'exemple de Frédéric de Naples, qui avait refusé avec opiniâtreté la main de sa fille à César Borgia ?

C'est ici le lieu d'examiner les accusations dont Lucrèce a été l'objet, et nous pouvons le faire en peu de mots, d'après ce que Roscoe et d'autres auteurs en ont déjà dit avec compétence. Parmi les contemporains, le nombre de ses accusateurs n'est pas peu

---

(1) « Da Roma accertasi, che la figliola del Papa ha partorito... » *Giov. Alberto della Pigna au duc.* Venise, 15 mars 1498. Archives de Modène.

considérable. Pour n'indiquer que les plus importants, elle a été taxée d'inceste explicitement ou par allusion par les poëtes Sannazar et Pontanus, les historiens et les hommes d'Etat Matarazzo, Marcus Attilius Alexius, Petrus Martyr, Priuli, Machiavel et Guichardin. C'est à eux que la postérité a jusqu'à nos jours emprunté ses jugements. Vis-à-vis des détracteurs se rangent les panégyristes de Lucrèce, tant les contemporains que leurs successeurs jusqu'à présent.

Nous devons établir un fait : les accusateurs et les accusations contre Lucrèce ne peuvent avoir en vue que la période où elle habitait Rome, et ses admirateurs n'apparaissent qu'à la seconde époque de son existence, alors qu'elle était duchesse de Ferrare. Parmi ces derniers figurent, comme au nombre de ceux qui l'ont accusée, des hommes d'une grande célébrité : nous y voyons Titus et Hercule Strozzi, Bembo, Alde Manuce, Tebaldeo, Arioste, tous les chroniqueurs de Ferrare et le biographe français de Bayard. Tous ont été témoins de ses mérites à l'époque où elle était à Ferrare, mais non pas de sa conduite quand elle habitait Rome. L'avocat de

Lucrèce ne peut, par conséquent, tirer de leurs hommages que des preuves négatives ; mais il lui est permis de dire que des hommes aussi remarquables qu'Alde, Bembo et Arioste, en faisant la part des flatteries auxquels ils ont pu se livrer à titre de courtisans, n'auraient jamais pourtant poussé l'impudeur jusqu'à célébrer une femme comme le type idéal de celles de leur temps s'ils l'avaient crue coupable, ou seulement capable, de crimes effroyables commis par elle peu de temps auparavant. Dans le cas contraire, Arioste lui-même devrait nous inspirer de l'horreur.

Si nous voulons écouter à leur tour les accusateurs de Lucrèce, il n'y a que les témoignages exclusifs des Romains qui puissent avoir de la valeur. Guichardin, son ennemi le plus ardent, n'appartient pas à cette catégorie. Mais, comme il était un homme d'État et un écrivain célèbre, ce qu'il a dit d'elle a déterminé le jugement de tous ceux qui l'ont suivi. Lui-même a formé son opinion soit d'après les rumeurs, soit d'après les satires publiques de Pontanus et de Sannazar ; mais ces deux poëtes vivaient à Naples et non pas à Rome. Leurs épigrammes ne prouvent que la haine profonde qu'on portait à

Alexandre et à César, instruments de la chute des Aragon, et, à part cela, ils apprennent des choses auxquelles on pouvait s'attendre de la part d'hommes aussi criminels que l'étaient les Borgia.

Le témoignage de Burkhard, observateur journalier de ce qui se passait au Vatican, doit avoir à beaucoup près plus de poids. C'est contre lui surtout que s'est dirigée la fureur des papistes, qui considèrent encore aujourd'hui son livre comme la source empoisonnée d'où les ennemis de la papauté, et surtout les protestants, ont dû puiser leurs invectives contre Alexandre VI. Cette fureur s'explique, car le Journal de Burkhard est, à part celui d'Infessura qui se termine au commencement de 1494, le seul ouvrage composé à Rome sur la cour d'Alexandre, et il a même un caractère officiel. Mais ceux qui veulent excuser tous les actes des papes auraient ressenti moins de haine contre Burkhard s'ils avaient connu les relations des ambassadeurs vénitiens et les dépêches de tant d'autres, des informations desquels nous profitons aujourd'hui.

Burkhard a si peu de méchanceté systématique qu'il se tait absolument sur toutes les affaires secrètes d'Alexandre. Il ne rapporte jamais les on-dit, mais seulement les faits acquis qu'il prend soin même d'atténuer ou de voiler habilement. Polo Capello, l'ambassadeur vénitien, raconte comment César Borgia poignarda le camérier Perotto sous le manteau du pape, mais Burkhard n'en parle pas. Le même ambassadeur, ainsi qu'un agent de Ferrare, dit ouvertement que César avait assassiné son frère, le duc de Gandie, mais Burkhard n'en souffle pas mot (1). Il ne dit pas non plus que César fit périr son beau-frère Alphonse, ni comment il s'y prit pour cela. Les relations des membres de la famille Borgia les uns avec les autres ou avec les étrangers, comme les Farnèse, les Pucci et les Orsini, les intrigues de la cour du pape, la longue série de crimes qui s'y commirent, les exactions, le trafic du chapeau de cardinal et beaucoup d'autres choses dont sont remplies les dépêches des ambassadeurs ne nous ont pas été apprises par Burkhard. Il ne parle

---

(1) Une des premières indications que César était le meurtrier de son frère nous est fournie par un des ambassadeurs de Ferrare à Venise. « De novo intesto, como de la morte del Duca de Candia fo causa el Cardinale suo fratello. » *Dépêche de Pigna à Hercule.* Venise, 22 février 1498.

même qu'une seule fois de Vannozza et sans la désigner expressément. Il n'y a, à tout prendre, que deux passages de son Journal qui aient fait grand scandale, c'est la relation du festin des cinquante courtisanes au Vatican et l'acte d'accusation contre les Borgia qui se trouve dans la lettre anonyme adressée à Silvio Savelli. Ces passages se rencontrent dans toutes les copies connues et proviennent sans doute de l'original même du Journal. La preuve que la lettre à Savelli n'est pas une invention calomnieuse de Burkhard ou des protestants, c'est que Marin Sanudo l'a accueillie également dans son Journal. La preuve que Burkhard et ceux qui sont venus après lui n'ont pas inventé davantage la fable de la bacchanale du Vatican, c'est que l'auteur de cette même lettre s'y réfère comme à un fait connu de tout le monde. Matarazzo de Pérouse en témoigne aussi, et pourtant son récit n'est pas emprunté à Burkhard, dont il n'a guère pu voir le manuscrit, mais à des relations qui sont venues à ses oreilles. Il remarque qu'il y ajoutait une foi entière, car le fait, dit-il, est bien connu et, comme mes garants ne sont pas seulement de Rome, mais aussi d'Italie, j'ai cru pouvoir le rapporter.

Cette observation nous montre la source de ce récit scandaleux ; c'était un bruit populaire qui pouvait tirer son origine d'une fête donnée réellement peut-être par César au Vatican. Il est possible qu'une orgie de ce genre ait eu lieu ; est-il permis de croire cependant que Lucrèce, alors épouse officiellement déclarée d'Alphonse d'Este et qui pensait déjà à partir pour Ferrare, en ait été la spectatrice joyeuse ?

Ce passage est d'ailleurs le seul du *Diarium* de Burkhard où Lucrèce soit présentée sous un tel aspect. Il ne dit rien au reste qui puisse porter atteinte à son honneur. Aussi n'est-ce pas son Journal qui semble confirmer les accusations des Napolitains et de Guichardin. Cette confirmation ne se rencontre pas non plus ailleurs, à moins d'accorder à Matarazzo une autorité à laquelle il n'a aucun droit. Il raconte que Jean Sforza avait découvert que sa femme entretenait des rapports incestueux avec César et don Juan, ce qui donna lieu à des soupçons encore plus flétrissants ; il avait, pour ce motif, assassiné le duc de Gandie et s'était ensuite enfui de Rome : Alexandre avait alors provoqué la dissolution de son mariage. Abstraction faite de ce fait monstrueux qu'une même jeune femme se serait rendue simultanément coupable de trois incestes, le récit de Matarazzo comporte une erreur historique, car Sforza avait quitté Rome deux mois avant l'assassinat du duc de Gandie.

La dépêche authentique de l'ambassadeur de Ferrare à Milan, en date du 23 juin 1497, montre d'ailleurs, d'une manière incontestable, que le véritable auteur de cette calomnie sur Lucrèce est le mari qu'elle avait honteusement répudié. Certainement, personne ne pouvait mieux connaître alors le caractère et les mœurs de Lucrèce que son propre époux. Mais malgré cela, Sforza serait devant tous les tribunaux de tous les temps, le dernier des témoins dont la déposition obtiendrait confiance. Enflammé de haine et brûlant du désir de la vengeance, il expliqua par ce motif honteux la résolution qu'avait prise le pape libertin de faire casser son mariage. C'est ainsi qu'il transforma ce soupçon en rumeur et que cette rumeur donna naissance à son tour à une opinion enracinée. Il est encore à remarquer à ce propos que Guido Posthumus, ce partisan fidèle de Sforza qui vengea par ses épigrammes l'affront fait à son maître, n'a jamais émis cette accusation et n'a même jamais parlé de Lucrèce (1).

Il n'est question d'un tel crime dans aucune des des nombreuses dépêches de l'époque, sinon dans une lettre privée qui se trouve chez Malipiero et datée de Rome le 17 juin 1497, ainsi que dans la relation de Polo Capello où il est fait allusion à ce « bruit » des relations criminelles de Lucrèce avec son frère Juan (2). Ce bruit n'aurait-il pris naissance que parce, qu'à part cela, on n'a jamais parlé de relations amoureuses de Lucrèce avec d'autres personnes expressément désignées, quoiqu'elle eût dans sa société journalière à Rome tant de courtisans, de jeunes barons et de fringants cardinaux? On ne découvre en effet nulle part la trace d'une vé-

(1) On peut comparer l'épitaphe d'Alexandre VI par Sannazar à l'épigramme de Guido Posthumus, *In tumulum Sexti*.

(2) Il est dit dans la lettre que rapporte Malipiero (Archiv. Stor. It., t. VII, p. 490) : « Si dice, che il Sig. Giovanni Sforza ha fatto questo effetto (le meurtre du duc de Gandie) perchè il Duca (di Gandia) usava con la sorella, sua consorte la qual è fiola del Papa, ma d'un altra madre (ce qui est une erreur). » L'ambassadeur de Venise, Polo Capello, signale ce bruit (*si dice*) dans sa relation bien connue de septembre 1500.

ritable intrigue amoureuse nouée par cette jeune et belle femme. Même cet on-dit, relaté par un ambassadeur de Ferrare qui écrivait non de Rome, mais de Venise, que Lucrèce avait eu un enfant, n'est corroboré par aucun témoignage. Il y avait alors un an qu'elle était séparée de son mari Sforza. A supposer que ce fait fût fondé et que Lucrèce ait eu à Rome des aventures galantes avec quelque amant, le nom de celui-ci est resté inconnu. Mais des intrigues et des fautes de cette nature n'ont-elles pas été fréquentes dans la société à toutes les époques? De nos jours, on ne les pardonne nulle part plus facilement que dans le grand monde.

Il n'est guère possible de croire que Lucrèce Borgia soit restée innocente au milieu de la corruption de Rome et de l'entourage personnel auquel elle était nécessairement mêlée; mais on trouverait d'autant moins un homme sans prévention disposé à soutenir qu'elle s'est rendue coupable du crime sans nom dont il s'agit. S'il est possible d'attribuer au caractère d'une jeune femme l'énergie extraordinaire dont l'homme le plus criminel et le plus endurci serait à peine capable, c'est-à-dire une perversion morale capable d'assimiler le virus du plus effroyable des crimes dans tout l'être intellectuel en le déguisant sous le masque d'une grâce ravissante, on pourrait dire, dans l'hypothèse de la culpabilité de Lucrèce Borgia, qu'elle savait mettre au service de la dissimulation une force dépassant les limites de la puissance humaine. Rien, en effet, ne ravissait tant les Ferrarais que le charme et la gaieté inaltérables de la jeune femme d'Alphonse. Nous laissons à toute femme sensible le soin de dire si en supposant Lucrèce criminelle, ces dehors si trompeurs eussent été possibles et si l'image qui nous représente les traits de l'épouse d'Alphonse d'Este en 1502, pourrait être le portrait de la furie dénaturée que nous dépeignent les épigrammes de Sannazar.

XX

SUITE DE CES NÉGOCIATIONS

Le prince héritier de Ferrare soutint de rudes combats avant de céder aux instances de son père. Mais celui-ci tenait tant à ce mariage qu'il lui déclara que s'il persistait dans son refus, il se marierait lui-même avec Lucrèce. Quand son fils eut fini par consentir, quand le duc eut vaincu son orgueil, il considéra simplement cette alliance comme une affaire politique avantageuse. Il vendit l'honneur de sa maison au plus haut prix possible. Les agents du pape à Ferrare, effrayés de ses demandes, envoyèrent Raimond Romolini à Rome pour en référer et Alexandre sollicita l'entremise du roi de France afin d'obtenir des conditions plus acceptables. La lettre suivante, adressée par l'ambassadeur de Ferrare en France à son maître, fait on ne peut mieux la lumière à cet égard.

« Mon illustrissime Seigneur,

L'ambassadeur du pape m'a dit hier que Sa Sainteté lui a écrit qu'un chargé d'affaires lui a été député auprès d'elle par Votre Excellence pour lui demander 200,000 ducats, la remise du cens annuel, la concession du droit de patronage pour l'évêché de Ferrare au moyen d'une décision consistoriale et beaucoup d'autres choses encore. Il m'a dit que le pape avait offert 100,000 ducats; pour le reste Votre Excellence aurait à s'en rapporter à lui, car il se propose d'y souscrire par la suite et de favoriser de telle sorte la maison d'Este que chacun reconnaîtra l'amitié qu'il lui porte. Il m'a dit encore qu'il est chargé de prier Sa Majesté Très-Chrétienne d'écrire à l'illustrissime cardinal, afin qu'il engage Votre Excellence à se contenter de cela. En fidèle serviteur de Votre Excellence, je l'exhorte, si ce mariage doit se faire, et quoique ce soit superflu, à s'arranger de telle sorte et à ne conclure que sur des garanties si positives, qu'elle n'ait pas à constater plus tard avec regret qu'on lui a beaucoup promis et peu tenu. Dans une autre lettre, j'ai fait part à Votre Excellence de ce qui m'a été dit par le Roi Très-Chrétien, à savoir que dans cette circonstance il n'a pas d'autres désirs que Votre Excellence et que, si la chose doit avoir lieu, vous avez à vous arranger pour en tirer les plus grands avantages, sinon que Sa Majesté est toujours disposée à donner à don Alphonse la dame que Votre Excellence désirait obtenir pour lui en France.

« De Votre Excellence ducale, le serviteur

« Bartolomeo Cavalieri.

« Lyon, 7 août 1501. »

Alexandre ne voulait pas envoyer sa fille les mains vides à Ferrare, mais la dot que demandait Hercule était considérable; elle l'était davantage que celle apportée par Blanche Sforza à l'empereur Maximilien et certaines stipulations réclamées par le duc étaient tout à fait contraires aux lois canoniques. Indépendamment, en effet, d'une grosse somme d'argent, le duc voulait la remise du cens annuel dû à l'Eglise pour le fief de Ferrare, la cession de Cento et de Pieve, villes qui dépendaient de l'archevêché de Bologne, et même de celle de Porto Cesenatico et d'une foule de bénéfices en faveur de la famille d'Este. On négociait avec ardeur, mais le pape avait un désir si vif d'assurer à sa fille le trône ducal de Ferrare qu'il se déclara prêt à consentir aux principales demandes d'Hercule, et l'avis de César contribua à l'y décider (1). Lucrèce elle-même n'insistait pas moins vivement auprès de son père pour l'amener à céder. Elle fut, à partir de ce moment, le meilleur avocat du duc à Rome et Hercule savait que c'était surtout à son habileté qu'il était redevable de l'admission de ses demandes.

Les négociations avaient pris cette tournure favorable depuis la fin de juillet ou le commencement d'août, et c'est de cette époque que sont les premières lettres du duc à Lucrèce et au pape, conservées dans les archives de la maison d'Este.

Le 6 août, Hercule écrivait à sa future belle-fille qu'il lui recommandait, en qualité d'agent, Augustin

(1) *Cavallieri à Hercule.* Lyon, 8 août 1501. Le pape avait écrit au nonce qu'il consentait aux demandes du duc, afin de conclure un mariage qui devait lui procurer, ainsi qu'au duc de Romagne, des avantages extraordinaires.

Huet (un secrétaire de César), qui avait fait preuve du zèle le plus ardent dans la conduite des négociations.

Le 10 août, il expliquait au pape la marche qu'avaient suivie jusque-là les pourparlers, et le priait de ne pas considérer ses demandes comme excessives. Il répétait la même chose dans une lettre du 21, où on le voit marchander avec la minutie et la petitesse même d'un boutiquier.

Cependant, ce projet de mariage étant désormais connu de tout le monde, servait d'objet aux calculs diplomatiques. L'accroissement de la puissance papale ne pouvait, en effet, être agréable ni aux Etats d'Italie, ni aux princes étrangers. Florence et Bologne, dont César songeait à s'emparer, tremblaient de crainte; la république de Venise, qui était en contentions constantes avec Ferrare et qui nourrissait des vues sur les côtes de Romagne, ne dissimulait pas son mécontentement, d'autant plus qu'elle attribuait toute l'affaire à l'ambition de César (1). Le roi

---

(1) Dépêches de l'ambassadeur Bartolomeo Cartari, ambassadeur de Ferrare à Venise, des 25 juin, 28 juillet, 2 août 1501. Aux archives de Modène.

de France faisait bonne mine, mais il était hostile au fond, et il en était de même de l'Espagne ; quant à Maximilien, il était tellement irrité de ce mariage qu'il cherchait à l'empêcher. Ferrare commençait à acquérir l'importance politique qu'avait eue Florence au temps de Laurent de Médicis ; sa coopération était par conséquent de trop de valeur pour que l'empereur pût voir avec indifférence l'alliance étroite de cet Etat avec le pape et la France. En outre, Maximilien avait pour épouse Blanche Sforza, et d'autres membres et partisans de cette maison tombée, tous ennemis acharnés des Borgia, se trouvaient à la cour allemande.

En août, l'empereur écrivit à Hercule pour le dissuader d'allier sa maison par mariage avec celle du pape. Cette démarche de Maximilien ne pouvait qu'être agréable au duc, car elle lui permettait d'en appuyer ses exigences auprès du pape. Il lui en fit part, mais en l'assurant que sa résolution n'était pas ébranlée ; puis il chargea son conseiller Gianluca Pozzi de répondre à l'empereur (1). La lettre d'Hercule à son chancelier est datée du 25 août ; mais avant que le

(1) Lettre d'Hercule à Pozzi, à Ferrare, du 25 août 1501. Les

contenu n'en fût arrivé à Rome, le pape s'était hâté d'accepter les conditions du duc et de faire rédiger le contrat de mariage. Cet acte fut régulièrement dressé au Vatican le 26 août 1501 (1).

Sans perdre de temps, il fit passer ce contrat à Hercule par l'entremise du cardinal Ferrari, et don Ramiro Romolini se rendit en hâte à Ferrare avec d'autres chargés d'affaires (2). Le mariage *ad verba* y fut conclu au château de Belfiore le 1er septembre 1501.

Le même jour, le duc écrivit à Lucrèce que s'il l'avait aimée jusque-là à cause de ses vertus et en considération du pape et de son frère César, il éprouvait maintenant pour elle une tendresse plus que paternelle. Il écrivait sur le même ton à Alexandre lui-même, l'instruisait de la conclusion du mariage et le remerciait d'avoir accordé la dignité d'archiprêtre

---

lettres de Maximilien ne sont pas aux archives d'Este; elles se trouvent encore à Vienne.

(1) Beneimbene a rédigé cet acte le 26 août 1501. Je ne le donne pas aux *Pièces justificatives,* non plus que l'acte ferrarais rédigé à Belfiore le 1er septembre 1501 dont la copie se trouve également au registre de Beneimbene, parce qu'il est trop volumineux.

(2) Le cardinal Ferrari à Hercule, le 27 août 1501. Rome.

de Saint-Pierre au cardinal Hippolyte, son fils (1).

Les termes dont se servit Hercule dans la lettre où il annonçait cet événement au marquis Gonzague étaient moins diplomatiques. Ses véritables dispositions s'y montrent clairement; en même temps, il s'excuse d'avoir été contraint d'en venir là.

« Illustre Seigneur et très-cher frère, lui disait-il. Nous avons fait savoir à Votre Seigneurie que nous nous sommes résolus ces derniers jours à consentir, sous la pression des intrigues auxquelles nous étions en butte, à l'alliance matrimoniale que nous offrait Sa Sainteté, c'est-à-dire à accepter pour épouse de notre fils aîné don Alphonse l'illustre dame Lucrèce Borgia, sœur de l'illustre duc de Romagne et de Valentinois, et ce surtout parce que nous y avons été invités d'une manière pressante par Sa Majesté Très-Chrétienne et dans la prévision de tomber d'accord avec Sa Sainteté sur tous les points relatifs à ce mariage. Depuis lors, les négociations s'étant poursuivies à cet effet, Sa Sainteté et nous, sommes arrivés à un accord et le roi très-

(1) Minutes ducales, 1ᵉʳ sept. 1501.

chrétien n'a cessé de nous presser de conclure ce mariage. En conséquence, il a eu lieu aujourd'hui, au nom de Dieu, et par l'intermédiaire de l'ambassadeur (français) et des chargés d'affaires ici présents de Sa Sainteté, et ce matin il a été rendu public. J'ai voulu en informer immédiatement Votre Seigneurie, comme l'exigent l'alliance et l'amitié intimes et réciproques qui existent entre nous, afin qu'elle prenne part à tout ce qui nous arrive d'important. Et nous nous mettons ainsi avec empressement à la disposition de son bon plaisir.

« Ferrare, le 2 septembre 1501 (1). »

Le 4 septembre, un courrier apporta la nouvelle que le contrat de mariage avait été signé à Ferrare. Aussitôt Alexandre fit tirer des salves d'artillerie au château Saint-Ange et illuminer le Vatican. Rome tout entière retentit des cris de joie des amis de la maison de Borgia.

Ce moment était décisif dans l'existence de Lucrèce. Si l'ambition et le penchant pour les grandeurs

---

(1) Cette lettre est imprimée chez Zuchetti, *Lucreẓia Borgia, Duchessa di Ferrara...* Milano, 1869.

mondaines s'agitaient dans son âme, elle avait désormais la certitude de monter sur le trône d'une des plus anciennes familles princières d'Italie. Si elle déplorait ou abhorrait ce qu'elle voyait à Rome autour d'elle, si les aspirations vers une situation meilleure l'emportaient dans son âme sur la frivolité, un refuge lui était maintenant offert. Elle allait être la femme d'un prince qui passait, non pas pour avoir reçu de la nature et de l'éducation des sentiments délicats, mais pour un homme pratique et pacifique. Elle l'avait vu dans sa première jeunesse quand il vint à Rome, à l'époque où elle était la fiancée de Sforza. Aucun sacrifice ne devait lui paraître trop pénible, si elle parvenait à éteindre les souvenirs laissés par les neuf années qui s'étaient écoulées depuis lors. La victoire qu'elle venait de remporter en obtenant le consentement de la maison d'Este avait quelque chose de profondément humiliant, car elle savait qu'Alphonse ne s'était décidé à accepter sa main que contraint et forcé, et après une longue résistance. Une femme audacieuse et habile pouvait s'élever au-dessus de cette humiliation avec la conscience de son génie et de son adresse, mais une personne moins forte, quoique belle et gracieuse, devait éprouver un puissant attrait à l'idée de vaincre la répulsion de son mari par la puissance de ses charmes personnels. Quant à la question de savoir si elle avait beaucoup à gagner au point de vue de l'honneur en s'unissant à un homme qui ne l'avait pas volontairement choisie, ou si l'orgueil d'une femme bien née n'aurait pas dû lui faire repousser un mariage qui s'accomplissait dans de telles conditions, il est probable que, frivole comme elle l'était, Lucrèce n'y avait jamais pensé; et, si par hasard elle y songea, César et son père ne lui permirent pas d'exprimer des scrupules aussi impolitiques. On ne découvre en elle nulle trace d'orgueil moral, et les signes qu'elle manifesta en ce moment sont ceux d'une joie enfantine et naïve à la vue de la fortune qui lui était offerte.

Le 5 septembre, on la vit parcourir les rues de Rome accompagnée de trois cents cavaliers et de quatre évêques. Elle allait faire sa prière d'actions de grâces à Santa Maria del Popolo. D'après la singulière coutume de l'époque, où le sérieux et le grotesque marchaient de pair comme dans les drames de Calderon et de Shakespeare, Lucrèce donna à un des fous de sa cour le vêtement précieux qu'elle portait à cette occasion. Le bouffon se mit à courir tout joyeux à travers les rues de Rome en criant : « Vive l'illustre duchesse de Ferrare ! Vive le pape Alexandre ! » Les Borgia et leurs amis célébrèrent ce grand événement avec de bruyantes démonstrations de joie.

Alexandre convoqua un consistoire, comme si cette affaire de famille eût été de grande importance pour l'Eglise. Il célébra le duc Hercule avec une puérile ostentation et l'appela le plus grand et le plus sage des princes italiens ; il fit l'éloge de don Alphonse en disant qu'il était plus beau et plus puissant que son fils César, et qu'il avait eu pour première femme la belle-sœur de l'empereur. Ferrare était un heureux Etat et la maison d'Este était ancienne ; bientôt arriverait à Rome un cortége nuptial composé de grands seigneurs qui viendraient chercher la jeune épouse, et la duchesse d'Urbin serait avec eux (1).

Le 14 septembre, César Borgia revint de Naples,

(1) « Ed altre cose che egli disse per maggiormente magnificare il fatto. » *Matteo Canali au duc de Ferrare.* Rome, 11 sept. 1501.

où Frédéric, le dernier roi de ce pays de la maison d'Aragon, avait dû se rendre à la France. Il retrouva à sa grande satisfaction Lucrèce certaine désormais de devenir un jour duchesse de Ferrare. Le 15, arrivèrent Saraceni et Bellingeri, ambassadeurs d'Hercule. Ils devaient s'appliquer à faire remplir au pape ses promesses aussi promptement que possible. Le duc ne se fiait pas à lui : c'était un homme pratique. Il ne voulait pas envoyer l'escorte de la mariée avant d'avoir les bulles en main. Lucrèce appuya les envoyés avec tant de zèle que Saraceni écrivait à son maître qu'elle lui faisait déjà l'effet d'une excellente Ferraraise (1). Elle habitait au Vatican pendant la durée des négociations qu'Alexandre, pour montrer son savoir, dirigeait quelquefois en latin courant; un jour il donna l'ordre qu'à cause de sa fille on se servît de l'italien, ce qui prouve que Lucrèce ne possédait pas encore complétement la langue latine.

Il résulte des dépêches des ambassadeurs précités qu'on s'amusait beaucoup au Vatican. On y chan-

---

(1) « Quale mi pare già essere optima Ferrarese. » *Dépêche du 15 sept.* Rome.

tait, on y faisait de la musique et on y dansait chaque soir. Un des plus grands plaisirs d'Alexandre était de voir danser de belles femmes. Les jours où Lucrèce et les dames de sa cour se livraient à ce divertissement, il faisait appeler les ambassadeurs de Ferrare afin qu'ils admirassent la beauté de sa fille. Il leur dit un soir en riant qu'ils devaient bien voir que la duchesse n'était pas boiteuse (1).

Il fallait qu'il fût infatigable pour pouvoir passer les nuits ainsi, alors que le robuste César lui-même s'en lassait. Un jour que celui-ci avait daigné accorder une audience aux ambassadeurs, faveur qui, ainsi qu'ils l'écrivaient à Ferrare, était à peine obtenue par les cardinaux, il les reçut couché tout habillé dans son lit et Saraceni disait à cet égard dans sa dépêche : « Je crains qu'il ne soit malade, car il a dansé hier soir sans relâche et il recommencera encore aujourd'hui chez le pape avec lequel l'illustre duchesse va souper (2). » Lucrèce considérait comme un délassement pour le pape d'aller en un seul jour

---

(1) « Che voleva havessimo veduto che la Duchessa non era zoppa. » *Saraceni à Hercule.* Rome, 16 sept.
(2) Rome, 23 sept., Saraceni.

à Civitacastellana et à Nepi. Le 25 septembre, les ambassadeurs écrivaient à Ferrare : « Cette illustre Dame continue d'être encore un peu souffrante et de se sentir très-fatiguée ; malgré cela, elle ne prend aucun remède, n'a pas cessé de s'occuper des affaires et donne audience comme de coutume. Nous croyons pourtant que cette indisposition est sérieuse, car Sa Seigneurie s'en préoccupe. Le repos qu'elle goûtera pendant le temps que Sa Sainteté sera absente lui fera du bien, car jusqu'à présent, toutes les fois que Sa Seigneurie vient chez le pape, la nuit se passe en danses et en jeux qui durent jusqu'à deux ou trois heures, et cela lui fait beaucoup de mal (1). »

Une circonstance désagréable dont le pape s'entretint alors avec les ambassadeurs de Ferrare était relative à Jean Sforza de Pesaro, l'époux répudié par Lucrèce. La dépêche suivante, adressée à Hercule, montre ce qu'on craignait de lui :

« Illustrissime prince et notre seigneur particulier. Comme Sa Sainteté le pape prend un juste souci des

(1) Dépêche du 25 sept.

choses qui peuvent causer du désagrément non-seulement à Votre Excellence et à l'illustre don Alphonse, mais encore à madame la duchesse et à lui-même, il nous a chargés d'écrire à Votre Excellence pour la prier de faire en sorte que le seigneur Jean de Pesaro, lequel d'après les informations de Sa Sainteté se trouve actuellement à Mantoue, ne soit pas à Ferrare au moment des noces. Car, bien que la séparation qui a eu lieu entre lui et ladite illustre dame ait été accomplie d'une façon parfaitement régulière et conforme à la vérité pure, comme le procès ainsi que les aveux volontaires du seigneur Jean l'ont établi publiquement, il se peut pourtant qu'il conserve un reste de malveillance provenant de cette cause ou de toute autre. S'il se trouvait en un lieu où ladite dame pût être vue de lui, Son Excellence serait obligée de se retirer dans une chambre quelconque pour que le passé ne lui revienne pas en mémoire. Sa Sainteté engage donc Votre Excellence d'y obvier avec sa prudence habituelle. Elle en est venue ensuite aux affaires du seigneur marquis de Mantoue et blâme vivement Sa Seigneurie d'être seule à offrir un asile aux gens tombés et bannis non-seulement par Elle, mais encore par le roi très-chrétien. Nous nous sommes bien efforcés d'excuser le seigneur marquis en disant que, généreux comme il l'est, il rougirait d'interdire l'entrée de ses domaines aux personnes qui s'y réfugient, surtout quand ce sont de grands seigneurs et nous avons employé pour le défendre toutes les raisons qui nous ont paru convenir à cet effet. Mais Sa Sainteté n'a pas semblé satisfaite des excuses que nous avons fait valoir. Votre Excellence aura donc à prendre dans sa sagesse les dispositions qui lui paraîtront le mieux appropriées à la circonstance. Nous nous recommandons humblement aux bonnes grâces de Votre Excellence. »

« Rome, 23 septembre 1501 (1). »

Sur les instances d'Hercule, le consistoire avait délibéré le 17 septembre sur la question de réduire le cens de Ferrare à cent florins au lieu de quatre cents ducats, somme à laquelle il se montait annuel-

---

(1) *Pièces justificatives*, n° 31. Hercule fit adresser, à la date du 30 sept. 1501, à ses deux ambassadeurs, une lettre destinée à les tranquilliser.

ment. On redoutait une vive résistance à cet égard. Alexandre VI exposa en détail tout ce qu'Hercule avait fait pour Ferrare, et rappela les couvents et les églises qu'il avait fondés et surtout les fortifications de la ville, grâce auxquelles il en avait fait un boulevard des Etats de l'Eglise. Les cardinaux avaient été travaillés en faveur de cette réduction par le cardinal de Cosenza, créature de Lucrèce, et par messer Troche, l'homme de confiance de César. Ils adoptèrent la proposition qui leur était soumise et le pape les en remercia en félicitant spécialement les anciens cardinaux, car les récents, qui étaient ses créatures, avaient été les plus opiniâtres (1).

Le même jour, il s'occupa de la destination des domaines qu'il avait enlevés aux barons bannis par lui le 20 août. Ces possessions, qui comprenaient une grande partie de la campagne de Rome, furent divisées en deux provinces, l'une ayant Nepi et l'autre Sermonète pour chefs-lieux ; Lucrèce, souveraine actuelle de ces villes abandonnait ses droits sur elles. Alexandre en fit deux duchés qu'il conféra à deux enfants, Jean Borgia et Rodriguez. Le pape

(1) Dépêche de Matteo Canali à Hercule. Rome, 18 sept. 1501.

avait d'abord attribué la paternité du premier de ces enfants à son propre fils César, mais il avait ouvertement reconnu ensuite qu'il en était le père.

Si les actes n'étaient pas là pour l'établir, on ne pourrait pas croire à une effronterie aussi extraordinaire. Deux bulles, datées l'une et l'autre du 1er septembre 1501, sont adressées à ce fils bien-aimé, le « noble Jean de Borgia, infant romain. » Dans la première, Alexandre déclare que Jean, alors âgé de trois ans, est le fils légitime de César Borgia, homme non marié (il ne l'était pas en effet à l'époque de la naissance de cet enfant), et d'une dame également non mariée. Il légitimait cet enfant en vertu de son pouvoir apostolique et l'établissait dans tous les droits de ses parents. Dans le deuxième bref, il se réfère à la légitimation qu'il a conférée à l'enfant comme fils de César et dit en propres termes : « Mais comme tu es entaché de ce vice (d'une naissance illégitime) non par le fait dudit duc (César), mais par le nôtre et celui de ladite dame non mariée, ce que nous n'avons pas voulu exprimer pour de bons motifs dans le bref précédent, nous voulons, afin que cet acte ne soit jamais déclaré nul et que dans la suite des temps il ne puisse en naître des difficultés pour toi, pourvoir favorablement à ton avenir, et nous te confirmons par la présente, par un effet de notre libre résolution, de notre générosité et de notre toute-puissance, la validité de tout ce qui est spécifié dans ledit acte. » Il renouvelle en conséquence la légitimation et déclare que si son fils, légitimé comme fils de César, était à l'avenir appelé et désigné comme tel dans des brefs et des actes de cette espèce et même s'il se servait des armoiries de César, il ne pourrait en résulter pour ledit enfant nul préjudice d'aucune sorte, mais que de tels actes jouiraient de la même validité qu'ils auraient eue si cet enfant avait été désigné dans l'acte de légitimation comme son propre fils et non comme celui de César (1).

On est frappé d'abord de voir que ces deux actes

(1) Voir les bulles aux *Pièces justificatives,* n⁰ˢ 29 et 30. Toutes deux se trouvent aux archives de Modène. La première en duplicata et la seconde en original. Le sceau de plomb manque ; les fils de soie rouge et jaune auxquels il tenait se sont conservés. Quant au fait lui-même, je l'ai trouvé constaté pour la première fois dans un manuscrit de la bibliothèque Barberinienne, à Rome, et j'en ai déjà fait mention dans mon « Histoire de la ville de Rome au moyen âge. »

ont été rédigés le même jour; mais cette circonstance s'explique par ce fait que les lois canoniques interdisaient au pape de reconnaître son propre enfant. Alexandre se tira donc de cette difficulté en déclarant qu'il avait énoncé une fausseté dans la première bulle. Cette assertion controuvée permettait de légitimer l'enfant ou de le doter de biens réguliers et, une fois cela fait par acte authentique, le pape pouvait, sans qu'il en résultât désormais de préjudice pour son fils, substituer la vérité au mensonge.

Le 1ᵉʳ septembre 1501, César ne se trouvait pas à Rome. Il est possible, qu'en dépit de son caractère odieux, il ait rougi de voir son père mettre un bâtard sur le même pied que lui, le fils reconnu, quant aux droits de propriété. Le petit Giovanni Borgia passa réellement plus tard, après la mort d'Alexandre, pour le fils de César et le pape lui-même le désigna comme tel plusieurs fois encore dans ses brefs (1).

(1) Dans un mandat du pape, en date du 21 juillet 1502, relatif à certain péage, il l'appelle : *Nobili Infanti Johanni Borgia nostro secundum carnem nepoti;* et dans un bref du 12 juin 1502, adressé à la commune de Gallese : *Dil. filii nobilis infantis Johannis Borgia ducis Nepesini dilecti filii nobilis viri Cæsaris Borgia de Francia,* etc. Archives de Modène.

On ignore quelle était la mère de cet enfant mystérieux. Burkhard la désigne seulement comme « une certaine Romaine. » Si Alexandre disait vrai en l'appelant une femme non mariée, il ne faudrait pas penser à Julie Farnèse. On peut encore supposer que la seconde assertion du pape était également mensongère, et que « l'infant romain » n'était pas son fils, mais bien un enfant illégitime de Lucrèce. On se rappelle qu'un ambassadeur de Ferrare mandait, en mars 1498, au duc Hercule que des nouvelles de Rome affirmaient que la fille du pape était accouchée d'un fils. Cette date s'accorde parfaitement avec l'âge qu'avait l'infant Giovanni en septembre 1501. Les deux actes relatifs à sa légitimation, aujourd'hui aux archives d'Este, proviennent de la chancellerie de Lucrèce qui les avait emportés avec elle en quittant Rome pour Ferrare ou se les procura plus tard. Nous verrons enfin l'infant paraître à sa cour de Ferrare, où il passait pour son frère. Toutes ces circonstances peuvent donner à croire que le mystérieux Giovanni Borgia était fils de Lucrèce, mais cette opinion ne saurait jamais avoir d'autre valeur que celle d'une hypothèse.

Cet enfant obtint aussi la ville de Nepi à titre de duché avec trente-six autres localités.

La deuxième province avec le duché de Sermonète et vingt-huit châteaux fut attribuée au petit Rodriguez, fils unique de Lucrèce et d'Alphonse d'Aragon. L'existence de cet enfant était, dans la nouvelle situation où se trouvait la mère, évidemment un embarras pour elle, car elle ne pouvait pas ou n'osait pas emmener avec elle à Ferrare un beau-fils à son nouveau mari. Nous voulons croire à son honneur qu'elle se trouva obligée de confier à des mains étrangères son enfant légitime, mais il ne paraît pas que la cour de Ferrare lui eût demandé de prendre cette détermination. L'ambassadeur Gerardi, rendant compte à son maître à la date du 28 septembre d'une visite faite par lui à madame Lucrèce, écrivait à cet égard : « Comme son fils se trouvait présent, je lui demandai adroitement ce qu'elle ferait de lui, et elle m'a répondu : « Il restera à « Rome avec un revenu de 15,000 ducats (1). » Dans le fait, le petit Rodriguez fut richement renté. On le mit sous la tutelle de deux cardinaux, le pa-

(1) Gerardi à Hercule. Rome, 28 sept.

triarche d'Alexandrie et François Borgia, archevêque de Cosenza. Il touchait les revenus de Sermonète et possédait aussi Biselli, héritage de son malheureux père. Le 7 janvier 1502, le roi Ferdinand et Isabelle de Castille donnèrent, en effet, plein pouvoir à leur ambassadeur à Rome, François de Roxas, de mettre Rodriguez en possession du duché de Biselli et de la ville de Quadrata. Conformément à l'acte d'investiture, il avait pour titres : don Rodriguez Borgia d'Aragon, duc de Biselli et de Sermonète et seigneur de Quadrata (1).

(1) *Datum in civitate Hispali*, 7 janv. 1502. *Yo el Rey*. Aux archives de Modène; dans le *Liber Arrendamentorum Terrarum ad Illmos Dnos Rodericum Bor. de Aragonia Sermoneti et Jo. de bor. Nepesin. Duces infantes spectantium alearq. scripturar. status eorundem tangentium.* Biselli, 1502.

XXI

PRÉPARATIFS DE DÉPART

Lucrèce était impatiente de s'en aller de Rome, qui lui semblait une prison, comme elle le disait aux ambassadeurs de Ferrare ; le duc n'était pas moins pressé de voir terminer cette affaire. Mais la délivrance des nouvelles bulles d'investiture se faisait attendre et la cession de Cento et de Pieve ne pouvait avoir lieu sans le consentement du cardinal Julien Rovère, qui était archevêque de Bologne et habitait la France. Hercule retardait à cause de cela l'envoi du cortége nuptial, quoique l'approche de l'hiver fût toujours moins favorable pour un voyage aussi pénible. Chaque fois que Lucrèce voyait les ambassadeurs de Ferrare, elle leur demandait quand arriverait l'escorte destinée à l'emmener. Elle s'efforçait d'écarter les difficultés qui se présentaient. Les cardinaux tremblaient bien en présence du pape et de César, mais ils tardaient à signer la bulle qui aliénait au détriment de l'Eglise le cens de Ferrare et n'entendaient nullement en proroger la remise au profit de tous les descendants d'Alphonse et de Lucrèce jusqu'à la troisième génération. Le duc écrivit en termes pressants au cardinal de Modène et à Lucrèce qui finit, en octobre, par faire aboutir l'affaire et reçut à cet égard les plus grands éloges de son beau-père. On a plusieurs lettres de Lucrèce au duc et du duc à Lucrèce datées de la première quinzaine d'octobre. Elles accusent de part et d'autre une confiance croissante. Il est évident qu'Hercule s'habituait de plus en plus à l'idée de cette mésalliance, à mesure qu'il trouvait sa belle-fille plus intelligente qu'il ne l'avait supposée d'abord. De son côté, elle lui adressait des lettres remplies de flatteries, surtout quand elle savait que le duc était indisposé et Hercule la remerciait de ce qu'elle lui écrivait de sa propre main, car il y voyait une marque toute spéciale d'affection (1).

Les ambassadeurs lui mandaient : « Quand nous

(1) Lucrèce à Hercule, 18 oct. Hercule à Lucrèce, 23 oct.

avons appris à l'illustre duchesse la maladie de Votre Excellence, Sa Seigneurie en a témoigné le plus grand chagrin ; elle a pâli et est demeurée un instant pensive. Elle regrette beaucoup de ne pas se trouver à Ferrare pour soigner Votre Excellence de ses propres mains, si cette faveur lui était accordée. Autrefois, quand la salle du Vatican s'est écroulée, elle a déjà soigné Sa Sainteté pendant quatorze jours sans prendre de repos, car le pape ne voulait avoir affaire qu'à elle (1). »

La maladie de son beau-père pouvait bien effrayer Lucrèce ; la mort d'Hercule eût, en effet, sinon rompu son mariage avec Alphonse, du moins l'aurait certainement retardé. Elle n'avait encore aucune preuve que l'éloignement de son futur époux à son égard eût cessé. Pendant toute cette période, il n'existe aucune lettre d'Alphonse à Lucrèce ni de Lucrèce à Alphonse et ce silence absolu est au moins surprenant. L'idée que son père pouvait venir à mourir devait troubler Lucrèce encore davantage, car sa mort aurait infailliblement empêché son mariage. Alexandre tomba malade peu de

(1) Gerardo à Hercule, 15 oct. 1501.

temps après Hercule. Il avait eu un refroidissement et perdu une dent. Pour empêcher qu'il n'en parvînt à Ferrare des rapports exagérés, il fit appeler l'ambassadeur du duc et lui ordonna d'écrire à son maître que son indisposition n'avait pas de gravité : « Si le duc était ici, dit le pape, et quoique j'aie la figure bandée, je voudrais le conduire avec moi chasser le sanglier. » Et l'ambassadeur fait observer dans sa dépêche qu'en raison de sa santé, Alexandre réglait mieux sa vie et ne quittait plus le palais avant l'aurore pour ne rentrer que la nuit venue. Il avait, en effet, cette mauvaise habitude et on lui avait même adressé à cet égard des représentations amicales (1).

Hercule et le pape recevaient des félicitations de tous côtés. Les cardinaux et les ambassadeurs célébraient dans leurs lettres la beauté et la sagesse de Lucrèce. L'ambassadeur d'Espagne à Rome faisait son éloge en termes excessifs et Hercule le remerciait de ce témoignage rendu par lui en faveur des vertus de sa belle-fille (2). Le roi de France lui-même

(1) Hercule à don François Roxas, 24 oct. 1501.
(2) Gerardo Saraceni à Hercule. Rome, 26 oct. 1501.

manifesta une joie extraordinaire sur un événement qui, ainsi qu'il l'exprimait maintenant, procurerait les plus grands avantages à l'Etat de Ferrare. Le pape dans le ravissement, lut devant le consistoire une lettre de félicitations que lui avaient adressée ce monarque et sa femme. Louis XII condescendit même à écrire directement à madame Lucrèce une lettre à la fin de laquelle il avait ajouté deux mots de sa propre main ; Alexandre en conçut tant de plaisir qu'il en envoya une copie à Ferrare. Mais il n'arriva rien de pareil de la cour de Maximilien. L'empereur manifesta au contraire tant d'irritation qu'Hercule s'en émut, comme le prouve la lettre suivante adressée à ses deux fondés de pouvoir à Rome :

« Le duc de Ferrare, etc...

« Nos très-amés. Nous n'avons rien fait savoir à Sa Sainteté Notre Seigneur sur les dispositions de l'illustrissime roi des Romains envers lui, depuis que messer Michele Remolines est parti d'ici. Nous n'avions, il est vrai, rien de sûr à lui apprendre à cet égard ; mais nous avons été informé depuis par une personne digne de foi avec laquelle ledit roi s'est entretenu, que Sa Majesté est mécontente et s'est répandue en reproches très-vifs sur Sa Sainteté en blâmant le mariage que nous avons résolu de concert avec elle, ce qu'il nous avait fait connaître déjà par des lettres à nous adressées avant la conclusion de ce mariage et par lesquelles il nous dissuadait de cette alliance, comme vous le verrez par la copie que nous vous en envoyons ci-inclus. Elles ont été montrées et lues aux ambassadeurs de Sa Sainteté auprès de notre cour. Bien que maintenant, en ce qui nous concerne, nous n'attachions pas beaucoup d'importance à ces dispositions de Sa Majesté, ayant traité cette affaire avec réflexion et en éprouvant chaque jour plus de contentement, il nous semble pourtant convenable, en considération de notre alliance avec Sa Sainteté et pour qu'elle puisse former à cet égard un jugement conforme à sa sagesse, de lui faire part de notre sentiment sur ce point. Nous sommes persuadé que Sa Sainteté pèsera et reconnaîtra dans sa sagesse quelle importance pour elle peut prendre ledit mécontentement de Sa Majesté.

« Vous pourrez donc lui faire part de ces choses

et même lui soumettre les copies, si cela vous paraît convenable ; mais vous la prierez, en notre nom, de ne pas nous en considérer comme l'artisan, pas même dans le cas où, sous des motifs pressants, nous aurions fait parvenir lesdites copies en d'autres mains.

« Ferrare, le 23 octobre 1501. »

Le duc ne se laissa plus ébranler. Au commencement d'octobre il avait désigné les personnes qui devaient faire partie du cortége nuptial, mais leur départ de Ferrare dépendait encore de la marche de ses négociations avec le pape. Une question importante était de savoir quels seraient les personnages qui composeraient la suite nuptiale, tant du côté de Ferrare que de celui de Rome. Une dépêche de Gerardi, en date du 6 octobre, nous fournit des informations à cet égard. En voici le contenu :

« Illustre Seigneur, etc... Aujourd'hui, le 6, nous étions, Hector et moi seuls chez le pape, munis des lettres de Votre Seigneurie du 26 du mois passé et du 1er de celui-ci, ainsi que de la liste de l'escorte nuptiale. Elle plaît beaucoup à Sa Sainteté; elle lui a paru honorable et brillante, surtout quand l'état et la qualité des personnes destinées à en faire partie lui ont été désignés d'une manière précise. Votre Excellence, je le tiens des meilleures sources, a dépassé l'attente du pape. Quand nous avons eu conversé un moment avec Sa Sainteté, elle a fait appeler l'illustre duc de Romagne et le cardinal Orsini; il y avait aussi Monsignor Elna, Monsignor Troche et Messer Adriano. Le pape voulut que la liste fut lue de nouveau et elle fut encore approuvée davantage, surtout du duc qui dit connaître plusieurs des personnes dont elle contient le nom. Il a conservé aussi la liste et m'a beaucoup remercié quand je la lui ai rendue au moment où il voulait me la remettre.

« Nous avons fait tous nos efforts pour avoir la liste des personnes composant l'escorte d'honneur qui doit accompagner l'illustre duchesse; mais elle n'est pas encore prête. Sa Sainteté dit qu'il s'y trouvera peu de dames, car les Romaines sont un peu sauvages et maladroites à cheval (1). Jusqu'à présent la duchesse a chez elle cinq ou six jeunes

(1) « Per essere queste romane salvatiche et male apte a cavallo. »

dames nobles, quatre petites filles très-jeunes et trois dames âgées qui resteront chez Sa Seigneurie. Les unes et les autres viendront peut-être. On l'en a adroitement détournée en lui disant qu'elle aurait le choix à Ferrare entre d'innombrables dames d'honneur. Il y a chez elle aussi une madame Hieronyma, sœur du cardinal Borgia, et mariée à un Orsini. Celle-ci l'accompagnera avec trois dames. Il n'y a pas jusqu'à présent d'autres dames d'honneur. Je crois qu'elle en ira chercher jusqu'à Naples, à ce que j'ai entendu dire; on croit pourtant qu'il y en aura peu et seulement pour accompagner la duchesse. La duchesse d'Urbin a fait dire qu'elle viendrait avec cinquante chevaux. En ce qui regarde les hommes, Sa Sainteté dit qu'ils feront aussi défaut, car il ne reste plus à Rome d'autres seigneurs nobles que les Orsini et ils sont pour la plupart au dehors. Il espère pourtant en trouver un nombre suffisant, surtout si le duc de Romagne ne se met pas en campagne, car il se trouve plusieurs gentilhommes dans la suite de Sa Seigneurie. Sa Sainteté dit qu'on pourrait facilement faire accompagner madame Lucrèce de prêtres et de lettrés, mais que ce n'étaient pas des personnes convenables pour la circonstance; cependant la suite fournie par Votre Seigneurie suffira pour l'une et pour l'autre et d'autant mieux, que, comme l'assure Sa Sainteté, il est d'usage que le grand cortége soit envoyé par le fiancé, tandis que la fiancée ne vient qu'avec quelques personnes. Je crois pourtant qu'elle n'aura avec elle pas moins de deux cents personnes à cheval. Le pape hésite sur la route qu'aura à prendre Sa Seigneurie; il pense qu'elle devra passer par Bologne et dit que les Florentins l'ont invitée aussi à traverser leurs Etats. Quoique Sa Sainteté n'ait pas encore pris de résolution à cet égard, la duchesse a dit cependant et nous en a fait part qu'elle ferait le voyage par les Marches; que le pape l'avait résolu. Peut-être désire-t-il qu'elle aille à Bologne en quittant les terres du duc de Romagne.

« En ce qui regarde le désir de Votre Seigneurie qu'un cardinal accompagne la duchesse, Sa Sainteté a répondu qu'il ne lui paraissait pas convenable qu'un cardinal sortît de Rome pour la suivre, mais qu'il avait écrit au cardinal de Salerne, légat des

Marches, de se diriger vers les possessions du duc de Romagne et d'attendre là pour l'accompagner ensuite jusqu'à Ferrare et célébrer la messe de mariage. Il croit que le cardinal fera ainsi, à moins que sa maladie ne l'en empêche. Dans le cas où cette crainte se réaliserait, Sa Sainteté s'occuperait de confier ce soin à un autre....

« Quand le pape a appris dans le cours de notre entretien que nous n'avions pas pu obtenir d'audience de l'illustrissime duc il s'en est montré très-mécontent et nous a dit que Sa Seigneurie avait ce défaut et que les envoyés de Rimini étaient ici depuis deux mois sans avoir pu lui parler ; que pour lui la nuit était le jour et le jour la nuit. Il déplore beaucoup cette façon de vivre et doute qu'il puisse garder ainsi ce qu'il a acquis. Il a fait au contraire l'éloge de l'illustre duchesse disant qu'elle est prudente, donne audience sans difficulté et sait être aimable quand il le faut. Il la glorifie beaucoup et assure qu'elle a gouverné le duché de Spolète à la satisfaction générale. Il l'a exaltée très-fort et dit que Sa Seigneurie saurait aussi, si elle avait quelques négociations à mener avec lui-même, très-bien tirer son épingle du jeu. Je crois que Sa Sainteté parlait ainsi plutôt dans l'intention de dire du bien d'elle (comme elle le mérite à mon avis) que pour médire du duc, quand même il y aurait eu lieu de constater le contraire. Je me recommande toujours à Votre Seigneurie.

« Rome, 6 octobre. »

Le pape laissait rarement échapper l'occasion de faire l'éloge de la beauté et de la sagesse de sa fille. Il la comparait aux dames italiennes les plus célèbres d'alors, telles que la marquise de Mantoue et la duchesse d'Urbin. Un jour il parla aussi de son âge aux ambassadeurs de Ferrare et fit la remarque qu'elle aurait vingt-deux ans accomplis en avril 1502, tandis que César atteindrait sa vingt-sixième année à la même époque (1).

Il était très-satisfait du choix de l'escorte de la mariée, car les personnages qui devaient la composer étaient des princes de la maison d'Este et les hommes les plus considérables de Ferrare. Il approuvait aussi qu'Annibal Bentivoglio, le fils du

(1) Gerardi à Hercule, 26 oct. 1501.

seigneur de Bologne s'y joignit et disait en riant à l'ambassadeur de Ferrare que quand même son maître enverrait des Turcs à Rome au-devant de la mariée, ils seraient les bienvenus.

Les Florentins déléguèrent par crainte de César une députation à Lucrèce pour l'engager à passer sur leurs terres en se rendant à Ferrare; mais le pape tint bon pour qu'elle traversât la Romagne. D'après les usages arbitraires et barbares de l'époque, les localités par lesquelles un pareil cortége s'avançait étaient tenues de pourvoir à son entretien. Afin de ne pas être trop à charge à la Romagne, il fut décidé que la suite ferraraise passerait par la Toscane pour venir à Rome; mais la république de Florence refusait absolument de la défrayer sur tout le parcours de son territoire; elle voulait la traiter seulement dans la ville de Florence ou l'honorer d'un présent (1).

On s'occupait pourtant à Ferrare des préparatifs de la noce. Le duc adressa des invitations aux princes ses amis. Il avait même pensé aux discours

(1) L'ambassadeur Manfredo Manfredi à Hercule. Florence, 22, 24 nov. 1501.

qui devraient être prononcés à Ferrare au moment où Lucrèce serait remise aux mains de son mari; au temps de la Renaissance, les déclamations de ce genre formaient, en effet, une des parties les plus importantes d'une fête quelconque et chaque discours devait être un véritable morceau d'apparat. Aussi Hercule avait-il chargé ses ambassadeurs à Rome de lui envoyer sur la maison de Borgia des notices dont les orateurs de la solennité auraient à tirer parti (1). Les ambassadeurs s'acquittèrent en conscience de la commission de leur maître et lui répondirent dans les termes suivants :

« Illustrissime prince et notre Seigneur particulier. Nous n'avons épargné ni le zèle ni les recherches pour découvrir tout ce qui concerne les actes de cette illustrissime maison de Borgia, ainsi que Votre Excellence nous en avait donné l'ordre ; nous avons donc puisé partout nos informations et nous y avons également employé ceux des nôtres qui se trouvent à Rome, et non-seulement les savants, mais encore les personnes dont, à notre avis, cela pouvait être le

(1) Le duc à ses deux ambassadeurs à Rome, 7 oct. 1501.

goût. Bien que nous ayons fini par découvrir que cette maison est très-noble et très-ancienne en pays espagnol, nous n'avons pourtant pas vu que ses ancêtres aient accompli quelques faits remarquables, car on mène en ce pays une existence très-civile et délicate, et Votre Excellence sait que telle est la coutume en Espagne et surtout à Valence.

« C'est seulement depuis Calixte jusqu'à nos jours qu'il a été fait mention particulière de cette maison et surtout des actes de Calixte sur lesquels Platina a donné des renseignements suffisants. Mais tout ce qu'a fait ce pape est généralement connu. Qui voudrait en faire le sujet d'un discours, aurait un vaste champ devant soi. Nous n'avons donc, illustrissime Seigneur, rien découvert sur cette maison que vous ne sachiez déjà, et, en ce qui regarde la personne des papes, pas autre chose que les données fournies par cet auteur et les discours d'obédience qui leur ont été adressés. Mais les actes mêmes de ces papes indiquent tout ce qu'on peut dire d'eux. Si nous apprenons quelque chose de plus, nous le communiquerons à Votre Excellence à laquelle nous nous recommandons humblement.

« Rome, le 18 octobre 1501. »

Quand le duc Hercule, issu de la vieille maison d'Este, lut cette dépêche laconique, il dut se mettre à rire et en trouver la franchise si peu diplomatique qu'elle avait presque l'air d'une ironie. Les zélés ambassadeurs semblent du reste ne pas avoir puisé aux bonnes sources, car s'ils avaient demandé conseil aux courtisans les plus intimes des Borgia, aux Porcari, par exemple, ils auraient pu dresser un arbre généalogique qui eût fait descendre les Borgia des anciens rois d'Aragon, sinon d'Hercule lui-même.

Cependant l'impatience du pape et de Lucrèce s'accroissait chaque jour, car le départ de l'escorte de la mariée traînait en longueur et les ennemis des Borgia commençaient à en rire. Le duc déclara qu'il ne pouvait pas penser à envoyer chercher madame Lucrèce, tant que la bulle d'investiture ne lui serait pas remise. Il se plaignait de la lenteur que Rome mettait à exécuter ses promesses. Il réclamait le payement comptant de la dot qui devait être effectué par des maisons de banque de Venise, de Bologne et d'autres villes, au moins au moment de l'arrivée à Rome du cortége, et il menaçait de le faire revenir à Ferrare sans la mariée si la somme n'était pas complétement versée (1). Comme la cession de Cento et de Pieve ne pouvait pas avoir lieu assez tôt, il désirait obtenir un gage du pape à cet égard, soit, par exemple, l'évêché de Bologne pour son fils Hippolyte, soit une caution. Il présentait des demandes de bénéfices pour son bâtard don Guilio et pour son ambassadeur Gianluca Pozzi et Lucrèce sut lui procurer l'évêché de Reggio, de même qu'elle obtint du pape une maison à Rome pour les ambassadeurs de Ferrare.

Un point important était aussi les parures de prix que recevrait Lucrèce. La passion pour les bijoux est encore aujourd'hui très-grande à Rome; les dames de la noblesse ne manquent aucune occasion de se charger de diamants et jusqu'à présent c'est la règle de faire un fidéicommis pour les valeurs

(1) Hercule à Gerardo Saraceni, 24 nov. 1501, et les lettres analogues du même à ses chargés de pouvoirs.

de cette nature. Au temps de la Renaissance cette passion était portée jusqu'à la manie. Hercule fit dire à sa belle-fille qu'elle ne pouvait pas apporter ses joyaux avec elle, ni les aliéner; mais qu'il lui enverrait par les personnes du cortége une riche parure, car, ajoutait-il très-galamment, comme elle était elle-même un bijou très-précieux, elle méritait de recevoir des diamants plus nombreux et plus beaux que ni lui, ni sa femme n'en avaient jamais possédés; qu'il n'était pas à la vérité un prince aussi considérable que le duc de Savoie, mais qu'il se trouvait pourtant en état de lui envoyer des joyaux aussi beaux qu'en avait celui-ci (1).

Les relations d'Hercule et de sa belle-fille étaient les plus amicales qu'on pût désirer, car Lucrèce ne se lassait pas de porter ses demandes aux oreilles du pape; mais ce dernier était profondément irrité des procédés du duc. Il lui fit demander avec instance d'envoyer le cortége à Rome et lui promit que les deux châteaux de la Romagne lui seraient remis avant même que Lucrèce ne fût arrivée à Ferrare. Dès qu'elle y serait, elle obtiendrait de lui tout ce

(1) Hercule à Gerardo Saraceni. Rome, 11 oct. 1501.

qu'elle désirerait, car il avait tant d'attachement pour elle qu'il pensait même lui faire une visite au printemps (1). Il allait jusqu'à craindre que le retard de la mise en route du cortége ne fût occasionné par quelque intrigue de l'empereur. Maximilien avait envoyé encore en novembre auprès du duc son secrétaire Agostino Semenza pour l'engager à ne pas laisser partir le cortége pour Rome, et il promettait à Hercule de lui en être reconnaissant. Le 22 novembre, le duc fit écrire au mandataire de l'empereur pour lui déclarer qu'il avait envoyé sur-le-champ un courrier à ses ambassadeurs à Rome ; qu'on allait bientôt être en hiver, saison peu favorable au départ de Lucrèce ; si le pape y consentait, il temporiserait sans pourtant rompre avec lui. Sa Majesté devait penser que le pape deviendrait son ennemi s'il suivait ce conseil ; il aurait à s'attendre de sa part à une persécution constante et même à une guerre. C'était déjà pour éviter ces dangers qu'il avait consenti à une alliance matrimoniale entre sa maison et celle du pape. Il espérait, en conséquence,

(1) Dépêche des ambassadeurs de Ferrare à Hercule. Rome, 31 oct. 1501.

que Sa Majesté ne voudrait pas l'exposer à de tels risques, mais saurait l'excuser avec sa droiture habituelle (1).

En même temps Hercule chargeait son ambassadeur à Rome d'informer le pape des menaces de l'empereur et de lui déclarer qu'il maintenait néanmoins sa promesse, mais qu'il désirait d'autant plus vivement la délivrance de la bulle que tout retard plus prolongé l'exposait à des dangers.

Alexandre entra sur cet avis dans la plus vive colère; il accabla l'ambassadeur de reproches et traita même le duc de « boutiquier. » Hercule informa l'envoyé de l'empereur à la date du 1er décembre qu'il ne pouvait pas retarder davantage l'envoi du cortége de la mariée sans briser ouvertement avec le pape. Il écrivit le même jour à son ambassadeur à Rome et se plaignit de l'épithète de « marchand » que le pape lui avait donnée (2). Celui-ci se calma en

(1) « Il quale mal effecto volendo nui fugire, seamo condescesi a contrahere la affinita cum soa Santità. Responsum illmi Dni ducis Ferrare D. Augustino Semetie Ces. M[tis] secretario. » Ferrare, 22 nov. 1501.
(2) « Che il procedere del Duca era un procedere da mercatante » *Hercule à Gerardi Saraçeni*, 1er déc. 1501,

recevant l'assurance que le départ de la députation de Ferrare avait été fixé au 9 ou au 10 décembre (1).

(1) Hercule à Alexandre VI, 1er déc. 1501.

XXII

ARRIVÉE ET RETOUR DU CORTÉGE NUPTIAL.

Cependant on consacrait au trousseau de Lucrèce des sommes dignes de la fille d'un roi. Le 13 décembre 1501, l'agent du marquis de Gonzague à Rome écrivait à son maître : « La dot sera de trois cent mille ducats, sans compter les cadeaux que madame recevra un jour ou l'autre. Elle se décompose ainsi : cent mille ducats comptant (au taux de Ferrare); de l'argenterie pour plus de trois mille ducats, des joyaux, du linge fin, des ornements précieux pour les mulets et les chevaux formant ensemble la valeur de cent autres mille ducats. Entre autres choses, elle a un vêtement confectionné valant plus de quinze mille ducats et deux cents chemises de prix dont plusieurs valent cent ducats pièce; chaque manche coûte à elle seule trente ducats et se trouve garnie de franges d'or et d'autres ornements du même genre. » Un autre agent informe la marquise Isabelle qu'un seul vêtement de Lucrèce vaut vingt mille ducats et qu'un seul chapeau est estimé dix mille. « En six mois, continue l'agent de Mantoue, on a employé et vendu de l'or ici et à Naples plus qu'en deux ans en temps ordinaire. En troisième lieu, elle apporte cent autres mille ducats, consistant dans la valeur des châteaux (de Cento et de Pieve) et la remise du tribut de Ferrare. Le nombre des chevaux et des personnes que le pape donnera à sa fille doit s'élever à mille, ainsi que deux cents chariots et peut-être en outre quelques-uns de France, si le temps le permet; à cela s'ajoutera le cortége qui vient la prendre (1). »

Le duc s'était enfin résolu à envoyer ce cortége, bien que les bulles ne lui eussent pas encore été délivrées. Comme il voulait maintenant donner le plus grand éclat au mariage désormais irrévocable de son fils et de Lucrèce, il envoya pour la chercher une cavalcade composée de plus de cinq cents personnes. Elle était conduite par le cardinal Hippolyte

(1) Dépêche de Giovanni Lucido. Aux archives de Mantoue.

qu'accompagnaient cinq autres membres de la maison ducale, à savoir ses frères, don Ferrante et don Sigismond, Niccolo Maria d'Este, évêque d'Adria, Meliaduse d'Este, évêque de Comacchio, et don Hercule, neveu du duc. Les principaux amis et parents ou vassaux de la maison de Ferrare composaient la suite ; c'étaient les seigneurs de Correggio et de Mirandola, les comtes Rangone de Modène, un des Pii de Carpi, les comtes Bevilacqua, Roverella, Sagrato, Strozzi de Ferrare, Annibal Bentivoglio de Bologne et plusieurs autres.

Ces seigneurs magnifiquement vêtus, avec de grosses chaînes d'or autour du cou et montés sur de beaux chevaux, quittèrent Ferrare le 9 décembre, précédés de treize trompettes et de huit hautbois ; la cavalcade nuptiale traversa ainsi bruyamment les campagnes d'Italie avec un cardinal menant joyeuse vie à sa tête. Si l'on rencontrait de nos jours une pareille troupe, on la prendrait pour une bande d'écuyers de cirque en tournée. Ces gais voyageurs n'avaient pas à payer d'écot, car sur les domaines du duc de Ferrare ils vivaient à ses dépens, c'est-à-dire à ceux de ses sujets ; sur les terres des autres seigneurs, ils trouvèrent une pareille réception et dès qu'ils atteignirent les Etats de l'Eglise, les localités où ils passaient étaient tenues de subvenir à leur entretien.

En dépit de tout le luxe de la Renaissance, les déplacements étaient soumis alors à de grandes difficultés ; on voyageait dans toute l'Europe comme on voyage aujourd'hui en Orient ; les grands seigneurs et les dames qui traversent de nos jours avec une rapidité vertigineuse et dans de commodes wagons-salons les pays où ils ont à passer et qui pour cette raison sont très-souvent en route, ne voyageaient au seizième siècle dans les contrées les plus civilisées de l'Europe que sur des chevaux et des mulets, ou bien ils alternaient en montant dans des litières qui n'avançaient que pas à pas, exposés à toutes les difficultés résultant du mauvais temps, du vent et des routes défoncées. Pour franchir la distance qui sépare Ferrare de Rome, route qui peut se faire maintenant en quatorze heures, la cavalcade mit treize jours entiers.

Elle atteignit enfin le 22 décembre Monterosi, pauvre château situé à quinze milles de Rome, dans un état effroyable, — trempée par les pluies d'hiver, couverte de boue, hommes et chevaux baissant la tête comme après les fatigues d'une campagne. Le cardinal envoya de là un messager avec un trompette à Rome pour prendre les ordres du pape. Il revint avec la réponse que l'entrée devait s'effectuer par la porte del Popolo.

Cette entrée des Ferrarais à Rome fut la solennité la plus brillante et la plus pittoresque qui eut lieu à Rome sous le pontificat d'Alexandre VI. Les cavalcades en général étaient les spectacles qu'on aimait le mieux à voir au moyen âge. L'Etat, l'Eglise et la société déployaient dans ces fêtes pompeuses leur éclat et leur importance, comme dans un triomphe public. Le cheval était encore en grande partie le symbole et le piédestal, pour ainsi dire, de la force et de la majesté temporelles. L'importance de cet animal dans la civilisation a disparu avec la chevalerie, et dans toute l'Europe les cavalcades sont tombées en désuétude. Les vestiges qu'on en voit encore, comme le cortége des princes dans les revues et les parades de certaines corporations, ne produisent plus d'effet en raison de l'uniformité ou de la fadeur de ces exhibitions de gala. On a pu voir à Rome le

2 juillet 1871, quand Victor-Emmanuel est entré dans sa nouvelle capitale, à quel point le sentiment des formes et des fêtes s'est altéré en Italie même, cette patrie par excellence des cavalcades. Si cet événement, un des plus importants de toute l'histoire d'Italie, eût pu se passer au temps de la Renaissance, il aurait donné lieu à une cavalcade triomphale des plus magnifiques. L'entrée à Rome du premier roi de l'Italie unifiée n'offrit au contraire, pour tout spectacle, qu'une suite de voitures poudreuses amenant du chemin de fer dans leur résidence des voyageurs qui étaient le roi et les personnes de sa cour. Il y a certainement plus de grandeur morale dans cette simplicité bourgeoise que n'en aurait eue la pompe bruyante du triomphe d'un César; mais nous ne parlons pas ici du mérite interne des spectacles publics, nous ne voulons que signaler la différence des temps en ce qui regarde l'aspect revêtu par les solennités, et les exigences de chaque époque. L'extinction du sentiment de l'éclat théâtral tel que le possédait la Renaissance est, à n'en pas douter, un appauvrissement ; le besoin s'en fait sentir encore aujourd'hui, et l'une des plus belles marches solen-

nelles que l'Europe ait vues dans les temps modernes a été la rentrée des soldats allemands dans leur patrie après la guerre de France. C'était un spectacle militaire auquel pourtant le luxe déployé par les villes et la participation joyeuse de tous les citoyens donnaient un caractère particulier.

Alexandre VI eût perdu sur le champ une partie de sa considération si, dans une telle solennité domestique, il n'eût pas offert au peuple sur un théâtre brillant le spectacle de sa magnificence. Plus tard Adrien VI se fit moquer de lui par les Romains pour n'avoir ni compris, ni su respecter cette exigence de l'époque.

Le 23 décembre, à dix heures du matin, les Ferrarais arrivèrent au Ponte Molle où ils trouvèrent un déjeuner préparé dans une villa. Ce lieu n'offrait pas à cette époque un aspect essentiellement différent de celui d'aujourd'hui. Des *casinos* et des maisons de vignerons s'élevaient sur les pentes du Monte Mario, dont le sommet était déjà occupé par une villa des Mellini, et sur les collines qui dominent la Flaminia. Nicolas V avait refait à neuf le pont du Tibre et l'avait muni d'une tour que Calixte III fit achever. Du Ponte Molle à la porte del Popolo s'étendait comme aujourd'hui un faubourg misérable.

Sur le pont du Tibre le cortége fut accueilli par le sénateur de Rome, le gouverneur de la ville et le *barisello*, ou capitaine de la police, qui étaient venus à sa rencontre avec deux mille hommes à pied et à cheval. A une demi-portée d'arc de la porte, on rencontra la suite de César précédé de six pages derrière lesquels venaient cent gentilshommes à cheval, puis deux cents fantassins suisses habillés de velours noir et jaune (ce qui était la livrée du pape), coiffés de toques à plumes et armés de hallebardes. Après eux venait à cheval le duc de Romagne accompagné de l'ambassadeur de France. Il était habillé à la française avec une ceinture d'or. L'accueil eut lieu au son de la musique et tous les seigneurs descendirent de cheval. César embrassa le cardinal Hippolyte et chevaucha à ses côtés jusqu'à la porte de la ville.

S'il avait une escorte de quatre mille hommes, que les magistrats municipaux en eussent deux mille avec eux et qu'on ajoute à cela la foule des curieux, on ne comprend pas qu'une pareille quantité de monde ait pu se déployer devant la porte del Popolo. La rangée de maisons qui se trouve en avant de cette porte ne devait pas exister alors et la place qu'occupe aujourd'hui la villa Borghèse était sans doute à peu près libre.

A la porte de la ville, le cortége fut salué par dix-neuf cardinaux dont chacun avait deux cents personnes avec lui. La réception et les déclamations prirent deux heures, de sorte que le soir était arrivé. Enfin cette cavalcade composée de tant de milliers d'hommes à cheval s'ébranla au son des tambours, des flûtes et des cors, prit le Corso, traversa le Campo di Fiore et parvint au Vatican, accueillie par les salves du château Saint-Ange.

Alexandre était à une fenêtre du palais pour contempler la marche du cortége qui venait réaliser les désirs les plus ambitieux de sa maison. Dès que ses camériers eurent reçu les Ferrarais au pied de l'escalier du palais et les eurent conduits auprès de lui, il s'avança à leur rencontre avec douze cardinaux. Ils lui baisèrent les pieds et le pape les releva et les embrassa. On resta quelque temps à converser gaiement, puis César conduisit les princes de Ferrare auprès de sa sœur.

Lucrèce vint à leur rencontre jusqu'à l'escalier de son palais, appuyée sur le bras d'un vieux chevalier vêtu de velours noir et portant au cou une chaîne d'or. D'après le cérémonial prescrit, elle n'embrassa pas ses beaux-frères, mais elle s'inclina seulement en face de chacun d'eux, ce qui passait pour une coutume française. Elle portait une robe de drap blanc brodé d'or sur laquelle était jeté un fourreau de velours brun garni de martre; les manches, en brocart d'or de couleur blanche, étaient étroites et coupées de biais à la mode espagnole; sa coiffure était en crêpe vert, entourée d'un mince filet d'or et de deux rangs de perles; autour du cou elle portait un gros collier de perles avec un rubis balais non monté.

Elle fit servir des rafraîchissements et distribua de petits cadeaux consistant en bijoux fabriqués par les joailliers de Rome. Les princes prirent congé d'elle très-contents de la réception qu'elle leur avait faite. « Je sais positivement, écrivait El Prete, que notre cardinal Hippolyte avait les yeux resplendissants : c'est une charmante et très-gracieuse dame. »

Le cardinal écrivit aussi le même soir à sa sœur Isabelle de Mantoue pour satisfaire sa curiosité relativement à la toilette de Lucrèce. C'était alors un objet important surtout pour une cour, et à aucune époque l'habillement des femmes n'a été confectionné avec plus de richesse et de distinction qu'au temps de la Renaissance. La marquise avait envoyé, à ce qu'il paraît, un agent à Rome expressément chargé de lui fournir des renseignements sur les personnes et sur les fêtes, et d'observer surtout les costumes. El Prete s'acquitta de la commission avec autant de conscience que le ferait de nos jours un reporter du *Times* (1). Un peintre pourrait tracer d'après ses descriptions un portrait de Lucrèce qui approcherait beaucoup de la réalité.

Le même soir l'envoyé de Ferrare rendit aussi à Lucrèce une visite officielle, après laquelle il fit connaître au duc l'impression que lui avait causée sa belle-fille :

« Mon illustrissime Seigneur. Aujourd'hui, après

---

(1) Les relations de cet agent, qui signait *El Prete,* sont aux archives de Mantoue.

souper je me suis rendu avec messer Girardo Saraceno auprès de l'illustrissime madame Lucrèce pour lui faire ma cour au nom de Votre Excellence et de Sa Seigneurie don Alphonse. Nous avons eu à cette occasion un long entretien sur différentes choses. Elle s'est vraiment montrée très-sage et très-aimable, de bonne nature et très-respectueusement dévouée à Votre Excellence et à l'illustre don Alphonse, si bien qu'on peut préjuger que Votre Grandeur et don Alphonse trouveront en elle une véritable satisfaction. Elle possède en outre une grâce accomplie en toutes choses avec de la modestie, de l'amabilité et de la décence. Elle est également fervente chrétienne et témoigne de la crainte de Dieu. Demain elle ira à confesse et communiera à Noël. Sa beauté est grandement suffisante, mais l'agrément de ses manières et ses façons gracieuses la font briller encore davantage : en un mot, ses qualités me paraissent telles qu'on ne peut rien soupçonner de sinistre en elle ; on est autorisé plutôt à n'attendre de sa part que les meilleurs procédés. J'ai tenu pour convenable d'en rendre, par la présente, témoignage véridique à Votre Grandeur et elle peut être assurée que j'écris la vérité sans passion, comme me l'imposent mes fonctions et mon devoir, et que ce que je vois me remplit d'une joie toute particulière, en serviteur dévoué de Votre Excellence. Je me recommande à la gracieuse bienveillance de Votre Grandeur.

« De Votre Excellence, le serviteur,

« JOHANNES LUCAS.

« Rome, le 23 décembre 1501, à la sixième heure de la nuit. » (1)

La lettre de Pozzi prouve quelle défiance le duc et son fils conservaient encore jusqu'au dernier moment. Il devait être humiliant pour tous les deux de se voir obligés de confier à leur ambassadeur à Rome leur inquiétude dans cette affaire toute personnelle, et de lui demander son témoignage sur les qualités d'une femme qui allait devenir duchesse de Ferrare. La phrase de la lettre où Pozzi se risque à dire qu'il n'y a rien de « sinistre » à redouter de la part de Lucrèce, jette un jour singulier sur les ru-

(1) Voir *Pièces justificatives*, n° 33.

meurs pessimistes dont elle était l'objet. Le certificat est superbe. Ce document est même l'un des plus importants dont puissent se servir les avocats de Lucrèce. Si elle avait pu le lire, la satisfaction qu'elle en aurait conçue aurait égalé peut-être sa confusion (1).

Les princes de Ferrare s'installèrent au Vatican, et les autres seigneurs au Belvédère; le plus grand nombre se logea chez les membres de la curie qui devaient les recevoir. Les papes traitaient alors leurs affaires privées de la même façon que celles de l'Etat. Pour faire face aux dépenses qu'elles leur occasionnaient, ils en imposaient sans hésiter les charges à leurs officiers de cour dont la multitude ne vivait et ne s'enrichissait néanmoins que grâce à la faveur papale. Cependant les commerçants devaient aussi supporter le poids du luxe des papes. Plusieurs fonctionnaires murmuraient à propos des Ferrarais

(1) L'agent de Ferrare, Bartolomeo Bresciani, qui avait été envoyé à Rome pour s'occuper d affaires ecclésiastiques, porte aussi un brillant témoignage sur Lucrèce : « La Excell. V. remagnera, » disait-il, « molto ben satisfacto da questa Illma Madona per esser dotata de tanti costumi et buntade. » (Au duc, le 30 oct. 1501.) Il écrivait aussi que Lucrèce s'entretenait souvent avec une pénitente emmurée depuis huit ans au Vatican.

qu'ils étaient obligés d'entretenir, et les soignaient si mal que le pape dut s'en occuper (1).

A Noël il dit la messe à Saint-Pierre et ce furent les princes qui la servirent; l'ambassadeur du duc dépeignit à son maître la pompeuse et « religieuse » figure que fit le pape à cette occasion, comme s'il se fût agi de l'entrée en scène d'un acteur accompli (2).

Sur l'ordre du pape, le carnaval commença sur-le-champ et des fêtes eurent lieu tous les jours au Vatican.

El Prete a fait une description naïve d'une de ces soirées de plaisir au palais de Lucrèce, qui nous représente bien les mœurs de l'époque.

« Cette illustre madonna, écrivait le reporter, se montre peu, car elle est occupée de son départ. Le dimanche soir, jour de Saint-Etienne (26 décembre), je suis allé encore en hâte à sa demeure. Sa Seigneurie était assise auprès du lit; dans un coin de la chambre se tenaient une vingtaine de Romaines habillées *à la romanesque* avec les draps d'usage sur la tête (con quelli drapi in testa); il y avait là ses

---

(1) Dépêche de Gianluca Pozzi à Hercule. Rome, 25 déc. 1501.
(2) Gianluca Pozzi à Hercule. Rome, 25 déc. 1501.

dames de cour, au nombre de dix. La danse fut commencée par un gentilhomme de Valence et une demoiselle de la cour qui s'appelle Nicole. Ensuite madonna a très-bien et très-gracieusement dansé avec don Ferrante. Elle portait une camorre de velours noir avec des galons d'or et des manches noires; des manchettes étroites, le reste ouvert par en haut et la chemise dehors; sa poitrine était couverte jusqu'à la gorge d'un voile avec des passes d'or; elle avait au cou un collier de perles, sur la tête une coiffe verte et une *lenza* de rubis; elle portait aussi un fourreau de velours noir avec une belle pelisse de couleur vive. Les demoiselles d'honneur ne sont pas encore pourvues de leurs toilettes; en ce qui regarde la tenue et le reste, les nôtres peuvent se placer hardiment auprès d'elles et soutenir la comparaison. Il en est deux ou trois de gracieuses. Une d'elles qui s'appelle Catalina et qui est de Valence a bien dansé; une autre, dont le nom est Angèla, est charmante. Sans qu'elle s'en aperçoive, j'ai fait d'elle ma favorite. Hier soir (28), le cardinal est allé avec le duc et don Ferrante se promener masqué à travers la ville, puis nous nous sommes rendus le soir chez la duchesse où l'on a dansé. On ne voit à Rome que courtisans en masque du matin jusqu'au soir ; car au coup de la vingt-quatrième heure ils ne peuvent plus se faire voir hors de chez eux ; autrement cela donnerait lieu à de vilaines choses. »

Bien que le mariage eût été déjà conclu à Ferrare par procuration, Alexandre voulut pourtant que cette formalité fût renouvelée à Rome ; pour éviter de la recommencer de point en point, on se borna à confirmer les fiançailles de Ferrare au moyen de la formule *vis volo,* mais l'échange d'anneau fut maintenu.

Le 30 décembre au soir, les Ferrarais vinrent prendre madame Lucrèce pour la conduire au Vatican. La fiancée d'Alphonse sortit de son palais avec toute sa cour et quinze dames d'honneur. Elle était vêtue de brocart d'or et de velours cramoisi avec une garniture d'hermine ; les manches de sa robe tombaient jusqu'à terre ; la longue queue était portée par des dames d'honneur. Un ruban noir enveloppait sa chevelure blonde et sa tête était couverte d'une étoffe d'or et de soie. Elle portait au cou un collier de perles auquel étaient suspendus une émeraude, un rubis et une grosse perle.

Don Ferrante et don Sigismond la conduisaient par la main; ces dispositions prises, le cortége se mit en marche tandis qu'un chœur de musiciens jouait sur l'escalier de Saint-Pierre. Le pape, assis sur son trône, l'attendait dans la salle Paolina avec treize cardinaux et son fils César auprès de lui. Parmi les ambassadeurs étrangers, ceux de France, d'Espagne et de Venise étaient présents; celui d'Allemagne faisait défaut. La cérémonie commença par la lecture du mandat du duc de Ferrare. Puis, l'évêque d'Adria prononça le discours nuptial que le pape toutefois lui fit abréger (1). On plaça une table devant lui à laquelle prirent place don Ferrante, à titre de lieutenant de son frère, et donna Lucrèce. Ferrante lui adressa la question prescrite et, sur sa réponse affirmative, il lui passa l'anneau au doigt en lui disant : « Illustre dame Lucrèce, l'illustre don Alphonse vous envoie de son plein gré cet anneau de mariage et je vous l'offre en son nom. » Elle répondit : « Je l'accepte aussi de mon plein gré. »

(1) « Fu necessario che la abreviasse. » *Gianluca et Gerardo à Hercule*. Rome, 30 déc. 1501.

La ratification du mariage fut rendue authentique par un acte notarié. Ensuite eut lieu, par l'entremise du cardinal Hippolyte, la remise des joyaux destinés à Lucrèce. Le duc qui faisait ce précieux cadeau, évalué à la somme de soixante et dix mille ducats, attachait une importance toute spéciale à la manière dont il serait offert. Le 21 décembre, il avait écrit à son fils qu'il aurait à présenter les bijoux en accompagnant le don des paroles que lui indiquerait son ambassadeur Pozzi, et il lui avait fait remarquer que c'était prémédité et afin que les bijoux ne fussent pas perdus dans le cas où madame Lucrèce serait infidèle à Alphonse (1). Jusqu'au dernier moment le duc agit à l'égard des Borgia avec la défiance d'un homme qui redoute d'être trompé. Le 30 décembre Pozzi lui écrivait à ce propos : « Il a été dressé un acte relatif à cette cérémonie dans lequel il est dit seulement qu'il lui sera fait présent (à Lucrèce) de l'anneau de mariage, sans qu'il soit ques-

(1) « E ciò nello scopo, che se mancasse essa Duchessa verso lo Illmo Don Alphonso non fosse piu obbligato di quanto voleva esserlo circa dette gioje. » *Hercule au cardinal Hippolyte,* le 21 déc. 1501. Lettre d'Hercule de la même date, et sur le même sujet, à Gianluca Pozzi.

tion d'autre cadeau; de cette manière on a répondu du mieux aux intentions de Votre Excellence. Ici, on ne parle nullement non plus de donation, et Votre Excellence ne doit conserver aucune crainte à cet égard. »

Hippolyte s'acquitta si gracieusement de sa mission que le pape lui dit qu'il avait encore relevé la beauté du présent. Les bijoux se trouvaient dans une cassette que le cardinal plaça d'abord devant le pape et ouvrit ensuite. Un trésorier de Ferrare lui aida à disposer les pierres précieuses de manière à ce que la beauté en apparût sous le meilleur jour. Le pape lui-même les prit dans sa main et les fit voir à sa fille. C'étaient des chaînes, des anneaux, des pendants d'oreilles et des pierres précieuses magnifiquement montées; il y avait surtout un superbe collier de perles, et les perles étaient les bijoux préférés de Lucrèce. Hippolyte offrit aussi à sa belle-sœur ses cadeaux personnels et entre autres quatre croix d'un très-beau travail. Les cardinaux firent des présents analogues.

On se mit ensuite à la fenêtre de la salle pour regarder les jeux de la place Saint-Pierre et spécialement une lutte à la course et un combat sur un vaisseau. Huit gentilshommes le défendaient contre huit assaillants; on se servait d'armes affilées et cinq personnes furent blessées.

La société se rendit ensuite dans la salle du Perroquet. Le pape prit place sur le trône ayant les cardinaux à sa gauche et Hippolyte, donna Lucrèce et César à sa droite. « Il pria César, écrivait El Prete, de danser avec madame Lucrèce, ce qu'il fit avec beaucoup de grâce. Sa Sainteté ne cessait de manifester sa joie. Les dames d'honneur dansèrent deux à deux et admirablement. Cela dura plus d'une heure. Ensuite commencèrent les comédies. La première ne fut pas représentée jusqu'au bout, car elle était trop longue; l'autre en vers latins et dans laquelle on voit en scène un berger et un enfant, était très-belle. Je n'ai pas compris ce qu'elle représentait. Quand les comédies furent achevées, tout le monde s'en alla à l'exception de Sa Sainteté, de la fiancée et de son beau-frère, car le pape donna ce soir-là le repas de noces sur lequel je ne puis fournir de renseignements; on se mit à table en famille. »

Les fêtes se succédaient journellement, tandis que

Rome était remplie du bruit du carnaval. Le dernier jour de l'année, le cardinal Sanseverino et César firent représenter des comédies. Celle qu'avait montée César était une églogue avec des décors représentant la campagne où des bergers célébraient le jeune couple, le duc Hercule et le pape, qui était donné comme le protecteur de Ferrare (1).

Le jour de l'an (1502) fut fêté avec une pompe extraordinaire. Les quartiers de Rome donnèrent le spectacle d'un cortége solennel. Treize chars de triomphe, précédés de la bannière de la ville et des magistrats, partirent avec des chœurs de musiciens du Navone pour se rendre au Vatican. Le premier de ces chars représentait le triomphe d'Hercule et les autres Jules César et les différents héros romains. Ils se rangèrent devant le Vatican, des fenêtres duquel le pape et ses hôtes considéraient le spectacle qui leur était offert. On déclama des vers en l'honneur des nouveaux mariés. Cette représentation dura quatre heures.

Ensuite on eut des comédies dans la salle du Perroquet et une brillante moresque, c'est-à-dire un ballet, dans la « salle des papes » pour laquelle

(1) Pozzi à Hercule, 1er janvier 1502. Aux archives de Modène.

Innocent VIII avait fait fabriquer autrefois de magnifiques coussins en brocart d'or. On y avait établi une scène basse décorée de feuillage. Elle était éclairée au moyen de flambeaux. Les spectateurs s'assirent sur des bancs ou à terre, comme cela convenait à chacun. Après la récitation d'une églogue, un jongleur déguisé en femme se mit à danser la moresque. César lui-même monta sur la scène pour danser; il portait un costume magnifique et fut reconnu tout de suite en dépit de son masque. Ce ballet fut exécuté au son des tambourins. Les trompettes en annoncèrent un second : on eut alors devant les yeux un arbre au sommet duquel un génie se balançait en récitant des vers; il jeta sur la scène neuf cordes de soie dont neuf danseurs saisirent les extrémités, puis dansèrent un ballet que le génie paraissait diriger avec la main. Cette moresque eut beaucoup de succès. Pour terminer, le pape exprima le désir de voir danser sa fille. Elle dansa avec la demoiselle d'honneur de Valence et, derrière elle, suivaient par couple tous les danseurs et toutes les danseuses du ballet (1).

(1) El Prete à Isabelle. Rome, 2 janvier 1502. *Pièces justificatives*, n° 37.

Les comédies et les moresques étaient donc les divertissements principaux de ces fêtes. Les poëtes de Rome tels que Porcari, Mellini, Inghirami, Evangelista Maddaleni pouvaient avoir composé ces pièces et y figurer comme acteurs, car depuis longtemps les Romains n'avaient point eu d'occasion aussi brillante de montrer leurs progrès dans l'art dramatique. Lucrèce devait être accablée journellement d'une avalanche de sonnets et d'épithalames. Il n'est que plus étonnant qu'il ne s'en soit rien conservé, et même qu'aucun poëte romain de cette époque ne soit indiqué comme l'auteur de quelque comédie de circonstance.

Le 2 janvier eut lieu un combat de taureaux sur la place Saint-Pierre. La mode espagnole de ces spectacles était passée en Italie dès le quatorzième siècle, mais elle ne s'était généralisée qu'au siècle suivant. Les Aragon l'implantèrent à Naples et les Borgia à Rome, où jusqu'alors on n'avait guère donné le spectacle des courses de taureaux que sur le Navone ou au Testaccio. César déployait volontiers dans ces jeux barbares son adresse et sa force. L'année du jubilé, il avait jeté Rome entière dans l'admiration en abattant d'un seul coup la tête d'un taureau dans un combat de ce genre.

Le 2 janvier il entra à cheval avec neuf autres Espagnols, qui étaient peut-être de véritables *matadores*, dans l'enceinte où l'on venait de lâcher deux taureaux. Il soutint seul à cheval et la lance au poing le choc du plus furieux. Il reparut après avoir mis pied à terre en compagnie de dix autres Espagnols. Après cet exploit, le duc laissa faire le reste aux matadors. On tua dix bœufs et un buffle.

Le soir on représenta les *Ménechmes* de Plaute et d'autres scènes, ayant pour objet la glorification de César Borgia et d'Hercule d'Este. Les envoyés de Ferrare ont donné de ces divertissements une description qu'on peut considérer comme une peinture contemporaine précieuse.

« Cette nuit on a récité, dans la chambre du pape, les *Ménechmes* (la comedia del *Menechino*) et l'esclave, le parasite, l'entremetteur et la femme du Ménechme ont très-bien joué leur rôle. Mais les Ménechmes eux-mêmes ont manqué de grâce; ils ne portaient pas de masques et il n'y avait pas de décors parce que la chambre n'était pas assez grande. Dans le passage où le Ménechme est saisi sur l'ordre de son beau-père qui le prend pour un fou, et s'écrie qu'on lui fait violence, il dit que c'est incompréhensible que telle chose lui arrive, à lui que César défend, que Jupiter protége et auquel Hercule est favorable.

« Avant la récitation de cette comédie on avait eu la représentation suivante : on vit apparaître un enfant en habit de femme qui figurait la Vertu et un autre sous les traits de la Fortune. Comme les deux déesses se querellaient, chacune prétendant être la plus puissante, survint la Gloire montée sur un char triomphal et debout sur un globe autour duquel on lisait ces mots : *Gloria domus Borgiæ*. La Gloire qui s'appelait aussi l'Eclat, donna la préférence à la Vertu sur la Fortune, en disant que César et Hercule avaient vaincu la Fortune au moyen de la Vertu et rappela plusieurs actions brillantes de l'illustre duc de Romagne. Ensuite apparut Hercule revêtu de la peau du lion et armé de sa massue, contre lequel Junon envoyait la Fortune. Hercule était vainqueur, la faisait prisonnière et l'enchaînait. Junon demandait alors à Hercule de rendre la liberté à la Fortune et lui, clément et généreux, la remettait à Junon à condition que ni l'une ni l'autre n'entreprendraient jamais rien d'hostile contre la maison d'Hercule, ni contre celle de César Borgia. Elles en firent la promesse et Junon s'engagea en outre à favoriser le mariage contracté entre les membres de ces deux maisons.

« Ensuite venait Rome montée sur un char triomphal. Elle se plaignit qu'Alexandre, qui tenait la place de Jupiter, lui causait le tort de lui enlever l'illustre madame Lucrèce et faisait d'elle un grand éloge en montrant qu'elle était le refuge de Rome tout entière. Puis arrivait Ferrare, mais sans char triomphal; elle dit que madame Lucrèce ne venait pas dans une ville indigne d'elle et que Rome ne la perdait pas. Mercure s'avançait alors; il était envoyé par les dieux pour maintenir la concorde entre Rome et Ferrare, car leur volonté était que madame Lucrèce se rendît à Ferrare. Puis il fit monter Ferrare sur le char triomphal et lui donna la place d'honneur.

« Tout cela fut récité en vers héroïques très-élégants. On y célébrait partout le mariage qui allait sceller l'alliance de César et d'Hercule avec l'intention évidente d'en conclure qu'ils accompliraient ensemble des exploits éclatants contre les ennemis d'Hercule. Si les événements devaient répondre à ce pronostic, nos affaires auraient une issue des plus heureuses. Nous nous recommandons dans cet espoir aux bonnes grâces de Votre Excellence.

De Votre Grandeur, les serviteurs,

JOHANNES LUCAS, GERARDUS SARACENUS (1).

« Rome, le 2 janvier 1502. »

Enfin arriva le 6 janvier, jour fixé pour le départ de Lucrèce. Ce qu'elle emportait avec elle devait marcher devant en grande pompe ; elle allait traverser comme une reine les campagnes italiennes. Un cardinal, François Borgia, archevêque de Cosenza, se trouvait là pour l'accompagner en qualité de légat. Il devait la pourpre à Lucrèce, il était un de ses plus fidèles partisans et, comme Pozzi l'écrivait à Ferrare, c'était un seigneur âgé et une bonne

(1) Voir *Pièces justificatives*, n° 36.

personne de la maison de Borgia. Trois évêques, ceux de Carniola, de Venosa et d'Orte, furent aussi chargés d'accompagner Lucrèce.

Alexandre s'efforça de décider le plus grand nombre possible de gentilhommes et de dames nobles romaines à se joindre au cortége de la mariée. Il parvint à ses fins. La ville de Rome désigna en effet quatre députés d'honneur chargés aussi d'assister aux fêtes qui se donneraient à Ferrare : c'étaient Stefano del Bufalo, Antonio Paoluzzo, Giacomo Frangipane et Domenico Massimi. La noblesse romaine désigna pour le même objet Francesco Colonna de Palestrine et Guiliano comte d'Anguillara; à ceux-là s'ajoutèrent encore Ranuccio Farnèse de Matelica et don Giulo Raimondo Borgia capitaine de la garde du palais, neveu du pape. Huit seigneurs appartenant à la noblesse romaine du second rang devaient aussi se joindre au cortége de Lucrèce.

César équipa en son propre nom une escorte d'honneur composée de deux cents cavaliers avec un chœur de musiciens et des bouffons qui devaient égayer sa sœur le long de la route. Des Espagnols, des Français, des Romains et des Italiens de plusieurs provinces se réunirent à cette troupe. Ils furent rejoints plus tard par deux seigneurs qui portaient un nom célèbre, Ivon d'Allègre et don Ugo Moncada. Parmi les Romains qui faisaient partie de cette suite fournie par César, se trouvaient le chevalier Orsini, Piero Santa Croce, Giangiorgio Cesarini, un frère du cardinal Julien et d'autres seigneurs appartenant aux familles des Alberini, des Sangiugni, des Crescenzi et des Mancini.

Lucrèce, de son côté, prit avec elle une cour composée de cent quatre-vingts personnes. Dans la liste qui nous en a été conservée, figurent aussi nominativement ses dames d'honneur. La première dame était Angela Borgia, *una damigella elegantissima*, comme l'appelle un chroniqueur de Ferrare. Le poëte Diomede Guidalotto célébrait déjà sa beauté quand elle était à Rome. Avec elle se trouvait aussi sa sœur donna Girolama, épouse du jeune Fabio Orsini. Lucrèce était également accompagnée de madame Adrienne Ursina, d'une deuxième Adrienne, épouse de don Francesco Colonna, et d'une autre dame de la maison d'Orsini, dont le nom n'est pas indiqué. Il n'est pas vraisemblable qu'il faille voir en elle Julie Farnèse.

Plusieurs chariots que le pape avait fait fabriquer à Rome et cent cinquante mulets étaient chargés du trousseau de Lucrèce. Ces bagages furent en partie envoyés en avant. La duchesse prit avec elle tout ce que le pape lui avait permis d'emporter. Il ne voulut même pas qu'on en fît un inventaire, comme le notaire Beneimbene lui en avait donné le conseil. « Je veux, avait-il dit aux ambassadeurs de Ferrare, que la duchesse puisse disposer librement de ses biens et en user à son gré. » Il lui avait fait présent aussi de neuf mille ducats pour ses habillements et ceux de ses serviteurs, ainsi que d'une belle litière à la mode française dans laquelle la duchesse d'Urbin pourrait s'asseoir à côté d'elle quand elle viendrait à sa rencontre (1).

Tout en louant devant les ambassadeurs de Ferrare la chasteté et les bonnes mœurs de sa fille, Alexandre exprima le désir que son beau-père ne l'entourât que de dames d'honneur et de cavaliers irréprochables. « Elle lui a dit elle-même, écrivaient

(1) Pozzi au duc Hercule. Rome, 28 déc. 1501.

ces ambassadeurs à leur maître, que Sa Sainteté n'aura pas à rougir de sa conduite et nous tenons cela pour certain, autant qu'il nous est permis d'en juger ; car plus nous la fréquentons et plus nous étudions sa vie de près, plus nous concevons une haute idée de sa bonté, de sa chasteté et de sa discrétion. Nous remarquons aussi que sa vie intérieure est non-seulement chrétienne, mais même dévote (1). »

Le cardinal Ferrari lui-même s'enhardit à écrire au duc, aux ordres duquel il avait été jadis, pour l'engager onctueusement à traiter avec bonté sa belle-fille, dont il portait jusqu'aux nues les qualités extraordinaires (2).

Le 5 janvier, le reste de la dot fut versé aux Ferrarais en argent comptant et les envoyés informèrent le duc que tout était réglé, que sa belle-fille emportait les bulles avec elle et que la cavalcade allait se mettre en marche (3).

Alexandre avait fixé les relais de ce long voyage : c'étaient Castelnovo, Civitacastellana, Narni, Terni,

(1) Pozzi et Saraceni. Rome, le 28 déc. 1501.
(2) Rome, 9 janv. 1502. *Pièces justificatives*, n° 38.
(3) « La Illma Madama Lucrezia porta tutte le bolle piene et in optima forma. » *Pozzi et Gerardo à Hercule*. Rome, le 6 janv. 1502.

Spolète, Foligno. Ici le duc Guidobald, ou sa femme, devait venir à la rencontre de madame Lucrèce pour la conduire à Urbin. De là, elle devait traverser les Etats de César en passant par Pesaro, Rimini, Cesena, Forli, Faenza et Imola, pour se rendre à Bologne, prendre ensuite le Pô et arriver à Ferrare.

Comme les localités désignées pour les relais auraient eu un trop lourd fardeau à supporter en recevant toute la cavalcade, celle-ci devait parfois se diviser et prendre des routes différentes. Le bref suivant adressé par le pape aux Prieurs de Nepi et que le grand Roi de Perse n'aurait pas pu rédiger en termes plus laconiques, montre comment on procédait en cette circonstance :

« Chers fils, salut et bénédiction apostolique. Comme, à l'occasion du voyage de notre chère fille en Jésus-Christ, la noble dame duchesse Lucrèce de Borgia, qui doit partir d'ici lundi prochain pour se rendre auprès du cher fils aîné du duc de Ferrare, le noble Alphonse son mari, avec un grand cortége de gentilhommes, deux cents cavaliers doivent se détourner pour passer chez vous, nous voulons et vous enjoignons, en tant que vous faites cas de nos bonnes grâces et que vous tenez à éviter notre mécontentement, que vous accueilliez et traitiez honorablement lesdits deux cents cavaliers durant la journée et les deux nuits qu'ils séjourneront chez vous ; de manière que, par votre empressement, vous obteniez des titres mérités à notre bon souvenir. Donné à Rome près Saint-Pierre, sous l'anneau du pêcheur, la dixième année de notre pontificat (1).

« 28 décembre 1501. »

On fit de même avec plusieurs autres localités. Dans chaque ville où passait la cavalcade et surtout où elle s'arrêtait on devait, conformément aux ordres du pape, accueillir Lucrèce avec des arcs de triomphe, des illuminations et des préparatifs solennels. Les municipalités avaient à subvenir gratuitement à toutes ces dépenses.

(1) Aux archives de l'hôtel de ville de Nepi, où j'ai copié ce bref (sur le registre des brefs, etc.). *Pièces justificatives,* n° 35. Un bref de même forme et de même date se trouve aux archives municipales de la commune de Trevi ; il a été imprimé dans l'*Arte cristiana — Passegiate nell' Umbria,* 1866, p. 358, par Tullio Dandolo.

Le 6 janvier Lucrèce prit congé de Rome, de son fils Rodriguez, de son frère César et de ses parents. Elle ne vit peut-être sa mère Vannozza qu'à l'écart. Aucun de ceux qui ont fourni des renseignements sur les fêtes données au Vatican, n'a parlé de celle-ci, ni même cité son nom.

Elle fit ses adieux à son père dans la salle du Perroquet et resta quelque temps seule avec lui, jusqu'à ce que survint César. Quand elle quitta Alexandre, il lui dit à haute voix d'avoir bon courage et de lui écrire chaque fois qu'elle désirerait quelque chose de lui, car une fois qu'elle serait partie il ferait davantage pour elle qu'il n'avait jamais fait quand elle était à Rome. Il passa ensuite de place en place pour suivre des yeux sa fille jusqu'à ce que la cavalcade eût disparu complétement (1).

Le départ de Lucrèce eut lieu vers trois heures de l'après-midi. Tous les cardinaux, les ambassadeurs et les magistrats de Rome l'accompagnèrent jusqu'en avant de la porte del Popolo. Elle chevauchait sur une haquenée blanche portant un frein

(1) Beltrando Costabili au duc Hercule. Rome, 6 janv. 1502.

d'or; sa toilette de voyage consistait en une robe de soie rouge garnie d'hermine et un chapeau surmonté d'une plume; autour d'elle s'avançait une escorte de plus de mille personnes. Elle avait à ses côtés les princes de Ferrare et le cardinal de Cosenza. Son frère César l'accompagna à une certaine distance, puis se retourna avec le cardinal Hippolyte pour regagner le Vatican.

C'est ainsi que Lucrèce Borgia se sépara de Rome et de son terrible passé.

FIN DU PREMIER VOLUME.

TABLE

		Pages.
Dédicace.		1
Introduction.		7
I.	Origine des Borgia.	21
II.	Naissance de Lucrèce.	35
III.	Lucrèce chez sa mère.	44
IV.	Son éducation	53
V.	Ses fiançailles.	78
VI.	Son premier mariage.	94
VII.	Fêtes nuptiales.	109
VIII.	Relations du pape avec Julie Farnèse.	124
IX.	Lucrèce quitte Rome.	139
X.	Histoire et description de Pesaro.	148
XI.	Invasion de l'Italie. — Mœurs de la Renaissance.	166
XII.	Divorce et nouveau mariage.	192
XIII.	Faveurs que le pape accorde à sa fille.	210
XIV.	Société dont les Borgia étaient entourés.	230
XV.	Malheurs de Catarina Sforza.	251
XVI.	Meurtre d'Alphonse d'Aragon.	266
XVII.	Séjour de Lucrèce à Nepi.	279
XVIII.	César à Pesaro.	292
XIX.	Négociations en vue d'un troisième mariage.	308
XX.	Suite de ces négociations.	333
XXI.	Préparatifs de départ.	357
XXII.	Arrivée et retour du cortége nuptial.	378

Paris. Typ. de Ch. Meyrueis, 13, rue Cujas. — 1875.

LIBRAIRIE SANDOZ ET FISCHBACHER, ÉDITEURS
33, RUE DE SEINE, PARIS

EXTRAIT DU CATALOGUE GÉNÉRAL

LITTÉRATURE

AICARD (JEAN). — *La Chanson de l'enfant.* 1 beau vol. grand in-12. 4 fr.
Amour ou Patrie. Souvenirs d'Alsace. 1 vol. in-12, cart. toile . . 3 fr. 50
BOGOR (MARIE).—*Souvenirs de femme.* 1 vol. in-12 . . . . . . 3 fr. 50
BONNEMÈRE (EUG.). — *Le Roman de l'avenir.* 2ᵉ édit. 1 vol. in-12. 3 fr.
— *Louis Hubert.* Mémoires d'un curé vendéen. 3ᵉ édit. 1 vol. in-12. 3 fr.
— *Les Déclassés.* 2ᵉ édit. In-12. 3 fr.
BUNGENER (FÉLIX). — *Un Sermon sous Louis XIV,* suivi de *Deux Soirées à l'hôtel Rambouillet.* 6ᵉ édition. 1 vol. in-12 . . . . . 3 fr. 50
— *Trois Sermons sous Louis XV,* 4ᵉ édition. 3 vol. in-12 . 7 fr. 50
CONSCIENCE (MARIE). — *Un Million comptant.* 1 vol. in-12 . 3 fr. 50
— *La Pièce de vingt francs.* 1 vol. in-12. . . . . 1 fr. 50
ERNST (Mᵐᵉ AMÉLIE). — *Rimes françaises d'une Alsacienne.* In-18. 5 fr
ESCHENAUER (A.).—*Echos.* In-18. 5 fr.
FRANKLIN (ALFRED). — *Adeline Du Bourg.* 1 vol. in-12 . . 3 fr. 50
GÉRALD (LOUISE).—*Paix sur la terre!* 1 vol. in-12 . . . . 3 fr
— *Madeleine* 1 vol. in-12 . . 2 fr.
— *Un Mariage en Angleterre.* 1 vol. in-12. . . . . 3 fr. 50
GRENIER (ED.). — *Marcel.* Poème. 2ᵉ édit. 1 vol. in-18. . . . 4 fr.
GUILLEMOT (GABRIEL). — *Le Fils d'un de ces hommes* Scènes de la vie publique et privée sous l'Empire 1 vol. in-12 . . . . 3 fr. 50
JENKIN (Mᵐᵉ). — *Un Mariage français.* Traduit de l'anglais par E. W. 1 vol. in-12. . . . . 3 fr. 50
LEMOYNE (ANDRÉ).—*Paysages de mer et fleurs des prés.* Une Idylle normande. 1 vol. in-12. . . . 3 fr.
— *Alise d'Evran.* 1 vol. in-12. 2 fr.

LEVALLOIS (JULES). — *Mémoires d'une forêt.* Fontainebleau. In-12. 3 fr.
— *L'Année d'un ermite.* In-12. 3 fr. 50
LUCRÈCE. — *De la Nature des choses.* Traduction complète en vers français, avec une préface et des sommaires par André Lefèvre. 1 beau vol. in-8. . . . . 8 fr.
MARC-MONNIER.—*Le Faust de Gœthe.* Traduit en vers français. 1 beau vol. in-8. Tiré à 500 exemplaires sur papier de Hollande. . . . 12 fr.
— *Madame Lili.* Comédie. 1 volume in-12. . . . . 1 fr. 50
PERNOD (Mᵐᵉ AMÉLIE). — *A Tous.* Poésies. 1 vol. in-18. . . . 5 fr.
PETIT-SENN. — *Œuvres anciennes et nouvelles.* 3 vol. . . . . 10 fr.
Poésies genevoises. 3 volumes in-18. . . . . 10 fr. 50
PRESSENSÉ (Mᵐᵉ E. de). — *Poésies.* 4ᵉ édit. 1 vol. in-18 . . 3 fr.
RAMBERT (E.).—*Poésies.* In-18. 5 fr.
RENÉY LE BAS (Mᵐᵉ. — *Une Femme sans cœur.* 1 vol. in-12. . 3 fr. 50
ROSSEEUW SAINT-HILAIRE.— *Légendes de l'Alsace.* 2 vol. in-12. Chaque volume . . . . 2 fr.
SAUTTER DE BEAUREGARD. — *Un Rêve.* Poème. 1 vol. in-18. . . 5 fr.
SCHOLL (CH.). — *Lis et Pervenches.* Poésies. 1866-75. In-18 . 2 fr. 50
TOEPFFER (RODOLPHE). — *Mélanges.* Nouv. édit. 1 vol. in-12 . 3 fr. 50
Un Mois terrible. Août-septembre 1870. 1 vol. in-18. . . 2 fr. 50
VADIER (BERTHE). — *Mon Etoile.* Nouvelle. 1 vol. in-12 . . . 3 fr.
— *Trois Nouvelles.* In-12 . . 3 fr.
— *Théâtre de famille.* In-12. 2 fr.
WALL (CAROLINE H.) — *Kerouac.* Histoire d'une famille en Bretagne à l'époque de la Révolution. 1 vol. in-12. . . . . 3 fr. 50

HISTOIRE LITTÉRAIRE

ARNOULD (ARTHUR). — *Béranger, ses amis, ses ennemis et ses critiques.* 2 vol. in-12 . . . . . . 7 fr.
Béranger et Lamennais. Correspondance, entretiens et souvenirs. 1 vol. in-12 . . . . 3 fr.
BOUCHER (LÉON). — *William Cowper.* Sa correspondance et ses poésies. 1 beau vol. in-12 . . . . 4 fr.

MARC-MONNIER.—*Genève et ses Poètes du XVIᵉ siècle à nos jours.* In-8. 7 fr. 50
POTVIN (CH.). — *De la Corruption littéraire en France.* Etudes de littérature comparée sur les lois morales de l'art. 2ᵉ édit. 1 vol. in-8. 7 fr. 50
SAYOUS. — *Etudes littéraires sur les écrivains français de la Réformation.* 2ᵉ édition. 2 vol. in-12 . . . 7 fr.

www.ingramcontent.com/pod-product-compliance
Lightning Source LLC
Chambersburg PA
CBHW050914230426
43666CB00010B/2154